貝遠辰注譯
陳滿銘校閱

新譯

商君書

三民書局印行

國家圖書館出版品預行編目資料

商君書／貝遠辰注譯.--初版.--臺北
市：三民，民85
面；　公分.--（古籍今注新譯
叢書）
ISBN 957-14-2402-1（精裝）
ISBN 957-14-2403-X（平裝）

1.商君書-注釋

121.621　　　　85009856

國際網路位址　http://sanmin.com.tw

注譯者　貝遠辰
校閱者　陳滿銘
發行人　劉振强
著作財產權人　三民書局股份有限公司
　臺北市復興北路三八六號
發行所　三民書局股份有限公司
　地址／臺北市復興北路三八六號
　郵撥／〇〇〇九九九八－五號
印刷所　三民書局股份有限公司
門市部　復北店／臺北市復興北路三八六號
　重南店／臺北市重慶南路一段六十一號
初版　中華民國八十五年十月
編號　S 03124①
基本定價　伍元陸角
行政院新聞局登記證局版臺業字第〇二〇〇號

ISBN 957-14-2402-1（精裝）

刊印古籍今注新譯叢書緣起

劉振強

人類歷史發展，每至偏執一端，往而不返的關頭，總有一股新興的反本運動繼起，要求回顧過往的源頭，從中汲取新生的創造力量。孔子所謂的述而不作，溫故知新，以及西方文藝復興所強調的再生精神，都體現了創造源頭這股日新不竭的力量。古典之所以重要，古籍之所以不可不讀，正在這層尋本與啟示的意義上。處於現代世界而倡言讀古書，並不是迷信傳統，更不是故步自封；而是當我們愈懂得聆聽來自根源的聲音，我們就愈懂得如何向歷史追問，也就愈能夠清醒正對當世的苦厄。要擴大心量，冥契古今心靈，會通宇宙精神，不能不由學會讀古書這一層根本的工夫做起。

基於這樣的想法，本局自草創以來，即懷著注譯傳統重要典籍的理想，由第一部的四書做起，希望藉由文字障礙的掃除，幫助有心的讀者，打開禁錮於古老話語中的豐沛寶藏。我們工作的原則是「兼取諸家，直注明解」。一方面熔鑄眾說，擇善而從；

一方面也力求明白可喻，達到學術普及化的要求。叢書自陸續出刊以來，頗受各界的喜愛，使我們得到很大的鼓勵，也有信心繼續推廣這項工作。隨著海峽兩岸的交流，我們注譯的成員，也由臺灣各大學的教授，擴及大陸各有專長的學者。陣容的充實，使我們有更多的資源，整理更多樣化的古籍。兼採經、史、子、集四部的要典，重拾對通才器識的重視，將是我們進一步工作的目標。

古籍的注譯，固然是一件繁難的工作，但其實也只是整個工作的開端而已，最後的完成與意義的賦予，全賴讀者的閱讀與自得自證。我們期望這項工作能有助於為世界文化的未來匯流，注入一股源頭活水；也希望各界博雅君子不吝指正，讓我們的步伐能夠更堅穩地走下去。

新譯商君書 目次

卷 三

卷 四

卷五

附錄

導讀

一、《商君書》的別稱、卷帙與流播

《商君書》又叫《商君》或《商子》，是我國秦漢之際法家者流匯集商鞅及其同派言論而成的一部重要典籍。

《韓非子・五蠹》說：「今境內之民皆言治，藏商、管之法者家有之。」所謂「商之法」，可以說是《商君書》的原始本；所謂「家有之」，可見早在戰國末期，它就與齊國名相管仲的著作一起流傳於世，並且已經達到家喻戶曉的程度。迄至漢代，《淮南子・要略》也提到「商鞅之法」，其〈泰族〉還把商鞅的〈啟塞〉（即〈開塞〉）與申子的〈三符〉、韓非的〈孤憤〉並提，認為它們都是「可博聞而世傳者也」。另外，司馬遷在《史記・商君列傳》的贊中也說：「余嘗讀商君〈開塞〉、〈耕戰〉（即〈農戰〉）書，與其人行事相類。」據此可知，西漢初年，《商君書》不僅已經匯編成冊，而且得到學林的認可，斷定它是商鞅本人的著作。東漢時期，班固據劉歆的《七略》撰寫《漢書．藝文志》，著錄「《商君》二十九篇」，可見在此之前，該書都稱為《商君》。「商君」之下連綴一個「書」字，這要到晉代陳壽的《三國志》問世之時。在其《蜀志．先主傳》中，裴松之注引《諸葛亮集》所載劉備給後主阿斗的遺詔說：「惟賢惟德，能服於人。汝父德薄，勿效之。可讀《漢書》、《禮記》，閒暇歷觀諸子及《六韜》、《商君書》，益人意智。」今本《商君書》，即沿用此稱。後來《隋書．經籍志》和《舊唐書．經籍志》都著錄「《商君書》五卷」，未載篇數。《新唐書．藝文志》雖然所載卷數與此無異，但有一點值得提出，就是它說其書名「或作《商子》」。《商子》之稱，始見於此，宋代以後的一些文人學者，便多採用這種稱呼，例如陳振孫《直齋書錄解題》、晁公武《郡齋讀書志》等兩部宋人的結集，均著錄《商子》，所不同的是篇數略有出入。陳氏說：「漢志二十九篇，今二十八篇，已亡其一。」而晁氏卻說：「漢有二十九篇，今亡三篇。」他們所處的時代相同，而說法不一，大概是所見的傳本有別之故。明清時期，對《商君書》的校釋者可謂比肩繼踵，其中以清代嚴萬里（即嚴可均）的《商君書》校本，影響較為深遠。他在「總目」之後說：「余得元鐫本，始〈更法〉，止〈定分〉，為篇二十六。中間亡二：第十六、第二十一。實二十四篇，與今所行範欽本正同。」嚴氏提及的「範欽本」，即刊於明朝嘉靖年間的天一閣本。自該本以來，第十六篇〈刑約〉有目無文，第二十一篇不僅無文，而且除明馮夢楨本標為〈御盜〉外，一般無目。本書所注釋的篇數，與嚴萬里本相同。

二、古今對《商君書》真偽問題的質疑

對於《商君書》的真偽問題，自宋代以後海內外的專家、學者一直議論紛紜，莫衷一是。例如《古今紀要》的作者黃震，即疑此書可能並非出自商鞅之手，他說：「或疑鞅亦法吏之有才者，其書不應煩亂若此，真偽殆未可知。」影響頗大的《四庫全書總目提要》，也根據書中稱秦孝公的諡以及「鞅即逃死不暇，安得著書」之理，便斷定「殆法家者流掇鞅餘論以成是編」。

不僅古人置疑，今人胡適先生在《中國哲學史大綱》第十二篇、第二章的〈所謂法家〉中，也因〈徠民〉稱魏襄王諡法和載述長平之役兩點，就說「可證《商君書》是假書」。還有，錢賓四先生所著的《先秦諸子繫年考辨》卷三〈商鞅考〉裏，列舉〈更法〉稱孝公諡、〈弱民〉因襲《荀子》、〈靳令〉雷同《韓非子》、〈錯法〉提到秦武王時候的烏獲和〈徠民〉記載長平之役等情況，便相當自信地斷言其書「非出鞅手，明明甚顯」。

凡此種種，不勝枚舉。他們有個共同的特點，就是摘錄書中若干文字，加以論證，斷定全書乃屬後人之偽托，不免存有以偏概全的弊端。所以，著名學者陳啟天先生在《商鞅評傳》第六章、第二節〈商君書的真偽問題〉中，對於上述諸家進行了頗中肯綮的批評，指出：「凡認定《商君書》是假書的人，多以一、二篇的疑點做證據，而忽視了其他尚未發現疑點的各篇，致有以偏概全的流弊，未能使人滿意。反之，凡認定《商君書》非假書的人，又多未能加以詳細的分析，舉出有力的證據，足使懷疑的人心服。其實《商君書》只有大部分可視為真的，還有一小部分是假的；不能籠統的說是全真，也不能含渾的說是全假。」

那麼，究竟《商君書》中哪些篇章出自商鞅的手筆、哪些篇章又屬於後人的偽托呢？仁者見仁，智者見智，目前尚無定論。下面介紹兩種較有權威的看法，以資參考。

一種是已故山東大學著名教授高亨先生的看法。他在所著《商君書注譯》中附有〈商君書作者考〉一文，根據有關史實以及對文章本身的分析，認為此書有如下六種情況：

第一、確為商鞅遺著的，有〈墾令〉、〈靳令〉兩篇。其證據是：〈更法〉記述秦孝公聽完商鞅、甘龍、杜摯三位重臣的辯論以後，決定變法，採取措施，「於是遂出墾草令」。而〈墾令〉中「則草必墾矣」一句前後共出現二十次，很明顯〈墾令〉就是墾草令。不過從文意來看，它並非墾草令的本文，而是商鞅寫給秦孝公的墾草令的方案。另外，〈靳令〉為商鞅所撰也有明證：《韓非子・內儲說上・七術》引公孫鞅說：「行刑，重其輕者，輕者不至，重者不來，是謂以刑去刑。」這幾句話即見於《商君書》的〈靳令〉。其原文是：「行罰：重其輕者，（輕其重者，）輕者不至，重者不來，此謂以刑去刑，刑去事成。罪重刑輕，刑至事生，此謂以刑致刑，其國必削。」既然韓非所引的文字明顯地摘自〈靳令〉，那麼，此篇當然是韓非所見「商君之法」中的一篇了。所以據此可以斷定〈靳令〉確為商鞅的遺著。不過應當指出，〈靳令〉與《韓非子》的〈飭令〉文字基本相同，這是後人誤將商鞅遺著編入韓非書中的，韓非不可能把自己的話引作商鞅的話，這便足以證明此篇不是韓非所作。

第二、疑為商鞅所撰的，有〈外內〉、〈開塞〉、〈農戰〉等三篇。羅根澤《諸子考索・商君書探源》說：「《韓非子・南面》曰：『人主者明能知治，嚴必行之。故雖拂於民心，〔必〕立其治。說在商君之〈內外〉，而鐵殳重盾而豫戒也。』今《商君書》恰有〈外內〉。知所謂『商君之內外』

者，即《商君書・外內》也。」而陳奇猷在《韓非子集釋》中，據《史記・商君列傳》：「趙良曰：君（商鞅）之出也，後車十數，從車載甲，多力而駢脇者為驂乘，持矛而操闟戟者旁車而趨」等句，將「內外」二字訓為「出入」之意，認為不是篇名。所以高亨先生說：「兩家所說各有理由，細看〈南面〉與〈外內〉兩篇文字，也難論定誰是誰非。因而只能說〈外內〉可能是商鞅所作。」至於〈開塞〉、〈農戰〉兩篇，高亨先生則以劉安《新序・善謀》和司馬遷《史記・商君列傳》所說的情況為據，認為他們提到的〈啟塞〉（即〈開塞〉）、〈耕戰〉（即〈農戰〉）「也見於今本《商君書》中，可能是商君遺著」。

第三、不是商鞅所作的，有〈境內〉一篇。證據是《韓非子・定法》引商君之法曰：「斬一首者爵一級，欲為官者為五十石之官；斬二首者爵二級，欲為官者為百石之官。官爵之遷與斬首之功相稱也。」這幾句話不見於今本《商君書》。今本《商君書・境內》雖有「能得甲首一者，賞爵一級，益田一頃，益宅九畝，除庶子一人，乃得入兵官之吏」等句，與韓非所引大意相同，但畢竟並非韓非所引之句，因此不能據此而說〈境內〉乃是商鞅所作。

第四、作於商鞅死後的，有〈更法〉、〈錯法〉、〈徠民〉、〈弱民〉、〈定分〉等五篇，因為五篇中都載有商鞅逝世以後才出現的史實。具體來說：一、〈更法〉三次稱孝公死後的謚號；二、〈錯法〉提到的烏獲，是秦武王時的力士，距商鞅之死已有二十九年；三、〈徠民〉稱商鞅死了四十二年以後才出現的魏襄王的謚法，又載距商鞅之死已有七十八年之久的長平之役等；四、〈弱民〉記述商鞅逝世六十年之後秦國攻破楚國鄢郢的事情：「楚國之民，齊疾而均，速若飄風；宛鉅鐵鍦，利若蜂蠆；脅蛟犀兕，堅若金石；江、漢以為池，汝、穎以為限，隱以鄧林，緣以方城。秦師至鄢、郢。舉若振槁；唐蔑死於垂涉，莊蹻發於內，楚分為五。」五、〈定分〉中有「丞相置一法官」之句，秦國最早設置丞相是在武王二年，這距商鞅之死，已有三十年的時間。

第五、作者獻給秦君的，有〈算地〉、〈錯法〉、〈徠民〉、〈賞刑〉、〈君臣〉、〈禁使〉、〈慎法〉等七篇。理由是：文中的作者都自稱為「臣」，有時又稱講話的對象為「王」，顯然這是獻給秦國君主的書奏，不是為著書傳世而寫的。這七篇當非出於一人之手，其中〈錯法〉、〈徠民〉兩篇上面已經證實，其他五篇是否有商鞅的作品，難於考究。

第六、不是出自一人之手的，有〈去強〉、〈弱民〉、〈靳令〉等三篇。因為文章的語言風格很不一致，而且有彼此重複和歧異的地方。例如：

〈去強〉：「農、商、官三者，國之常官也。三官者生蝨官者六：曰歲、曰食、曰美、曰好、曰志、曰行。六者有樸，必削。」

〈弱民〉：「農、商、官三者，國之常食官也。農闢地，商致物，官法民。三官生蝨六：曰歲、曰食、曰美、曰好、曰志、曰行。六者有樸，必削。」

以上所引兩篇的文字，顯然大同小異，彼此重複。而且應當指出，兩篇之中諸如此類的情況還有很多，並非偶見。又如：

〈靳令〉：「六蝨：曰禮、樂，曰《詩》、《書》，曰修善、曰孝弟，曰誠信、曰貞廉，曰仁、義，曰非兵、曰羞戰。國有十二者，上無使農戰，必貧至削。」

〈去強〉和〈弱民〉兩篇所講的「六蝨」，是歲、食、美、好、志、行。而〈靳令〉所講的「六蝨」，則是禮、樂；《詩》、《書》；修善、孝弟；誠信、貞廉；仁、義；非兵、羞戰。同一「六蝨」而內容竟有如此之歧異，顯然這不是一個人的論點，也不是出自一個人的手筆。

繼高亨先生的〈商君書作者考〉之後，鄭良樹先生在其所著《商鞅及其學派》一書中，也對上述問題進行了頗為精細的研究。他認為「《商君書》不但不完全是商鞅所親著的，而且，也不應該是由一、二個人在一、二個時代內完成；相反的，商鞅親著的篇章不但不多，而且，整部書的上、下限相距很遠。因此，《商君書》應該被認為是一部集體的創作，由商鞅及其學派的學生分別在不同時代內完成，然後，編纂成書」。

根據鄭良樹先生的研究和推測，除了第十六和第二十一兩篇亡佚之外，今存的二十四篇《商君書》，恐怕分別完成於五個不同的時期。為了醒目起見，他別出心裁地列表說明如次：

第一期	〈更法〉、〈墾令〉、〈境內〉、〈戰法〉、〈立本〉、〈兵守〉	〈墾令〉、〈境內〉、〈戰法〉、〈立本〉極可能為商鞅親著，〈更法〉與商鞅關係密切。
第二期	〈算地〉、〈農戰〉、〈修權〉	
第三期	〈去強〉、〈說民〉、〈徠民〉、〈外內〉、〈弱民〉	〈說民〉、〈弱民〉乃〈去強〉之注文。
第四期	〈勒令〉、〈壹言〉、〈開塞〉、〈畫策〉、〈錯法〉、〈賞刑〉、〈慎法〉	
第五期	〈君臣〉、〈禁使〉、〈定分〉	秦始皇統一天下後完成者。

如表所示，除了第一期的作品，鄭良樹先生認為是完成於商鞅在世的時代外，其他四期的作品都被視為商鞅的學生或者第二代以後的學生所編寫的。因此他說：「如果說《商君書》有哲學思想或政治主張的話，與其說是商鞅個人的，不如說是商鞅及其學派的來得適當。」

三、商鞅生平事跡簡介

如前所述，《商君書》並非出自一人之手，但無庸置疑的，商鞅確是主要的一員，加之其他偽托者的事跡不可考稽，所以歷代刻本都題為「商鞅撰」。

商鞅，約生於西元前三九〇年，死於西元前三三八年，姓公孫，名鞅，是戰國中期衛國國君姬妾所生的公子，後來封於商，號商君，因此又叫衛鞅或商鞅。

在先秦法家的系統中，商鞅與韓非一樣，都是順應歷史潮流、力主社會變革的劃時代人物。從有關的資料來看，他不僅是一位傑出的尚法思想家、政治家，而且兼有兵家、農家的特色。除《商君書》外，《漢志》兵家類還著錄有《公孫鞅》二十七篇，農家類又著錄有《神農》二十篇。顏師古引劉向《別錄》云：「疑李悝及商君所托。」由此可見，商鞅和李悝都與農家頗有關係，均以重農作為開發全國經濟的策略。

年輕時，商鞅酷愛刑名法術之學，事奉魏國的丞相公叔痤（一作「座」），為中庶子（大夫家中的執事人員，其地位略高於舍人）。公叔痤深知其才能超群絕倫，所以當自己重病在身、朝不保夕時，曾向前來探望的魏惠王建議，如果自己一命嗚呼，就把國家大事全部委託商鞅去辦；倘若棄置不用，就要立刻將他殺掉，以免離開國境，釀成後患。但是，當時魏惠王覺得這種想法非常荒謬，所以雖然口頭許諾，實際上並不重視。

公叔痤死後，商鞅聽說秦孝公下令求賢，打算重整穆公的霸業，揮戈東進，收復失地，於是餐風飲露，日夜兼程，向西進入秦國，並且通過孝公寵臣景監的介紹，先後三次會見了孝公。前兩次商鞅用五帝三王的道理向孝公進言，勸他跟三代的情況相類比，推行王道，孝公聽起來昏昏欲睡，不感興趣。他認為時間久遠，不能無聲無息地等待幾百年之後，才緩慢地成就帝王的大業，而要自己在位的時候，就功業顯赫、揚名天下。於是在第三次，商鞅改用富國強兵的霸道去進言，孝公果然感到正中下懷，喜形於色，不知不覺地移動膝蓋，到墊席前頭去靠近商鞅，一連談了好幾天，都不感到厭倦，並欣然任命商鞅為左庶長（掌握軍政大權的重臣，相當於卿的地位），定下變更舊法的新令。

西元前三五九年，商鞅進行第一次變法。在法令公佈之前，他恐怕老百姓不相信，就在國都南門立起一根三丈長的木頭，下令說：「誰能把這根木頭搬到北門，賞他十金。」老百姓覺得這件事很奇怪，所以沒有人敢搬動。於是他又下令說：「誰能搬，賞他五十金。」有個人真的搬了，商鞅立刻如數給予賞賜，表示令出必行，決不食言。

在取信於民以後，商鞅便公佈法令，其要點如下：

（一）組織民戶：即重編戶籍，使五家為伍、十家為什。什伍之內，各家要互相糾察。如果有一家作姦犯法，那麼別的家就必須告發，倘若隱瞞不告，便要受連累而被重罰。所以《韓非子・和氏》、《史記・商君列傳》都有關於「連坐」的記載，《商君書・墾令》也說「重刑而連其罪」。

（二）增強勞力：有兩個兒子的戶主，其子到一定的年齡，就必須分家，各自獨立謀生，否則此戶要加倍繳納賦稅。因為父子兄弟各立門戶，可以提高生產的主動性，防止一家數口互相依賴，勞逸不均。這種制度的確立，對於家族制的父權，有著一定的限制作用。

（三）獎勵軍功：對於立有軍功的人，國家視其功勞的大小，分別予以爵賞；對於勇於私鬥而怯於公戰的人，則按照他們犯罪的輕重，分別處以刑罰。商鞅制定的秦爵，總共二十級，第一至第八為民爵，第九以上為官爵，如果農民立功受爵（戰陣上斬敵首一個，賜爵一級），可以得到各種優待，有機會上升為中小地主。

（四）崇本抑末：商鞅是一位重農抑商的極力主張者，他把耕織視為「本」，而把商賈、手工業等視為「末」。為了獎勵耕織，國家規定生產粟帛超過一般人產量的農民，能夠免去徭役，而對那些工商業者和遊手貧民，則嚴加懲處，連同其妻子要沒入官府充當奴婢。商鞅的抑末政策，意在防止商賈、高利貸者兼併土地，迫使秦國人民不得不由從事農戰中謀求富貴。同時國君獨佔工商業，也可以增強國家的富力。商鞅把文學遊說之士，歸於「末」一類，不許他們進入秦國。本來法家一般也代表商賈（地主常兼作商賈）的利益，商鞅推行抑末的政策，可說是在秦國採取的一種特殊舉措。

（五）變領主為地主：對於沒有軍功的宗室（貴族領主），商鞅一概廢除他們的名位，按照軍功從新規定尊卑爵秩等級，各自依照等級佔有田宅臣妾（奴隸）。這是商鞅變法中最主要的一個措施，許多沒有軍功的貴族領主，因此失去特權，變為民戶中的富戶。有軍功的宗室，最高的爵位不能超過封侯（第十九級為關內侯，第二十級為徹侯）。侯爵僅能收食邑內的租稅，不能直接管理民事，也失去了原有的特權。從此，秦國由領主制度而變為地主制度。

這種巨大的社會變革，必然引起貴族領主的反抗。據《史記・商君列傳》載：「令行於民期年，秦民之國都言初令之不便者以千數。」正在這時，秦太子觸犯了新法，商鞅說：「法之不行，自上犯之。」於是打算依法懲處太子。然而太子是國君的繼承人，不便施刑，所以就把他的太傅公子虔、太師公孫賈處以黥刑（用刀刺刻額頰等處，再塗上墨）。到第二天，新法就完全通行了。秦國奉行新法十年，結果百姓大悅，路不拾遺，山無盜賊，家給人足，鄉邑大治，使秦國成了當時第一大強國。於是孝公以商鞅為大良造（戰國初期為秦國的最高官職，掌握軍政大權），領兵圍攻魏國的安邑（今山西省翼城縣附近），使之降服。

西元前三五〇年，秦國自雍（今陝西省鳳翔縣）遷都於咸陽，築冀闕、宮庭，在闕上公佈法令，商鞅又實行第二次變法，使秦國更進一步的地主政權化。這次變法的內容是：

（一）禁止父子兄弟同室居住，以革除殘留的戎狄舊俗。

（二）歸併各小都、鄉邑、聚落為大縣。當時整個秦國共有四十一個縣（《史記・六國年表》與〈商君列傳〉均作三十一個縣），每縣設置一個縣令，掌管全縣的政事，消除領主政治的殘餘影響。

（三）開闢阡陌封疆（田間分疆界的土堆），承認每人新近墾闢土地的所有權，按照每人所佔土地的面積來確定應繳的賦稅。

（四）劃一斗、桶（斛）、權、衡和丈、尺，使全國的貨物交易，具有統一的度量衡標準。

商鞅變法的政治目的，在於「治、富、強、王」四個字。即以變法為手段，達到治安、富強的效果，從而成就王業，統一中國。《商君書・立本》說：「強者必治，治者必強；富者必治，治者必富；強者必富，富者必強。」〈去強〉又說：「國無敵者強，強必王。」還說：「興兵而伐，則武爵武任，必勝；按兵而農，粟爵粟任，則國富。兵起而勝敵、按兵而國富者王。」在商鞅看來，以上四個方面，是彼此結合、相輔相成的。如果能夠重農重戰，就可以富國強兵；而能夠富國強兵，就可以稱王於天下。

第二次變法推行四年之久，公子虔再次觸犯新法，於是處以劓刑（割掉鼻子）。過了五年，秦國更加富強，周天子把祭祀宗廟的肉賜給孝公，諸侯都來慶賀。下一年，齊國在馬陵（今山西省榆社縣西北）打敗魏軍，俘虜太子申，殺掉將軍龐涓。再下一年，商鞅向孝公建議，要趁機攻打魏國，消除心腹之患。孝公以為然，隨即派遣商鞅率師伐魏，於是魏國就以公子卬為將，進行回擊。首先商鞅利用往日彼此的交情，發書假裝要求會盟，然後乘其不備，用伏兵進行突擊，大敗魏軍，並且俘虜了公子卬。魏惠王因多次為齊、秦所敗，國內空虛，日益削弱，於是派遣使者割讓河西之地與秦議和，同時離開安邑，遷都大梁（今陝西省韓城縣南面），非常後悔自己當初沒有聽取公叔痤的建議。商鞅凱旋而歸，秦國就把於、商（今陝西省商縣東南）之地十五邑分封給他，稱之為商君。

商鞅在秦國做了十年的丞相，由於變法，得罪了許多的皇親國戚。秦孝公死後，太子惠文王繼位。當時商鞅威望極高，惠文王對他有所猜忌，貴族領主乘機誣告他謀反，並派人去逮捕他。商鞅被迫出走，本想逃到魏國去，但魏國埋怨他「欺公子卬而破魏師」，不讓他入境。在走投無路的情況下，他只好返回自己的封邑，與其部屬發動邑中的士兵，向北進攻鄭地。秦國派兵追擊，在鄭地的黽池（在今河南省）殺死了他，惠文王還用五馬分屍的酷刑將他示眾，又殺了他的全家。

商鞅雖然銜悲於九泉，但他的新法卻彪炳千古，除了秦莊襄王用大商人呂不韋為相時，停止了對商賈和遊士的排斥外，其餘的部分大都相沿不變。

四、從《商君書》看商鞅一派的思想及其嬗變軌跡

因為《商君書》是由商鞅及其門徒分別在不同的時代完成然後編纂成集的，所以書中含蘊的，不全是商鞅個人的思想，也攙和著商鞅一派法家其他成員的思想觀點。我們研讀全書，不難發現在許多重要問題上，有時前後的論述並不一致，或大同小異，或互相牴牾，充分地說明了商鞅一派的思想，是伴隨著秦國歷史的演進而不斷開拓、發展的，它有著明顯的嬗變軌跡。

從現存《商君書》的二十四篇作品看，商鞅一派的思想，既有一般法家的共性，也有自身的特點。所謂共性，就是為了達到富國強兵的政治目的，積極推行法治，認為「法者，所以愛民也；禮者，所以便事也。是以聖人苟可以強國，不法其故；苟可以利民，不循其禮。」（〈更法〉）針對甘龍、杜摯之流「法古無過，循禮無邪」的保守觀點，商鞅列舉湯、武「不循古而興」和夏、殷「不易禮而亡」的歷史事實，予以痛斥，強調政治與時代的密切關係，指出必須「當時而立法，因事而制禮」，而不能拘拘焉恪守前代的成規。另外，認定周代初期「禮不下庶人，刑不上大夫」這種貴賤有別的制度，實為敗政亂法之階，所以力主在法律面前，貴賤齊等。《史記・商君列傳》關於「太子犯法」「刑其傅」、「黥其師」以及「公子虔復犯約，劓之」的記載，就證實由商鞅的

舉措可體現出一般法家的共性，一反過去對於在朝的貴族、官員所採行既優且渥的政策，只要他們觸犯刑法，便毫無例外地予以制裁。後來，商鞅這種崇法的思想和精神，又被其門徒所發揚。〈修權〉說：「國之所以治者三：一曰法，二曰信，三曰權。法者，君臣之所共操也；信者，君臣之所共立也；權者，君之所獨制也。人主失守則危，君臣釋法任私必亂。故立法明分，而不以私害法，則治。」為了說明治國必須「任法釋私」，該篇還以權衡、尺寸為喻，指出：「法者，國之權衡也。夫倍法度而任私議，皆不知類者也。」商鞅一派法家在闡述「法、信、權」的關係時，特別強調國君執掌法治權柄的重要性，認為這是取信於民、樹立威嚴的關鍵。同時，認為法是區分公私的標準，而為公還是為私，又是決定國家存亡的根本所在。所以國君必須「任法釋私」，防止國隙、民蠹的產生。他們把法提高到如此的高度，顯然，這是對前期法家思想的更進一層發展。再有，商鞅一派的思想，還具有法家「明法」的共性。早在春秋時期，像鄭國大夫子產等前期法家，便已將刑書鑄刻在器物之上，公之於眾，使舉國上下知所依循，讓刑賞產生良好的效果。《韓非子・和氏》說：「商君教秦孝公以連什伍，設告坐之過，燔詩書而明法令。」《史記・范睢蔡澤列傳》也說：「夫商君為秦孝公明法令，禁姦本。」聯繫上面已經介紹的商鞅兩次變法的情況來看，可知商鞅不僅在言論上主張「明法」，而且在實踐上也以此為目標。商鞅的這一思想，在〈定分〉中被其門徒加以繼承和發展，提出了設置法官、法吏的制度、收藏法令副本的辦法、規定人們權利的範圍以及如何制定、頒佈、貫徹法令等方面的一些具體措施。文章指出：「法令者，民之命也，為治之本也，所以備民也。……故聖人必為法令置官也，置吏也，為天下師，所以定名分也。名分定，則大詐貞信，巨盜愿愨，而各自治也。……名分定，勢治之道也；名分不定，勢亂之道也。」在這裏，他們把法令視為人民的生命、治國的根本、防患的工具，認為如果能夠層層設置主管法令的官吏，為天下師，用明白易知的形式將法令灌輸到全體人民中去，使之了解自己的權利範圍，「知所避就」，便會出現「自治」的局面，甚至連「大詐」、「巨盜」也能因法令感化而變得正直信實、謹慎忠誠。

那麼，商鞅一派的思想，除了上述法家的共性之外，其自身的個性、特點又是什麼呢？概括起來，大致有如下幾個方面：

（一）實行重農重戰的政策。

為了達到富國強兵、稱霸諸侯的長遠目的，商鞅及其同派的法家人物，在推行法治的過程中，始終把「農、戰」二字作為國家政治的基本綱領。一方面以重農政策來發展國家的經濟，另一方面又以重戰政策來加強國家的軍事力量。其〈農戰〉說：「國之所以興者，農戰也。……國待農戰而安，主待農戰而尊。夫民之不農戰也，上好言而官失常也。常官則國治，壹務則國富。國富而治，王之道也。故曰：王道作外，身作壹而已矣。……聖人知治國之要，故令民歸心於農；歸心於農，則民樸可正也，紛紛則易使也，信可以守戰也。」〈算地〉也說：「入使民盡力，則草不荒；出使兵致死，則勝敵。勝敵而草不荒，富強之功可坐而致也。……民之農勉則資重，戰戢則鄰危。……故聖人之為國也，觀俗立法則治，察國事本則宜。」在這兩篇文章中，都明確地扣住商鞅富國強兵的理論中心，將農耕與軍戰並提同列，而把好辯、樂學以及商技之事視作妨礙農戰的一種阻力。認為本國之所以興盛，鄰國之所以危殆，都與農戰有著密切的關聯。

既然「治國之要」在於農戰，那麼如何擬定政策來實現這一宗旨呢？縱觀《商君書》的有關篇章，主要採取了以下舉措：

第一、裁抑商人及其活動。〈農戰〉指出：「要靡（渺小的人）事商賈，為技藝，皆以避農戰。」所以在〈墾令〉中，商鞅對裁抑商人及其活動，有許多明文規定。首先，「使商無得糴」，即不許商人買進糧食。作者認為：「商不得糴，則多歲不加樂。多歲不加樂，則饑歲無裕利。無裕利則商怯，商怯則欲農。」就是通過這一措施，防止商人在糧食方面投機倒把，牟取暴利，迫使他們對自己的行業膽怯置疑，只好捨末務本，從事農業生產。其次，「貴酒肉之價，重其租，令十倍其樸」。這種把酒肉的價錢大大提高並加重其課稅的作法，目的有三個：一是使酒肉商人無利可圖，因而令其數量銳減；二是使農民不會因酣飲而誤農、大臣不會因荒淫而誤政；三是可以使國家避免浪費糧食。再次，「廢逆旅」。據《史記·商君列傳》載：「商君之法，舍人無驗者坐之。」就是當時住旅館要有憑證。可見「廢逆旅」並非不要所有的旅館，而是要取締那些收留「姦偽、躁心、私交、疑農之民」的非法旅舍。這樣，既便於控制農業勞動力的外流，也有利於限制那些姦詐虛偽、輕舉妄動和私下勾結者的非法活動。第四，「重關市之賦」。加重關口、市場的賦稅，實質上是加重關市中的商品銷售稅，這一舉措可以使商人有「疑惰之心」，即對自己的行業產生懷疑、消極的心理，於是商人就會減少，其活動也會逐漸衰退。第五，「以商之口數使商，令之廝、輿、徒、重者必當名」。這就是按照商賈家中的人數給他們派差役，叫商賈的奴僕一定要按登記造冊的人數服役。如此一來，商人就會勞累困頓，沒有餘力把那些往來贈送的禮物運到各縣去。以上五項規定，或從積極的方面用力，或從消極的方面著手，不管怎樣，都直接、間接地能起到裁抑商人及其活動的作用，有利於農業生產的發展。

第二、設法使農民專心於農業。在秦國進行變法的過程中，商鞅不僅裁抑商人，規定「商無得糴」，而且與此同時也限制農民，規定「農無得糶」。因為不准農民賣出糧食，就可以防止商人屯積居奇，從中漁利，同時也可以迫使那些「窳惰之農」勤奮耕作，自食其力，而不能繼續懶惰下去，依靠別人來提供口糧。除了這種直接的辦法以外，商鞅為了使農民專心務農，還在〈墾令〉中向秦孝公建議，採取一些間接的辦法。首先，他從割斷農民與知識的關係入手，不許「國之大臣、諸大夫」去做「博聞、辯慧、游居」一類的事情。認為如此，農民就聽不到什麼奇談，看不到什麼異能，使「知農」不會因別人的蠱惑而改變主張，拋棄舊業，使「愚農」無從求得知識，不好學問，於是就會竭盡全力參加農業生產。其次，禁止人民擅自遷徙，讓那些愚昧無識、擾亂農業的人「無所於食」，如不務農便沒有別的生活出路。而「愚心躁欲之民壹意」，那麼一般的農民就會安居樂業，靜如止水。再次，規定軍中的市場不得私自運輸糧食，必須官辦。商鞅認為「盜糧者無所售，送糧者不私稽，輕惰之民不游軍市」，就會出現「農民不淫，國粟不勞」的局面。還有，對於國家經濟影響甚大的山林湖泊資源，要由國家統一管理，以便增加國家收入，同時使「惡農、慢惰、倍欲之民無所於食」，不會因有山澤之利可圖而荒怠農業。此外，裁減冗員，整頓吏治，也是〈墾令〉中談到的措施之一。因為「官無邪則民不敖。民不敖則業不敗。官屬少，則徵不煩。民不勞，則農多日」。這就是說，如果裁減了官員的數量，保持住官員的清廉，征調就不頻繁，人民就會守法，能如此，便有更多的時間和精力去拓荒墾地，發展農業。

第三、重創農戰之敵，撥正價值取向。商鞅西入秦國不久，便已察覺當時的社會風氣和習俗存在各種弊端，僅在〈墾令〉中就指出了許多亟待解決的問題。例如：民貴學問又賤農；辟、淫、游、惰之民有所食；聲、技通於百縣；意不壹而氣淫；姦偽、躁心、私交、疑農之民行。而隨著時代的發展，農戰的社會暗流除了商業活動和人的劣根性之外，已經達到日益複雜的境地。〈農戰〉說：「《詩》、《書》、禮、樂、善、修、仁、廉、辯、慧，國有十者，上無使守戰。國以十者治，敵至必削，不至必貧。國去此十者，敵不敢至，雖至必卻；興兵而伐必取，按兵不伐必富。」在此，作者列舉了十種影響富國強兵的農戰之敵。另外，在〈去強〉、〈說民〉、〈弱民〉等篇中，又提出了反「五民」、去「六蝨」、止「六淫」等方面的問題。所謂「五民」，商鞅在世之時是指褊急之民、很剛之民、怠惰之民、費資之民和巧諛、惡心之民（見〈墾令〉），而以後他的門徒是指談說之士、處士、勇士、技藝之士和商賈之士（見〈算地〉），他們或「資在於口」，或「資在於意」，或「資在於氣」，或「資在於手」，或「資在於身」，都想投靠其他諸侯的勢力和權貴的私門，而不願意從事農戰，所以作者指出：「五民加於國用，則田荒而兵弱。」於是主張效法湯、武，予以重創，以便達到「功立而名成」的境地。所謂「六蝨」，就是六種破壞重農重戰政策、有礙國家富強、擾亂上下秩序、蝕毀社會治安的蝨害，其具體內含，在《商君書》中有兩種不同的說法。例如〈去強〉、〈弱民〉等篇，把歲、食、美、好、志、行視為六蝨，而〈靳令〉則指禮、樂，《詩》、《書》，修善、孝弟，誠信、貞廉，仁、義，非兵、羞戰。第一種說法，講經濟、政治上的弊害，即指農民一遇豐年就不努力耕種和有餘糧便浪費食物，商人販賣華麗的東西或供應玩樂的奢侈品，官吏不遵守法制、隨心所欲，甚至還有貪贓枉法的卑鄙行為。第二種說法，其矛頭主要對準儒家學派，說明商鞅一派吸取李悝、吳起等前期法家在魏、楚兩國變法失敗的教訓，把儒家學者看作推行重農重戰政策的首要障礙。他們認為「農戰之民千人，而有《詩》、《書》、辯慧者一人焉，千人者皆怠於農戰矣」（〈農戰〉），如果用儒家的《詩》、《書》、禮、樂、仁、義等教育人民，就會出現利用儒術反對法治的「強民」，如果摒棄這一套，人民不懂儒術，就會出現服從法治的「弱民」。至於所謂「六淫」，在《商君書》中沒有說明其具體內容。朱師轍認為是指「六欲」。根據《呂覽・貴生》，六欲當是耳欲、目欲、口欲、鼻欲、身欲、心欲。即耳欲美聲，目欲美色，口欲美味，鼻欲美臭，身欲舒適，心欲快樂。如果六欲過分了，便是「六淫」，而淫則作姦犯法，危害農戰，削弱國力。所以商鞅一派法家，主張用多種刑罰來予以制止，認為「刑於九則六淫止」、「六淫止則國無姦」（〈說民〉）。

（二）強調治國務必注重刑賞。

商鞅及其同派法家認為，畏罪趨利是人的一種特性，也是進行賞罰的根本。作為一國之主，對於人民的愛好與憎惡，必須有所考察，並要設立與此相應的爵祿和刑罰，以便控制人民的意志，主宰人民的感情。「興國行罰，民利且畏；行賞，民利且愛。」（〈去強〉）只有注重刑賞，以此作為法治的主要內容，而且因勢利導，才能規範人民，達到國治主安的理想境地。

既然刑賞的問題關係到國家的興衰成敗、人民的趨避得失，那麼，朝廷應當如何來制定和使用這一法律的尺度呢？縱觀《商君書》，處在不同時期、不同情況下的作者，具有不同的認識、理解和提法。概而言之，有以下三種：

第一種，主張重刑厚賞。這是商鞅及其門徒對待刑賞問題的傳統態度，也是商鞅在秦國的變法過程中一種卓有成效的舉措。早在公認為商鞅親自撰著的〈墾令〉和〈立本〉中，就有「重刑而連其罪」以及「治行則貨積，貨積則賞能重矣」之類的話語。其後，商鞅一派又分別在〈修權〉、〈外內〉等篇章中，比較詳盡地對此有所論述。「凡賞者，文也；刑者，武也；文武者，法之約也。……賞厚而信，刑重而必，不失疏遠，不違親近，故臣不蔽主，而下不欺上。」（〈修權〉）因為賞是加恩，所以稱為「文」；刑是用威，所以稱為「武」。作者認為，賞刑是法治的兩個主要內容，二者必須併用，而且要摒棄儒家那種「親親」、「貴貴」的作法。用賞之時，務必要「厚」，決不能丟掉疏遠的人；用刑之時，務必要「重」，決不能避開親近的人。只有這樣，君臣、上下才能維持正常的關係，而不致出現蒙蔽、欺詐的情況。與此一脈相承，後來，〈外內〉的作者也就這一論題作了進一步的發揮：「其賞少，則聽者無利也；威薄，則犯者無害也。故開淫道以誘之，而以輕法戰之，是謂設鼠而餌以狸也，亦不幾乎！故欲戰其民者，必以重法。賞則必多，威則必嚴，……賞多威嚴，民見戰賞之多則忘死，見不戰之辱則苦生。賞使之忘死，而威使之苦生，而淫道又塞，以此遇敵，是以百石之弩射飄葉也，何不陷之有哉！」在這裏，作者通過生動比喻，說明賞賜必須多而且重，刑罰必須嚴而且威。否則，人民就不會忘死樂戰，國家就無法安定富強。究竟厚賞重刑的對象是些什麼人呢？從所謂「賞功罰過」、「賞高罰下」等詞語來看，就是賞賜給予有功之臣，刑罰加於有罪之人。具體地說，有三種類型的人：一是農耕方面的；二是戰事方面的；三是糾察姦人和其他方面的。《史記・商君列傳》載：「大小僇力本業，耕織致帛多者復其身；事末利及怠而貧者，舉以為收孥。」可見商鞅一派法家，是以解放奴隸為賞而以貶為奴隸為罰的。如果奴隸努力務農，就升為庶民；而庶民不努力務農，就要貶為奴隸。另外，根據《商君書》中〈去強〉、〈境內〉等篇的記載，在戰事方面的賞罰，也是講究「厚」、「重」二字的。「興兵而伐，則武爵武任，必勝。」（〈去強〉）這是講人們立了戰功，就給予官爵，以示褒獎。如何給予官爵呢？〈境內〉有比較詳細的介紹：「能得甲首一者，賞爵一級，益田一頃，益宅九畝，除庶子（賜給奴僕）一人，乃得入兵官之吏。」這是對庶民建有戰功者的賞賜，至於將官，則另有規定：「攻城圍邑，斬首八千已上」，或者「野戰，斬首二千」，就滿足了朝廷規定的數目。取得如此巨大的勝利，軍吏自操、校（教育操練的低級軍官）以上到大將，均有重賞，小官升一級，「賜虜（奴隸）」、「賜加（貨幣）」，大官升三級，「賜邑（封邑）」、「賜稅（地稅）」。在對有功之臣予以重賞的同時，對於那些在戰爭中不願出力的人則給以重刑。〈境內〉說，戰士五人編為一伍，記在名冊上，作戰時有一人逃跑，其他四人都要受刑。又五人設一屯長，百人設一將官，作戰時這些長官沒有獲得敵人的首級，就要殺掉他們。還有，各種將官都配備一定數量的衛兵，如果戰鬥時將官被打死，衛兵就要受刑。除上述農戰方面的賞罰外，在糾察姦人等方面也實行厚賞重刑。《史記・商君列傳》謂商鞅新法：「令民為什伍，而相收司（糾察）連坐（一人有罪，他人連帶有罪），不告姦者腰斬，告姦者與斬敵首同賞，匿姦者與降敵同罰。」另據《商君書・賞刑》，官吏也要告姦：「守法守職之吏有不行王法者，罪死不赦，刑及三族。周官（周圍官吏）之人知而訐（告發）之上者，自免於罪，無貴賤，尸襲（繼承）其官長之官爵、田祿。」正因為商鞅及其追隨者大力提倡厚賞重刑，並付諸實施，所以秦國變法以後收到良好的效果，《韓非子・定法》便對此有所記載和評論：「公孫鞅之治秦也，設告相坐而責其實，連什伍而同其罪，賞厚而信，刑重而必。是以其民用力勞而不休，逐敵危而不卻。故其國富而兵強。」

第二種，主張重刑輕賞，或者說重刑少賞、先刑後賞。商鞅的一部分門徒，所以在刑賞問題上提出這種較前不同的主張，是由於時代和環境的變易引起了他們認識上變化的緣故。從〈算地〉中「夫刑者所以禁邪也，而賞者所以助禁也」兩句話，便可以發現過去刑賞並行的重要性，已經開始被懷疑、被否定了。按照他們的理解，只有刑罰才是治國安民最為重要的工具，而賞賜不過是用來輔助刑罰的東西。既然如此，就只要加重刑罰，充分發揮它的威懾作用，至於賞賜一項，便可以降級減等了。於是「輕賞」、「少賞」、「後賞」之類的主張，便與「重刑」二字聯袂同行了。〈去強〉說：「重罰輕賞，則上愛民，民死上；重賞輕罰，則上不愛民，民不死上。……王者刑九賞一，強國刑七賞三，削國刑五賞五。」作者認為，國君重刑輕賞，人民就不敢犯法，因而很少受到刑罰，所以這是對人民的愛護，人民自然甘願為國君效命。如果重賞輕罰，情況就會與此相反。歷史上凡屬稱王天下的國家，實行九分刑、一分賞的辦法；強大的國家，實行七分刑、三分賞的政策；只有弱小國家違反刑多賞少的原則，刑罰與賞賜各佔五分。為〈去強〉帶有注解性質的〈說民〉，也提出了與此相似的主張：「罰重，爵尊；賞輕，刑威。爵尊，上愛民；刑威，民死上。……故王者刑於九而賞出一。刑於九則六淫止，賞出一則四難行。六淫止則國無姦，四難行則兵無敵。」商鞅一派的異議者，強調加重刑罰而減少賞賜，是有其突破傳統的理論基礎的，即〈說民〉所謂：「故行刑重其輕者，輕者不生，則重者無從至矣，此謂治之於其治也。行刑重其重者，輕其輕者，輕者不止，則重者無從止矣，此謂治之於其亂也。故重輕，則刑去、事成，國強；重重而輕輕，則刑至而事生，國削。」在這裏，作者通過兩種行刑情況的對比，說明輕罪重罰的好處。指出這樣，就可以達到減少用刑、事業成功、國家強盛的境界。他把這種殺一儆百的作法，稱之為「治之於其治」，就是用能把人民治理好的辦法去治國。儘管重刑厚賞是商鞅及其門徒對待刑賞問題的傳統態度，其實愈到後來主張重刑輕賞的人就越多，他們也像韓非子那樣，主張「事因於世，而備適於事」。例如〈壹言〉的作者，就作如是觀：「今世主皆欲治民，而助之以亂，非樂以為亂也，安其故而不窺於時也。是上法古而得其塞，下修今而不時移，而不明世俗之變，不察治民之情，故多賞以致刑，輕刑以去賞。夫設刑而民不服，賞匱而姦益多，故上之於民也，先刑而後賞。」作者強調時代發生了變化，不能拘守現狀，必須按照世事的實際情況去進行治理，考察人民的風俗來調整政策。他總結過去「輕刑」、「多賞」而造成「民不服」、「姦益多」的教訓，提出朝廷應當採取「先刑而後賞」的措施。這種把刑罰放在首位、把賞賜置於其次的主張，與上面所說的重刑輕賞，在基本精神上仍屬一致，都是對重刑厚賞的一種修正。

第三種，主張重刑不賞。這是「重刑輕賞」發展到極端的產物，它對傳統的刑賞觀念產生更大的衝擊波。〈畫策〉說：「善治者，刑不善而不賞善，故不刑而民善。不刑而民善，刑重也。刑重者民不敢犯，故無刑也，而民莫敢為非，是一國皆善也。故不賞善而民善。賞善之不可也，猶賞不盜。故善治者，使跖可信，而況伯夷乎？不能治者，使伯夷可疑，而況跖乎？勢不能為姦，雖跖可信也；勢得為姦，雖伯夷可疑也。」文中，作者力主重刑，認為重得「民不敢犯」、「莫敢為非」，就會國治民善，既無須用刑，也無須用賞。所以善於治理國家的人，只懲罰惡人，而不賞賜善人。問題的關鍵，在於通過法治來形成一種有利於治安的形勢。如果形勢使人不能為非作歹，即使跖這樣的著名大盜，也可以信任；反之，連商末高士伯夷，也值得懷疑。所謂「勢不能為姦」云云，確是商鞅一派法家論述刑賞問題的至理名言，它說明作者對於社會的了解、人性的認識，都已達到相當的深度。無論是「重刑輕賞」，還是「重刑不賞」，都是建立在這一理論基礎之上的。

應當指出，雖然在商鞅一派的法家中，對於刑賞問題的認識、理解和提法有著上述三種情況的區別，但是，它們異中有同，最為顯著的標誌，就是在各種不同類型的賞賜之前，都冠以「重刑」二字。說明商鞅和他的門徒，在推行法治、變改社會時，固然以刑賞作為「法之約」，即法治的要領，但嚴刑重罰，卻是約中之約。除此之外，從《商君書》中我們還發現一個問題，就是在實行賞罰的時候，都主張遵循以下的一些原則：一、必須賞功罰罪。〈禁使〉說：「人主之所以禁使者，賞罰也。賞隨功，罰隨罪。故論功察罪，不可不審也。夫賞高罰下，而上無必知其道也，與無道同也。」在這裏，既指出刑罰和賞賜有著禁止與役使臣民的雙重作用，又指出國君必須論功行賞、依罪定刑，決不能隨心所欲、缺乏審度。認為作為一國之主，如果不確知賞刑的原則，就等於沒有這項原則。二、必須壹賞壹刑。按照〈賞刑〉的說法，所謂「壹賞」，就是「利祿、官爵摶出於兵，無有異施也」；所謂「壹刑」，就是「刑無等級。自卿相、將軍以至大夫、庶人，有不從王令、犯國禁、亂上制者，罪死不赦。」作者主張要統一賞賜和刑罰的原則。利祿、官爵只能賞給有戰功的人；而執行刑罰，要不分等級。上至卿相，下至平民，只要觸犯了禁令、擾亂了法制，就毫無例外地處以重刑，決不能心慈手軟，讓那些貴族、官僚再像過去享有「刑不上大夫」的特權。在這裏，作者劃分了賞賜、用刑、死罪的範圍，本來商鞅一派法家主張將利祿、官爵逐漸開放給農民、戰士等，本篇既講「摶出於兵」，顯然是由於當時形勢的發展，需要側重軍事而帶來的偏差。三、必須取信於民。〈修權〉說：「民信其賞，則事功成；信其刑，則姦無端。」指出賞賜和刑罰，如果能夠得到人民的信任，事業就能成功，姦邪就無從產生。這一點，在上面已經提到的《史記・商君列傳》關於「令既具，未布。恐民之不信己，乃立三丈之木於國都市南門，募民有能徙置北門者，予十金。民怪之，莫敢徙。復曰：『能徙者，予五十金。』有一人徙之，輒予五十金，以明不欺」一段的記載中，可以找到旁證，說明不僅見之於言詞，而且見之於行動。四、必須明賞明刑。就是無論賞賜還是刑罰，都要修明得當。〈賞刑〉說：「夫明賞不費，明刑不戮……明賞之猶，至於無賞也；明刑之猶，至於無刑也。」作者認為賞賜得當並不耗費財物，刑罰嚴明無須進行殺戮，只要把這種精神貫徹到底，就可以達到不用賞賜和刑罰的地步。五、必須大權在握。〈算地〉說：「名利之所湊，則民道之。主操名利之柄而能致功名者，數也。聖人審權以操柄，審數以使民。數者，臣主之術而國之要也。」所謂「主操名利之柄」，就是國君必須掌握實賞、嚴刑的大權。因為名利湊集在哪裏，人民就往哪裏去。如果國君能夠考察權勢的利害、治民的原則，就可以役使人民，並且提高自己的聲威。所以，必須牢牢掌握這個綱領，決不能讓大權旁落。

（三）講究作戰的原則和方法。

前面提到，商鞅不僅是一位傑出的尚法思想家和政治家，而且兼有兵家的性質。他曾經率兵伐魏，轉戰沙場，卓有軍功。同時，還著書立說，為後代留下一筆璀璨奪目的軍事遺產。只可惜由於年代久遠，致使滄海遺珠，像《漢書・藝文志・兵權謀家》所著錄的《公孫鞅》二十七篇，現在都已散佚。唯有《商君書》中，尚存〈戰法〉、〈立本〉、〈兵守〉三篇，可供讀者探討商鞅一派法家的軍事思想之用。

作為一個兼具法家、兵家雙重性格的思想家，商鞅自始至終強調政治上改革的宗旨，就是要達到軍事上「無敵於海內」的目的。因此如前所述，他在實行重農政策的同時，又實行重戰的政策，他在獎勵建有軍功者的同時，又對不願為公戰出力的人給以重刑。除此之外，他還在自己的軍事著作中，總結了一套作戰的原則和方法。這些，便構成了他區別於先秦時期別的法家的突出特徵。

關於作戰取勝的原則，在〈戰法〉中，商鞅一開始就強調政治對於軍事的作用問題。指出政治上的優勝是戰爭勝利的根本，是成就王業的主要條件。文章說：「凡戰法必本於政勝，則其民不爭，不爭則無以私意，以上為意。故王者之政，使民怯於邑鬥，而勇於寇戰。民習以力攻難，故輕死。」這種認為只有「政勝」才能導致「戰法」之勝，才能使舉國上下以國君的意志為意志，都怯於私鬥而勇於公戰，並且不畏艱險與強敵，能夠視死如歸的觀點，跟春秋末期齊國軍事家孫武所說的「道者，令民與上同意也，故可以與之死，可以與之生，而不畏危」（《孫子・計謀》）的觀點接近。孫武講的「道」，也是屬於政治範疇的東西，他也是認為政治是決定戰爭勝敗的首要因素。究竟「政勝」包括一些什麼內容呢？除了從這裏我們可以略見端倪外，還可以從〈立本〉中推知一二。其文說：「凡用兵勝有三等：若兵未起則錯法，錯法而俗成，俗成而用具。此三者必行於境內，而後兵可出也。」據此可知，所謂「政勝」應與「錯法」、「俗成」、「用具」三方面的內涵有關。就是用兵之前朝廷先要施行法治，以明確、統一、公平的法度作為一種國民教育，讓社會形成喜農樂戰的新風尚，然後便動員民眾做好戰爭的物質準備。

作戰取勝的第二個原則，就是要多方面地考察敵我雙方的力量，通過對比來確定決策。〈戰法〉說：「兵起而程（估量之意）敵，政不若者勿與戰，食不若者勿與久，敵眾勿為客（古代軍事術語稱攻者為「客」），敵盡不如，擊之勿疑。故曰：兵大律（重要的原則）在謹。論敵察眾，則勝負可先知也。」這裏講的「兵起而程敵」和「論敵察眾」，又與《孫子・謀攻》所說的「知彼知己者，百戰不殆」，意思相同。它說明制定正確的作戰方針，必須以客觀實際為依據，絕對不能臆度。按照商鞅的說法，謹慎是用兵的「大律」，在作戰的時候要有「量敵」之舉，即事先估量敵方的情況。如果我們的政治趕不上敵方，就不要和它交戰；我們的糧草少於敵方，就不要和它相持；處在敵眾我寡、兵力懸殊的情況下，就不要盲目進攻；反之，倘若敵人各方面都不如我們，就要立即攻打，切莫遲疑。

作戰取勝的第三個原則，就是要充分重視決策者和指揮者的作用。〈戰法〉說：「若兵強弱敵（相當之意），將賢則勝，將不如則敗。若其政出廟算勝者，將賢亦勝，將不如亦勝。」所謂「廟算」，是指朝廷的決策，因為古時候出兵拜將，在宗廟裏舉行儀式，並籌劃作戰的策略。在這裏，作者也與《孫子・計》持類似的觀點，強調「選將」和「廟算」的問題。指出後者是起決定性的，但前者的作用也很重要。例如在敵我雙方的兵力旗鼓相當的情況下，賢能的將帥就可以左右局勢，決定勝負。

作戰取勝的第四個原則，就是要正確認識和對待戰爭的勝敗問題。「王者之兵，勝而不驕，敗而不怨。勝而不驕者，術明也；敗而不怨者，知所失也。」（〈戰法〉）勝敗乃兵家之常事，能否正確地看待這個問題，取決於一個人有沒有務實的態度和敢於進取的精神。稱王於天下的國君的軍隊，之所以能夠「勝而不驕」、「敗而不怨」，就在於它掌握了用兵的要訣，懂得只有在勝利面前不驕傲，才能乘勝前進；只有在失敗之時不怨天尤人，才能轉敗為勝。

作戰取勝的第五個原則，就是要掌握用兵之法。例如〈戰法〉講的「見敵如潰，潰而不止，則免」，這是告戒我們不要窮追敗敵，以防止他們作最後的掙扎和反撲，造成自己的損失。還有「無敵深入，偕險絕塞，民倦且饑渴，而復遇疾，北其道也」，是告戒將帥避免犯戰略上的錯誤，要善於調劑士兵的力量。作者指出，如果輕敵深入和冒險橫度絕境，或者士兵疲倦不堪、饑渴交加、身患重病之時與敵人作戰，就會觸犯兵家之大忌，不可避免地要敗北。再有在〈兵守〉中，還重點論述了防守戰的原則和方法問題。作者一開始就提出「四戰之國貴守戰，負海之國貴攻戰」的主張，認為作戰的形式，要根據地形來決定，四面受敵的國家應該注重守衛性的戰爭，而背靠大海的國家則應注重進攻性的戰爭。究竟如何才能打好防守戰呢？文中主要談了三點：第一點，要善於「以死人之力與客生力戰」，以保衛城堡。所謂「死人之力」，就是被動死守的兵力；所謂「客生力」，就是敵人主動進攻的兵力。作者認為做到了這一點，就可以收到「客不盡夷城，客無從入」的效果；即使城堡被摧毀、敵人攻進來了，那敵人也會弄得疲憊不堪，我們的守軍卻保存了戰鬥力。第二點，要善於「以佚力與罷力戰」，盡量消滅進攻中疲憊不堪的敵人。所謂「佚力」，是指我方安逸的兵力；所謂「罷力」，是指敵人疲勞的兵力。如果我方能夠以靜待動、以逸待勞，就可化被動為主動，變「死力」為「生力」，造成有利於自己而不利於敵人的局面。第三點，要善於發揮壯男、壯女和老弱三軍的作用，用全力對付敵人。同時，嚴格規定三軍不得互相往來，避免彼此帶來一些消極的影響，認為這樣，就可以壯大自己的力量，合符所謂「盛力之道」。

卷一

更法第一

【題解】本篇記述秦孝公時，法家商鞅與守舊勢力的政治代表甘龍、杜摯就變法問題所展開的一次御前辯難。甘、杜認為「聖人不易民而教，知者不變法而治」，竭力主張「法古」、「循禮」。商鞅則根據「三代不同禮而王，五霸不同法而霸」的歷史事實，針鋒相對地提出了「當時而立法，因事而制禮」的革新理論，從而堅定了孝公變法的決心，拉開了秦國變法的序幕。更法，與變法同義。因本篇首句即稱孝公謚名，所以歷來學者都斷定此非出自商鞅手筆，而是後人偽作。其理由是：孝公死，商鞅即被誣告為反叛，遭到惠王的殺害，並車裂其屍。他既無法自述其事，也來不及稱述孝公之謚。

孝公❶平畫❷，公孫鞅、甘龍、杜摯❸三大夫御❹於君，慮世事之變，討❺正法之本，求使民之道。

【章旨】此章言孝公與大臣探討國事，欲因時制宜，役民以法。

【注釋】❶孝公　秦國國君，姓嬴，名渠梁，西元前三六一至前三三八年在位。❷平畫　評議籌劃。這裏指研究國事。平，通「評」。❸甘龍杜摯　秦國舊貴族的政治代表。❹御　侍候。❺討　探討。

【語譯】秦孝公研究國事，公孫鞅、甘龍、杜摯三個大夫在旁侍候，他們一起考慮時勢的變化，探討變法的根據，尋求治理人民的辦法。

君曰：「代立❶不忘社稷❷，君之道也；錯❸法務明主長❹，臣之行也。今吾欲變法以治，更禮以教百姓，恐天下之議我也。」

【章旨】此章言孝公變法、更禮的打算與顧慮。

【注釋】❶代立　繼承君位。❷社稷　土神和穀神，舊時用作國家的代稱。❸錯　通「措」。施行。❹長　美善；優點。原作「張」，孫詒讓《札迻》認為「句義殊不通」，遂據《新序・善謀》改。

【語譯】孝公說：「繼承君位，不忘國家大事，這是國君的本分；施行法令，努力宣揚國君的威德，這是臣子的職責。現在我想改變舊法來治理國家，變更禮制來教化百姓，但又擔心會遭到天下人的非議。」

公孫鞅曰：「臣聞之，疑行無成，疑事無功。君亟❶定變法之慮，殆❷無顧天下之議之也。且夫有高人❸之行者，固見❹非於世；有獨知之慮者，必見訾❺於民。語曰：『愚者暗❻於成事，知❼者見於未萌❽。民不可與慮始，而可與樂成。』郭偃❾之法曰：『論至德❿者不和於俗，成大功者不謀於眾。』法者，所以愛民也；禮者，所以便事也。是以聖人苟可以強國，不法其故；苟可以利民，不循其禮。」

孝公曰：「善！」

【章旨】此章言商鞅勸孝公從「強國」、「利民」出發，趕快下定變法的決心，而不要遲疑、憂慮。

【注釋】❶亟　急速。❷殆　當然；必定。❸高人　志行高尚之士。❹見　被。❺訾　毀謗；非議。❻暗　糊塗；不明瞭。❼知　通「智」。❽萌　發生。❾郭偃　春秋時晉獻公的大夫。❿至德　最高的道德。

【語譯】公孫鞅說：「我聽說，行動猶豫便不會有成就，做事遲疑就不會有功效。請主上趕快拿定變法的主意，可以不必顧慮天下人的非議。況且有非凡作為的人，一定會遭到世俗的非議；有獨到見解的人，必然要受到一般人的毀謗。俗話說：『愚蠢的人在事後還不明白，聰明的人在事前就能看出苗頭。因此不能跟一般人商議創新，而只能與他們歡慶成功。』郭偃的法書上說：『講究最高道德的人不去附和舊的習俗，成就巨大功業的人不去跟一般人商量。』設立法度，是為了愛護人民；規定禮制，是為了便於行事。所以聖人認為假如能使國家富強，就不效法過去的一套；假如對人民有好處，就不遵循舊的禮制。」孝公說：「好！」

甘龍曰：「不然。臣聞之，聖人不易❶民而教，知者不變法而治。因❷民而教者，不勞而功成；據法而治者，吏習❸而民安。今若變法，不循秦國之故，更禮以教民，臣恐天下之議君。願孰❹察之！」

【章旨】此章言甘龍主張因循守舊，反對變更禮法。

【注釋】❶易　改變。❷因　因襲；依照。❸習　習慣；熟悉。❹孰　同「熟」。精審；仔細。

【語譯】甘龍說：「不對。我聽說，聖人不變易民俗而施教，聰明人不改變舊法來治國。依照民俗而施教，就能毫不費力獲得成功；根據舊法來治國，就能使官吏習慣、人民安寧。現在如果變法，不遵循秦國的舊法，又改變舊禮來教化人民，我擔心天下人要非議主上了。希望主上慎重考慮！」

公孫鞅曰：「子之所言，世俗之言也。夫常人安於故習，學者❶溺❷於所聞；此兩者，所以居官而守法，非所與論於法之外也。三代❸不同禮而王❹，五霸❺不同法而霸。故知者作法，而愚者制❻焉；賢者更禮，而不肖❼者拘❽焉。拘禮之人不足與言事，制法之人不足與論變。君無疑矣。」

【章　旨】此章言商鞅以三代、五霸的事實為根據，展開對甘龍世俗之論的批駁。

【注　釋】❶學者　學究。這裏指儒生。❷溺　沉湎；拘泥。❸三代　指夏、商、周三朝。❹王　指成就王業。❺五霸　春秋時先後稱霸的五個諸侯。指齊桓公、晉文公、楚莊王、吳王闔閭、越王句踐。一說後兩霸是指秦穆公和宋襄公。❻制　遵從；墨守。❼不肖　不賢；無德才。❽拘　拘束。

【語　譯】公孫鞅說：「你所講的，只不過是一些平庸的言論。普通的人安於舊的習俗，學究們拘泥於自己的見聞：這兩種人，只能做官而謹守成法，卻不能跟他們談論超出舊法以外的新事。三代用不同的禮制而成就了王業，五霸用不同的法制而建立了霸業。所以說，聰明的人創立新法，而愚蠢的人墨守陳規；賢能的人變更舊禮，而不賢的人被舊禮所約束。被舊禮所約束的人不值得跟他們討論國家大事，墨守陳規的人不值得跟他們談論變革。主上不要再遲疑不決了。」

杜摯曰：「臣聞之，利不百不變法，功不十不易器❶。臣聞法古無過，循禮無邪❷。君其圖❸之！」

【章　旨】此章言杜摯從功利的角度勸孝公不要變法革新。

【注　釋】❶器　器具。一說為名器。指爵位、車服、禮制等。❷邪　不正；偏差。❸圖　考慮。

【語　譯】杜摯說：「我聽說，倘若沒有百倍的利益就不變更舊法，沒有十倍的功效就不改換器具。我還聽說，效法古代沒有過錯，遵循舊禮不會出偏差。請主上認真地考慮一下！」

公孫鞅曰：「前世不同教，何古之法？帝王不相復，何禮之循？伏羲、神農❶，教而不誅❷；黃帝、堯、舜❸，誅而不怒❹；及至文、武❺，各當時❻而立法，因事而制禮。禮、法以時❼而定，制、令各順其宜，兵甲、器備各便其用。臣故曰：治世不一道❽，便國不必法古。湯、武之王也，不循古而興；殷、夏❾之滅也，不易禮而亡。然則反古者未必可非，循禮者未足多❿是也。君無疑矣。」

【章　旨】此章言商鞅列舉前代興亡的事實，痛斥杜摯「法古無過，循禮無邪」的謬論。

【注　釋】❶伏羲神農　傳說中的古帝王。相傳他們曾教民漁獵、耕種。❷誅　殺。這裏作刑罰解。❸黃帝堯舜　也是傳說中的古帝王。❹怒　高亨認為「當讀為孥」，意思是一人有罪，妻子兒女連坐。❺文武　朱師轍認為此係「湯、武」之誤，下文「湯、武之王也」可證。湯、武即商湯王和周武王，是商與西周的開國君主。❻當時　適應時勢的需要。❼以時　按時。❽一道　只用一種方法。❾殷夏　商朝和夏朝。《新序・善謀》及《史記・商君列傳》均作「夏、殷」。❿多　贊美。

【語　譯】公孫鞅說：「前代的教化各不相同，究竟要效法哪一朝的古法？已故帝王的禮制不相重複，又該遵循誰的禮制？伏羲、神農，進行教化而不使用刑罰；黃帝、堯、舜，使用刑罰而不株連；到了湯、武時代，各自適應時勢的需要而創立法度，依據社會的情況而制定禮制。禮制、法度要按時代的需要來制定，制度、命令要順應客觀情況，兵器鎧甲、器械裝備都要便於使用。所以我說：治理國家沒有一成不變的方法，只要對國家有利就不必效法古代。商湯、周武不遵循古法卻興盛，夏桀、殷紂不改變舊禮卻滅亡。所以反對古制未必應該受到非議，遵循舊禮並不值得贊同。請主上不要再遲疑不決了。」

孝公曰：「善！吾聞窮巷❶多怪，曲學❷多辨❸。愚者笑之❹，智者哀焉；狂夫之樂，賢者喪❺焉。拘世以議，寡人❻不之疑矣！」於是遂出墾草❼令。

【章　旨】此章言孝公為商鞅所說服，對變法不再猶豫，並立即頒布墾草令。

【注　釋】❶窮巷　僻巷。此指身居窮鄉僻壤的人。❷曲學　囿於一隅、拘執不通之學。此指學識迂淺的人。曲，角落。❸辨　通「辯」。❹笑之　孫詒讓說，《新序・善謀》作「之笑」。❺喪　憂慮；憂傷。❻寡人　古代君王的自稱。❼草　荒野。

【語　譯】孝公說：「講得好！我聽說身居窮鄉僻壤的人往往少見多怪，學識迂淺的人喜歡無謂的爭辯。愚蠢之人高興的，聰明之人卻對此難過；狂妄之人快樂的，賢能之人卻感到憂傷。對於那些拘泥於世俗的議論，我再也不疑慮了！」於是就頒布了開墾荒地的法令。

墾令第二

【題解】本篇「則草必墾矣」之句，前後共出現二十次之多，可知「墾令」即上篇所講的「墾草令」。縱觀全文，其思想與商鞅變法的根本精神相吻合，又文字簡峻樸實，首尾無後人追述、假托之辭，所以學者大都認為它是秦孝公決定變法之後，商鞅提出的一個關於鼓勵開墾荒地、發展農業生產的方案。因主旨全在重農，故篇中集中於農政各種制度的建議，從地稅、商品稅到傜役、刑罰等各種制度，從取消貴族特權、防止官吏貪污到壓抑商人、制裁奢侈遊惰者，可謂名目繁多、巨細靡遺。值得注意的是，上述有些內容在睡虎地秦簡的秦律雜抄中，可以找到佐證，充分說明商鞅的這個草案，曾經被採納，並已加以執行，成為秦國的法律。

無宿治❶，則邪官不及為私利於民，而百官之情不相稽❷。百官之情不相稽❸，則農有餘日；邪官不及為私利於民，則農不敗❹。農不敗而有餘日，則草必墾矣。

【章旨】此章言政無留治，則能制約姦邪、百官，有利於農業發展。

【注釋】❶宿治　辦事緩慢疲沓。宿，隔夜。❷稽　停留；拖延。❸百官句　原文脫。俞樾認為此句當補。

因是重文，故傳寫誤脫。❹敗　損害。

【語　譯】處理國家事務不疲沓，姦邪的官吏就來不及從人民身上謀求私利，一般的官吏也不敢拖延公務。一般的官吏不敢拖延公務，農民就有較多的時間從事耕作。奸邪的官吏來不及從人民身上謀求私利，農民就不會遭受損害。農民不遭受損害並有較多的時間從事耕作，那麼荒地就必然得到開墾了。

訾❶粟而稅，則上❷壹❸而民平。上壹則信，信則臣不敢為邪；民平則慎，慎則難變。上信而官不敢為邪，民慎而難變，則下不非上❹，中不苦官。下不非上，中不苦官，則壯民疾❺農不變。壯民疾農不變，則少民學之不休。少民學之不休，則草必墾矣。

【章　旨】此章談統一地稅制度，對於取信於民、約束官吏、發展農業的好處。

【注　釋】❶訾　量。❷上　指國君。❸壹　統一。❹下不非上　高亨認為當作「上不非上」，下文同。前一個「上」字作對上解，後一個「上」字指國君。❺疾　盡力；努力。

【語　譯】根據糧食的收穫量徵稅，國君的地稅制度就統一，人民的負擔也公平。國君的地稅制度統一就會有信用，有信用則官吏不敢為非作歹；人民負擔公平則對待農務能慎重，一慎重就不會輕易改變職業。國君有了信用，官吏不敢為非作歹，人民慎重而不輕易改變職業，那麼人民上不會責怪國君，中不會怨恨官吏。人民上不責怪國君，中不怨恨官吏，那麼年壯的農民會努力參加農業生產而不改變職業。年壯的農民努力參加農業生產而不改變職業，那麼年少的農民就會不停地學習他們。年少的農民不停地學習他們，那麼荒地就必然得到開墾了。

無以外權❶爵任❷與官，則民不貴學問，又不賤農。民不貴學問則愚，愚則無外交。無外交，則國安而不殆❸。民不賤農，則勉❹農而不偷❺。國安不殆，勉農而不偷，則草必墾矣。

【章旨】此章言商鞅為了國安、重農，主張反對外權和實行愚民政治。

【注釋】❶外權　其他諸侯國的勢力。戰國時期，遊說之士常借某一諸侯國的勢力，求得另一諸侯國的官爵。❷爵任　應為「任爵」的倒誤。指封爵位。❸殆　危險。❹勉　盡力。❺偷　苟且；懶散。

【語譯】國君不因某人有其他諸侯國勢力的支持而封爵位、給官職，人民就會不重視學問，也不輕視農業生產。人民不重視學問就愚昧，一愚昧就不會與其他諸侯國交往。不與其他諸侯國交往，國家就安全而沒有危險。人民不輕視農業生產，就會盡力務農而不懶散。國家安全沒有危險，人民盡力務農而不懶散，那麼荒地就必然得到開墾了。

祿❶厚而稅多，食口❷者眾，敗農者也。則以其食口之數，賤❸而重使之。則辟❹淫❺游惰之民，無所於食。無所於食則必農，農則草必墾矣。

【章　旨】此章談商鞅關於徵收人口稅，迫使遊食之民從事農業生產的建議。

【注　釋】❶祿　俸祿。❷食口　此指吃閒飯的人口。❸賤　孫詒讓說，當為「賦」，因形近而誤。❹辟　邪僻。❺淫　放蕩。

【語　譯】貴族俸祿厚，收稅多，吃閒飯的人成群，是會危害農業生產的。根據他們吃閒飯的人數收稅，而且加重勞役。那麼，邪僻放蕩、閒遊懶惰的人，就無處可以不勞而坐食。他們無處可以不勞而坐食，就必然參加農業生產；參加農業生產，那麼荒地就必然得到開墾了。

使商無得糴❶，農無得糶❷。農無得糶，則窳惰❸之農勉疾❹；商不得糴，則多歲❺不加樂。多歲不加樂，則饑歲無裕利❻。無裕利則商怯❼，商怯則欲農。窳惰之農勉疾，商欲農，則草必墾矣。

【章　旨】此章談商鞅關於禁止糧食買賣，以便抑制姦商和迫使惰農從事生產的主張。

【注　釋】❶糴　買進糧食。❷糶　賣出糧食。❸窳惰　懶惰。❹勉疾　勤快。❺多歲　豐年。❻裕利　厚利。❼怯　膽怯；畏縮。

【語　譯】要使糧商不能買進糧食，農民不能賣出糧食。農民不能賣出糧食，懶惰的農民就要勤奮地生產；商人不能買進糧食，豐年就沒有什麼可高興的。豐年沒有什麼可高興的，荒年他們也就得不到厚利。沒有厚利，糧商就會膽怯；糧商膽怯，就要參加農業生產。懶惰的農民勤奮積極，商人又要參加農業生產，那麼荒地就必然得到開墾了。

聲服❶無通於百縣❷，則民行作❸不顧，休居❹不聽。休居不聽，則氣不淫❺；行作不顧，則意必壹❻。意壹而氣不淫，則草必墾矣。

【章旨】此章言商鞅主張遏止聲色服飾的廣泛流行，以便農民集中精力從事生產。

【注釋】❶聲服　聲色玩好和服飾的物品。❷百縣　泛指各地。❸行作　耕作；勞動。❹休居　休息閒暇。❺淫　放縱。❻壹　專一；集中。

【語譯】聲色器玩和奢侈服飾不准到處流行，農民耕作的時候就看不到它們，休息的時候也聽不到它們。休息時聽不到它們，精力就不分散；耕作時看不到它們，思想就專一。思想專一、精力不分散，那麼荒地就必然得到開墾了。

無得取庸❶，則大夫❷家長❸不建繕❹，愛子不惰食❺，惰民不窳，而庸民無所於食，是必農。大夫家長不建繕，則農事不傷。愛子❻惰民不窳，則故田❼不荒。農事不傷，農民❽益農❾，則草必墾矣。

【章　旨】此章言商鞅主張限制雇工和大興土木，以便約制惰民、不傷農事。

【注　釋】❶庸　通「傭」。雇工。❷大夫　古官名。古代諸侯國中，國君之下有卿、大夫和士三級。❸家長　一家之主。家，卿大夫的采地食邑。❹建繕　大興土木。繕，修治。❺惰食　吃閒飯。❻愛子　俞樾認為此下當有「不惰食」三字。❼故田　原已耕種的土地。❽農民　陶鴻慶說，當作「庸民」。❾益農　更加努力從事農業生產。

【語　譯】不准使用雇工，大夫家長就不能大興土木，他們的愛子也不能光吃閒飯，懶漢也不能偷懶，做雇工的人找不到地方吃飯，這樣，他們就必然要參加農業生產。大夫家長不大興土木，農業生產就不會受到妨害。他們的愛子不吃閒飯，懶漢不能偷懶，已耕種的土地就不會荒蕪。農業生產不受妨害，做雇工的人也努力從事農業生產，那麼荒地就必然得到開墾了。

廢逆旅❶，則姦偽、躁心❷、私交、疑農❸之民不行。逆旅之民無所於食，則必農，農則草必墾矣。

【章　旨】此章言商鞅主張取締非法旅館，以防壞人搗鬼並控制農業勞動力的外流。

【注　釋】❶逆旅　旅館。據《史記・商君列傳》，當時住旅館要有憑證，可見「廢逆旅」並非不要一切旅館，而是要取締那些收留「姦偽、躁心、私交、疑農」之人的非法旅館。❷躁心　浮躁不安、輕舉妄動。❸疑農　不安心從事農業生產。

【語　譯】取締非法旅館，那些姦詐虛偽、浮躁不安、私下勾結、不安於農業生產的人就不能流動。

開設旅館的人沒有生活出路，就必然參加農業生產。他們參加農業生產，那麼荒地就必然得到開墾了。

壹山澤❶，則惡農、慢惰❷、倍欲❸之民無所於食；無所食，則必農。農則草必墾矣。

【章　旨】此章言商鞅主張統一管理山林湖泊，迫使那些賴以謀生的人從事農業生產。

【注　釋】❶壹山澤　漢昭帝時，大夫桑弘羊在一次鹽鐵會議上，贊揚商鞅「收山澤之稅，國富民強」，而文學們則攻擊商鞅「外禁山澤之原」。可知「壹山澤」，主要是指由國家統一管理山林湖泊中的鹽鐵資源。❷慢惰　懶散的人。❸倍欲　多欲。指私心很重。

【語　譯】由國家統一營求山林湖泊之利，那麼，厭惡農業、散慢懶惰、私欲很重的人就不能賴以謀生。他們不能靠山林湖泊謀生，就必然參加農業生產。參加農業生產，那麼荒地就必然得到開墾了。

貴酒肉之價，重其租，令十倍其樸❶。然則商賈少，農不能喜酣奭❷，大臣不為荒飽❸。商賈少，則上不費粟；民不能喜酣奭，則農不慢；大臣不荒❹，則國事不稽，主無過舉❺。上不費粟，民不慢農，則草必墾矣。

【章　旨】此章言商鞅主張提高酒肉的價格和稅收，以免鋪張浪費、誤政慢農。

【注　釋】❶樸　原價；成本。❷酣奭　過度的飲酒作樂。❸荒飽　荒淫醉飽。❹大臣不荒　高亨說：「依上文荒下當有飽字。」❺過舉　錯誤的行為。

【語　譯】提高酒肉的價格，加重酒肉的稅收，規定稅收要達到成本的十倍。這樣，販賣酒肉的商人就會少，農民就不能過度地飲酒作樂，大臣也不能荒淫醉飽。販賣酒肉的商人少了，國家就不會浪費糧食；農民不過度地飲酒作樂，就不會耽誤農業生產；大臣不荒淫醉飽，就不會拖延國家政務，國君的措施也就不會發生錯誤。國家不浪費糧食，農民不耽誤農業生產，那麼荒地就必然得到開墾了。

重刑而連其罪❶，則褊急❷之民不鬥，很剛❸之民不訟❹，怠惰之民不游，費資之民不作，巧諛❺、惡心之民無變❻也。五民者不生於境內，則草必墾矣。

【章　旨】此章言商鞅主張重刑連坐，以打擊防害治安和農耕的五種壞人。

【注　釋】❶連其罪　即連坐。商鞅變法時編制居民十家為什，五家為伍，一家犯法，其他四家或九家都要檢舉告發，否則要連帶受罪。❷褊急　性情急躁。❸很剛　強橫霸道。很，通「狠」。❹訟　爭吵。❺巧諛　偽詐諂媚。❻變　變詐。

【語　譯】實行重刑與連坐法，性情急躁的人就不敢爭鬥，強橫霸道的人就不敢爭吵，懶惰的人就不敢遊蕩不務正業，揮霍資財的人就不敢繼續浪費，偽詐諂媚、心眼不好的人就不敢再行欺詐。這五種人不出現在國內，那麼荒地就必然得到開墾了。

使民無得擅❶徙，則誅愚❷亂農農民❸，無所於食而必農。愚心躁欲之民壹意，則農民必靜❹。農靜，誅愚亂農之民必農❺，則草必墾矣。

【章　旨】此章言商鞅為了使農民安心生產，主張禁止他們擅自遷徙。

【注　釋】❶擅　自專；隨便。❷誅愚　愚昧無知。❸農民　孫詒讓說，當作「之民」，「之」字草書與重文符號相似，故誤。❹靜　安定；安心。❺亂農之民必農　此六字原缺，據上文補。

【語　譯】不許農民擅自遷徙，那麼愚昧無知、擾亂農業的人就沒有生活出路，而必然參加農業生產。思想糊塗、浮躁多欲的人一心一意地參加農業生產，農民就必然安定。農民安定了，愚昧無知、擾亂農業的人就一定參加農業生產，那麼荒地就必然得到開墾了。

均出❶餘子❷之使令❸，以世❹使之，又高❺其解舍❻，令有甬官❼食概❽，不可以辟❾役。而大官未可必得也，則餘子不游事人，則必農。農則草必墾矣。

【章　旨】此章言商鞅主張取消貴族的某些特權，規定他們的餘子必須服役，無做大官的保障，以驅使他們認同農業。

【注　釋】❶均出　一律徵調。❷餘子　古代卿大夫嫡長子以外的兒子。❸之使令　到管徭役的官吏那裏報到。之，到。使令，被使喚的人。❹世　朱師轍認為當作「冊」，因形近而誤。❺高　嚴格。❻解舍　指免除徭役。

《管子・王輔》：「是故上必寬裕而有解舍，下必聽從而不疾怨。」尹知章注：「解，放也。舍，免也。」一說，解舍即「廨舍」。指官舍。❼甬官　指掌管糧食的官。甬，即斛。❽食概　發給役人定量的糧食。食，給人吃。概，刮平斗斛的器具，引申為限量。❾辟　通「避」。

【語　譯】徵調卿大夫的餘子一律要到管徭役的官吏那裏報到，按照登記冊叫他們服役，還嚴格規定他們免除徭役的條件，派管糧食的官發給他們定量的糧食，使餘子不能躲避勞役。餘子不一定能得到大官，就不會到處去交結權貴，就必然參加農業生產。他們參加農業生產，那麼荒地就必然得到開墾了。

國之大臣、諸大夫，博聞、辯慧❶、游居之事皆無得為，無得居游於百縣，則農民無所聞變❷、見方❸。農民無所聞變、見方，則知農無從離其故事，而愚農不知，不好學問。愚農不知，不好學問，則務疾農；知農不離其故事❹，則草必墾矣。

【章　旨】此章言商鞅主張禁止大臣、大夫到處遊說閒居，發表污染農民的奇談怪論。

【注　釋】❶辯慧　巧言狡黠。❷聞變　聽到蠱惑人心、不務正業的話。❸見方　看到無益的技藝。一說，方，通「仿」。指看到無益的技藝而學習模仿。❹知農不離其故事　此後當補「愚農務疾農」五字，承上「愚農不知」三句而來。

【語　譯】不准國家的大臣和大夫們去做增廣聽聞、巧言狡黠、遊手閒居的事，更不准到各地去逛遊閒居，那麼農民就聽不到不務正業的話、看不到無益的技藝。農民聽不到不務正業的話、看不到無益的技藝，聰明的農民就不會離開他們原來的職業，愚昧的農民就無從求得知識，不愛好學問。愚昧的農民無從求得知識，且不愛好學問，就一定會盡力地參加農業生產。聰明的農民不離開他們原來的職業，愚昧的農民盡力地參加農業生產，那麼荒地就必然得到開墾了。

令軍市無有女子；而命其商人自給甲兵，使視❶軍興❷；又使軍市無得私輸糧者，則姦謀無所於伏❸，盜輸糧者❹不私稽❺，輕惰之民不游軍市。盜糧者無所售❻，送糧者不私❼，輕惰之民不游軍市，則農民不淫，國粟不勞，則草必墾矣。

【章　旨】此章言商鞅主張對有礙農業的各種軍市問題予以限制。

【注　釋】❶視　比照。《後漢書・張純傳》：「帝乃東巡岱宗，以純視御史大夫從。」李賢注：「視，比也。」❷軍興　當時術語。指官吏可以徵集民間的財物以供軍用。❸伏　隱藏。❹盜輸糧者　高亨說，「盜」字下當補「糧者無所售」五字；因傳寫誤脫，下文「盜糧者無所售」可證。❺私稽　私自拖延。❻盜糧句　按文例此前當補「姦謀無所於伏」六字。❼不私　高亨說，「私」下當有「稽」字，傳寫誤脫，上文可證。

【語　譯】規定軍中市場不能有女子；命令軍市商人自備鎧甲兵器，使他們比照徵集民間財物以供軍用的辦法來做；又規定軍中市場不能私自運輸糧食，那麼，搞姦巧計謀的人就沒處隱藏，偷盜軍糧的人就無處出售，運送軍糧的人就不敢私自拖延，輕浮懶惰的人就不到軍中市場去遊逛。搞姦巧計謀的人沒處隱藏，偷盜軍糧的人無處出售，運送軍糧的人不敢私自拖延，輕浮懶惰的人不到軍中市場去遊逛，農民就不會放蕩，國家糧食就不會過度消耗，那麼荒地就必然得到開墾了。

百縣之治一形❶，則從迂者不❷敢更其制，過❸而廢❹者不能匿❺其舉❻。過舉不匿，則官無邪人。迂者不飾，代者不更，則官屬少而民不勞❼。官無邪則民不敖❽，民不敖則業不敗。官屬少，徵不煩❾。民不勞，則農多日。農多日，徵不煩，業不敗，則草必墾矣。

【章　旨】此章言商鞅為加強中央集權和發展農業，主張統一政令、體制，裁減冗官、庸員，不准文過飾非，反對徵調頻繁。

【注　釋】❶一形　一個樣，即有統一的政令和體制。❷迂者不　孫詒讓說，「迂者不」下當補「飾，代者不」四字，下文「迂者不飾，代者不更」可證。迂，邪。代者，繼任的人。❸過　犯錯誤。❹廢　鬆弛。指失職。❺匿　掩蓋；隱瞞。❻舉　行為。❼勞　勞困。❽敖　通「傲」。❾徵不煩　俞樾說，依文例，「徵」字上當有「則」字。

【語　譯】治理國家有統一的政令和體制，走邪路的人就不敢弄虛作假，繼任的官吏就不敢改變法制，而由於犯錯誤以致失職的官吏也不能隱瞞自己的錯誤行為。錯誤的行為不能隱瞞，官吏中就不會有壞人。走邪路的人不弄虛作假，繼任的官吏不改變法制，官吏就可以減少，人民就不會勞困。官吏中沒有壞人，人民就會守法。人民守法，農業生產就不會受損害。官員少了，徵調就不會頻繁。人民不勞困，參加農業生產就會有更多的時間。參加農業生產的時間多，徵調又少，使農業生產不受損害，那麼荒地就必然得到開墾了。

重關市之賦❶，則農惡商，商有疑惰❷之心。農惡商，商疑惰，則草必墾矣。

【章　旨】此章言商鞅為了重農抑商，主張加重關市的商品稅。

【注　釋】❶關市之賦　關口、市場的賦稅。❷疑惰　疑懼消極。

【語　譯】加重關口、市場的賦稅，農民就不願意經商，商人就會有疑懼消極的情緒。農民不願意經商，商人有疑懼消極的情緒，那麼荒地就必然得到開墾了。

以商之口數使商，令之廝、輿、徒❶重❷者必當名❸，則農逸❹而商勞。農逸則良田不荒，商勞則去來齎❺送之禮無通於百縣，則農民不饑，行不飾❻。農民不饑，行不飾，則公作必疾，而私作不荒，則農事必勝。農事必勝，則草必墾矣。

【章　旨】此章言商鞅為了發展農業，主張裁抑商人，令其奴僕必須服役。

【注　釋】❶廝輿徒　都是供人役使的奴僕。❷重　多。一說，重，通「童」。也是指奴僕。❸當名　和登記的人數相符，使之應役。❹逸　安逸；負擔輕。❺賚　贈送。❻飾　裝飾；講排場。

【語　譯】按照商人家中的人數給他們派差役，叫商人奴僕眾多的一定要按登記造冊的人數服役，這樣農民的負擔就輕，而商人的負擔就重了。農民的負擔輕，好田就不會荒蕪，商人的負擔重，就不會把往來贈送的禮物運到各縣，這樣農民就不會饑餓，也不會講排場。農民不饑餓，也不講排場，對官家的勞役就一定會盡力，私事也不會耽誤，農業就一定會興盛起來。農業興盛起來，荒地就必然得到開墾了。

令送糧無取僦❶，無得反庸❷，車牛輿❸重設❹必當名，然則往速徠❺疾，則業不敗農。業不敗農，則草必墾矣。

【章　旨】此章言商鞅主張對送糧者予以限制，以免妨害農事。

【注　釋】❶取僦　收取運費。❷反庸　通「返傭」。即在回程中私載貨物。❸輿　載。❹重設　載重量。❺徠　同「來」。

【語　譯】命令送糧的人不得收取運費，更不許在返回的路上私運貨物，使他們車輛、牲口的載重必須和官冊上預先登記的一樣，這樣就會來往迅速，送糧就不會妨害農事。送糧不妨害農事，荒地就必然得到開墾了。

無得為罪人請於吏而餉食❶之，則姦民無主❷。姦民無主，則為姦不勉。為姦不勉，則姦民無樸❸。姦民無樸，則農民不敗。農民不敗，則草必墾矣。

【章旨】此章言商鞅為了嚴懲姦民、不傷農事，主張不准任何人同情罪犯。

【注釋】❶餉食　饋送食物。❷無主　沒有人支持。❸無樸　沒有依附隱匿的地方。

【語譯】不准向官吏請求給罪犯饋送食物，那麼違法亂紀的人就無人支持。違法亂紀的人無人支持，做壞事就得不到鼓勵。做壞事得不到鼓勵，違法亂紀的人就沒有依附隱匿的地方。違法亂紀的人沒有依附隱匿的地方，農民就不受損害。農民不受損害，那麼荒地就必然得到開墾了。

農戰第三

【題解】司馬遷在《史記》本傳贊中說：「余嘗讀商君〈開塞〉、〈耕戰〉書，與其人行事相類。」日本瀧川龜太郎考證：「今本二十六篇，……第三篇為〈農戰〉，史公所謂〈耕戰〉，或斥此篇。」文章著重論述農耕和軍戰政策的重要意義，指出農、戰，是國家的大事、興敗的關鍵，必須以此作為政治的綱領。因文中有「國危主憂，……人君不能服強敵、破大國也，則修守備，便地形，摶民力，以待外事，然後患可以去」之類的話，不符合孝公前四年間獻公一戰勝魏及孝公時又國富兵強、疊敗魏晉的歷史情況，所以學者認為，這大約是商鞅死後戰國時人推行其主張而寫成的作品。

凡人主之所以勸❶民者，官爵也。國之所以興者，農戰也。今民求官爵，皆不以農戰，而以巧言虛道❷，此謂勞民❸。勞民者其國必無力，無力者其國必削。

【章旨】此章言農戰是國家興盛的保障，如果任官授爵不以此作為條件，而讓巧言虛道者得逞，則勢必勞民削國。

【注　釋】❶勸　勸勉；鼓勵。❷巧言虛道　虛偽空洞的言論。❸勞民　使人民懶惰。《廣雅》：「勞，嬾(懶)也。」

【語　譯】一般說來，國君用來鼓勵人民的辦法，是授予官爵。國家興盛的原因，在於依靠農戰。現在的人求取官職、爵位，都不靠農戰，而靠虛偽空洞的言論，這就叫做使人民趨於懶惰。使人民趨於懶惰，國家就必然沒有力量；國家沒有力量，國土就必然被侵削。

善為國者，其教民也，皆作壹❶而得官爵，是故❷不官無爵。國去言❸則民樸，民樸則不淫。民見上利❹之從壹空❺出也，則作壹。作壹則民不偷營❻，民不偷營則多力，多力則國強。今境內之民皆曰農戰可避，而官爵可得也，是故豪傑皆可變業，務學《詩》、《書》❼，隨從外權❽，上可以得顯，下可以求官爵；要靡❾事商賈，為技藝，皆以避農戰。具備，國之危也。民以此為教者，其國必削。

【章　旨】此章指出善於治國者都在教化、獎賞上注重「農戰」二字，並對巧言虛道嚴予取締，使民樸而國強。但現實的情況則不然，一些人逃避農耕，不務正業，以致危機潛伏、國土必削。

【注　釋】❶作壹　作事專一。這裏是對農戰而言。❷是故　此後疑脫「不作壹」三字。❸去言　指取締巧言虛道。❹上利　指國君賞賜的官爵。❺壹空　單一的途徑。空，同「孔」。❻偷營　指逃避農戰，從事不正當的職業。偷，苟且。❼詩書　《詩經》、《書經》。這裏泛指儒家的經典。❽隨從外權　追逐來自其他諸侯國的權勢。隨從，追求。❾要靡 通「么麼」。渺小平庸的人。

【語譯】善於治理國家的人，他們教育人民，都要靠從事農戰來取得官職和爵位，因此不專一於農戰的人，就不給予官職和爵位。國家取締了巧言虛道，人民就會樸實；人民樸實了，就不會放蕩。人民看到國君所賞賜的官爵只能從事農戰這一條途徑取得，就會專心從事農戰。專心從事農戰，人民就不會從事不正當的職業；人民不從事不正當的職業，就會力量大；力量一大，國家就會強盛。現在國內的人民都說農戰可以逃避，而官爵照樣可以得到，因此才能出眾的人都可改變原來的職業，竭力學習《詩》《書》，追求來自其他諸侯國的權勢，上可以取得顯赫的名望，下可以弄到官職爵位；那些平庸之輩就去從事商業，幹無益的技藝，這無非為了要逃避農戰。具備上述兩種情況，國家就危險。用這樣的思想教育人民，他的國力就必然被削弱。

善為國者，倉廩❶雖滿，不偷❷於農；國大民眾，不淫❸於言，則民樸壹❹。民樸壹，則官爵不可巧而取也；不可巧取，則姦不生；姦不生，則主不惑。今境內之民及處官爵者，見朝廷之可以巧言辯說取官爵也，故官爵不可得而常❺也。是故進則曲主❻，退則慮私❼，所以實其私，然則下賣權矣。夫曲主、慮私，非國利也，而為之者，以其爵祿也；下賣權❽，非忠臣也，而為之者，以末貨❾也。然則下官之冀❿遷⓫者皆曰：「多貨則上官可得而欲也。」曰：「我不以貨事上而求遷者，則如以狸⑫餌⑬鼠爾，必不冀矣。若以情事上而求遷者，則如引諸絕繩⑭而乘⑮枉木⑯也，愈不冀矣。二者不可以得遷，則我焉得無下動⑰眾取貨以事上，而以求遷乎？」百姓曰：「我疾農，先實公倉，收餘以食⑱親，為上忘生而戰，以尊主、安國也。倉虛、主卑、家貧，然則不如索官⑲。」親戚交游⑳合，則更慮㉑矣。豪傑務學《詩》《書》，隨從外權；要靡事商賈，為技藝，皆以避農戰。民以此為教，則粟焉得無少，而兵焉得無弱也？

【章旨】此章指出善於治國者不因人力物力的優越而放鬆農業、聽信巧言，所以民風吏道能淳樸清正。然而現實的情況則不然，為了升官發財，曲意逢迎、賄賂公行的不正風氣到處盛行，致使軍心動搖、民貧國弱。

【注釋】①倉廩　糧庫。②偷　忽視。③淫　這裏指迷亂。④樸壹　樸實專一。⑤常　常規；正道。指通過農戰獲得官爵。⑥曲主　曲意逢迎，討好國君。⑦慮私　謀求私利。⑧賣權　賣弄權勢，營私舞弊。⑨末貨　追求財貨。《廣雅》：「末，逐也。」⑩冀　希望。⑪遷　古時調動官職叫遷。這裏指升官。⑫狸　野貓。⑬餌　誘餌。這裏作動詞用，引誘的意思。⑭絕繩　指斷了的墨線。⑮乘　修治。⑯枉木　彎曲的木頭。⑰動　騷擾。⑱食　這裡用作動詞。指供養。⑲索官　求官。⑳交游　朋友。㉑更慮　改變宗旨，即不願務農而一心謀求官位。

【語　譯】善於治理國家的人，糧倉雖滿，還是不放鬆農業生產；國土廣闊，人口眾多，也不被巧言虛道所迷亂，這樣，人民就樸實專一。人民樸實專一，官爵就不能用投機取巧的手段來取得；官爵不能巧取，姦民就不會產生；姦民不產生，國君也就不至於被迷惑。現在國內的百姓和有官爵的人們看到可以用花言巧語從朝廷取得官爵，因而官爵的授予就失去了常規。於是他們上朝時就曲意逢迎國君，退朝後就謀求私利，用以滿足自己的私欲，這樣一來，自然就要在下面賣弄權勢、營私舞弊了。曲意逢迎國君，謀求私利，是對國家不利的，然而人們還要這樣做，就是為了要得到爵位俸祿；在下面賣弄權勢、營私舞弊，就不是忠臣，但人們還是這樣做，就是為了要追求財貨。這樣，那些希望高升的小官就都說：「財貨多了就有希望得到大官。」又說：「我不用財貨侍奉上司，卻又想升官，那就好像用野貓引誘老鼠一樣，必定沒有希望。如果用真情實意侍奉上司，以求升官，那就好像拉著斷了的墨線去取直彎曲的木頭一樣，更是沒有希望了。既然用這兩種辦法都不能達到升官的目的，那麼，我怎能不騷擾民眾、勒索財貨來侍奉上司，以求升官呢？」百姓說：「我們努力耕作，收穫的糧食先裝滿官家的倉庫，剩下的才用來供養親屬，為國君捨生忘死地去作戰，以維護國君的尊嚴、保衛國家的安全。可是，現在國家倉庫空虛、國君威望下降、自家生活貧困，反而不如設法弄個一官半職好。」親戚朋友在一起談論，都表示贊同，就改變了從事農戰的打算。才能出眾的人竭力學習《詩》、《書》，追求來自其他諸侯國的權勢；渺小、平庸的人則去從事商業，幹那無益的技藝，這無非是為了要逃避農戰。人民受到這樣的教育，國家的糧食怎能不少，而兵力又怎能不弱呢？

善為國者，官法明，故不任知慮❶。上作壹，故民不儉❷營，則國力摶❸。國力摶者強，國好言談者削。故曰：農戰之民千人，而有《詩》、《書》、辯慧者一人焉，千人者皆怠於農戰矣；農戰之民百人，而有技藝者一人焉，百人者皆怠於農戰矣。國待農戰而安，主待農戰而尊。夫民之不農戰也，上好言而官失常也。常官❹則國治，壹務❺則國富。國富而治，王之道也。故曰：王道作外❻，身作壹❼而已矣。

【章　旨】此章指出善於治國者法令嚴明、用人有度，能夠實行重農重戰的政策來集中人民的精力，所以國安主尊、國富而治，具有王者之資。

【注　釋】❶知慮　有智慧、計謀的人。指玩弄權術的儒生。❷儉　陶鴻慶說：「儉乃偷字之誤。」❸摶　集中；統一。❹常官　按照正常的途徑來任用官吏。指依據農、戰中的功績授予官爵。❺壹務　指專心專意來從事農戰。❻作外　高亨說：「作字疑當作非，形似而誤。」非外，不是別的。❼身作壹　親自推行農戰政策。

【語　譯】善於治理國家的人，法令嚴明，所以就不任用玩弄權謀的人。國君實行重農重戰的政策，所以人民就不會從事不正當的活動，這樣，國家的力量就能集中。國家的力量集中了就會強盛，國家崇尚空談就會被削弱。所以說：從事農戰的人有一千個，只要有一個讀《詩》、《書》、講智謀、會辯論的人，這一千個人就都會懶於農戰了；從事農戰的人有一百個，只要有一個幹無益技藝的人，這一百個人也就懶於農戰了。國家依靠農戰才能安全，國君依靠農戰才能尊貴。人民不願意從事農戰，是由於國君崇尚空談、授官賜爵失去了常規的緣故。授官賜爵有了常規，國家就會治理好；人民專心專意地從事農戰，國家就會富強。國家富強而又治理得好，就是稱王天下的途徑。所以說：稱王天下的途徑沒有別的，不過是國家親自實行重農重戰的政策罷了。

今上論❶材能知慧❷而任之，則知慧之人希❸主好惡，使官、制物❹，以適❺主心。是以官無常，國亂而不壹，辯說之人而無法也。如此，則民務❻焉得無多，而地焉得無荒？《詩》、《書》、禮、樂、善❼、修❽、仁❾、廉❿、辯⓫、慧⓬，國有十者，上無使守戰。國以十者治，敵至必削，不至必貧。國去此十者，敵不敢至，雖至必卻⓭；興⓮兵而伐⓯必取，按⓰兵不伐必富。國好力⓱者以難⓲攻，以難攻者必興；國好辯者以易⓳攻，以易攻者必危。故聖人、明君⓴者，非能盡㉑其萬物也，知萬物之要㉒也。故其治國也，察㉓要而已矣。

【章　旨】此章揭露當時用人方面存在的弊端及危害，指出只有注重實力，明察要領，摒棄《詩》、《書》、禮、樂等十種東西，才能富國強兵。

【注　釋】❶論　依；按照。❷材能知慧　通「才能智慧」。❸希　通「睎」。觀察；窺伺。❹制物　處理國事。❺適　投合；迎合。❻民務　人民所追求的事務。指農戰之外的活動。❼善　善良。❽修　與「賢」同義。❾仁　仁愛。❿廉　廉潔；不貪。⓫辯　巧言；詭辯。⓬慧　狡黠。⓭卻　退卻；打退。⓮興　發動。⓯伐　征伐。⓰按　止。⓱好力　注重實力。指重農重戰。⓲難　指實力。因為它是難於具有的東西，所以這樣說。⓳易　指空談。因為它是容易具有的東西。⓴明君　賢明的君主。㉑盡　通曉；盡知。㉒要　要領。這裏指農戰。㉓察　明察。

【語　譯】 現在國君按照所謂才能和智慧來任用官吏，那麼，有智慧的人就觀察國君的愛憎，來任用官吏、處理國事，以迎合國君的心意。因此，授予官吏沒有常規，國家就混亂，政策就不一，巧言善辯的人就目無法紀。像這樣，人民從事農戰以外活動的怎麼會不多，土地怎麼會不荒蕪呢？《詩經》、《書經》、禮儀、音樂、善良、賢能、仁愛、廉潔、巧言、狡黠等，國家如果有了這十樣東西，國君便沒有可以用來守土作戰的人。如果用這十樣東西來治理國家，敵人打進來，國土必然被侵削；敵人沒打來，國家也必然會貧困。國家如果除掉了這十樣東西，敵人就不敢來侵犯，即使來侵犯，也一定會被打退；對外發動軍隊去征伐敵國，就一定能奪取土地；按兵不動，國家也一定會富裕起來。注重實力的國家，會憑藉難於得到的實力去攻打敵人，憑藉難於得到的實力去攻打敵人，國家必然會興盛；愛好空談的國家，會憑藉容易辦到的空談去攻打敵人，憑藉容易辦到的空談去攻打敵人，國家必然會危險。所以，聖人和明君，並不是能通曉萬事萬物，而是知道萬事萬物的要領。因此他們治理國家，僅僅是明察要領罷了。

今為國者多無要。朝廷之言治也，紛紛❶焉務相易❷也，是以其君惛❸於說，其官亂於言，其民惰而不農。故其境內之民，皆化❹而好辯、樂學❺，事商賈，為技藝，避農戰。如此，則不遠❻矣。國有事，則學民❼惡法，商民善化❽，技藝之民不用❾，故其國易破也。夫農者寡，而游食者眾，故其國貧危。今夫螟、螣、蚼、蠋❿，春生秋死，一出而民數年不食。今一人耕而百人食之，此其為螟、螣、蚼、蠋亦大矣。雖有《詩》、《書》，鄉一束⓫，家一員⓬，猶⓭無益於治也，非所以反之⓮之術也。故先王反之於農戰。故曰：百人農、一人居⓯者，王；十人農、一人居者，強；半農、半居者，危。故治國者欲民之農也。國不農，則與諸侯⓰爭權，不能自持⓱也，則眾力不足也。故諸侯撓⓲其弱，乘⓳其衰，土地侵削而不振，則無及已。

【章　旨】此章指出當時為國者大多不抓農戰這個綱領，致使君惛官亂、民惰於農，缺乏與諸侯抗衡爭霸的能力。

【注　釋】❶紛紛　雜亂的樣子，形容爭論不休。❷相易　互相改易，形容只想改變對方的主張。❸惛　糊塗；迷惑。❹化　變化；變得。❺樂學　指樂於學習《詩》、《書》等儒家經典。❻不遠　高亨引或說：「不遠上當增亡國二字。」❼學民　指學習《詩》、《書》的儒生。❽善化　善於投機取巧。❾不用　不為所用；不肯出力。

❿螟螣蚼蠋　都是農作物的害蟲。《爾雅・釋蟲》：「食苗心，螟；食葉，螣。」又孫詒讓說：「《御覽》八百二十二〈資產部〉引蚼作蚵，則今本作蚼乃傳寫之誤。《爾雅・釋蟲》：『蚅，烏蠋。』蚵蠋疑即烏蠋。蚵烏一聲之轉。」高亨說：「此文蚼蠋即烏蠋，蚼與烏一聲之轉。」⓫一束　一捆。古代的書把字刻在竹簡上，捆在一起，所以這樣說。⓬員　原義為一顆圓貝。指物的數量。這裏用來指書的卷數。⓭猶　一作「獨」，今據《太平御覽》卷八二三所引《商君書》改。「猶」意為「還」、「仍」。「獨」改為「猶」，文義即通。⓮反之　指轉貧為富、轉危為安。「反」，通「返」。⓯居　指閒居。⓰諸侯　西周、春秋時分封的各國國君。規定要服從王命，定期朝貢述職，同時有出軍賦和服役的義務。但在其封疆內，能世代掌握統治大權。⓱自持　自保。⓲撓　侵擾；征服。⓳乘　欺凌。

【語　譯】現在治理國家的人，大都不能把握農戰這個要領。朝廷裏談論起治理國家的辦法，彼此爭論不休，都竭力要改變對方的主張。於是國君被各種說法所迷惑，官吏被各種議論所擾亂，人民也被影響得懶惰而不肯從事農耕了。所以國內的人民都變得愛好辯論，樂於學習《詩》、《書》，或者經營商業，從事無益的技藝，來避免農戰。這樣下去，國家滅亡就為時不久了。國家一旦有事故，那些學習《詩》、《書》的儒生就憎惡法度，商人就善於投機取巧，從事無益技藝的人就不肯為國家出力，所以國家就很容易被敵人所攻破。從事農業生產的人少，遊手好閒的人多，因而國家就貧窮危險。比如螟、螣、蚼、蠋這些農作物的害蟲，春天生長，秋天死去，一出現就使人民多年沒有吃的。現在一個人從事農業生產而一百個人吃閒飯，這比螟、螣、蚼、蠋毀壞莊稼還要嚴重啊！即使有《詩》、《書》，每鄉一捆，每家一卷，對於治理國家仍舊是毫無益處的，因為這不是轉貧為富、轉危為安的辦法。所以古代帝王都用獎勵農戰的措施來扭轉貧、危的局面。所以說：一百個人從事農耕，一個人閒居，國君就可以稱王天下；十個人從事農耕，一個人閒居，國家就可以強盛；一半人從事農耕，一半人閒居，國家就危險。因此，治理國家的人總是希望人民去務農。國家不發展農業，若與諸侯抗衡爭霸，就將不能自保，這是因為人民的力量不夠呀！所以諸侯就會趁它軟弱而進行侵擾，趁它衰微而加以欺凌，以致國土被侵削而不能振作，到那時就後悔不及了。

聖人知治國之要，故令民歸心於農。歸心於農，則民樸而可正❶也，紛紛❷則易使也，信❸可以守戰也。壹則少詐而重居❹，壹則可以賞罰進❺也，壹則可以外用❻也。夫民之親上❼、死制❽也，以其旦暮❾從事於農。夫民之不可用也，見言談游士❿事君之可以尊身也，商賈之可以富家也，技藝之足以餬口也。民見此三者之便且利也，則必避農，避農則民輕其居，輕其居則必不為上守戰也。凡治國者，患⓫民之散而不可摶也，是以聖人作壹摶之也。國作壹一歲者，十歲強；作壹十歲者，百歲強；作壹百歲者，千歲強；千歲強者王。君修⓬賞罰以輔壹教⓭，是以教有所常，而政有成⓮也。

【章旨】此章言聖人了解治國的要領，專一於農戰的教育，所以民風淳樸、政有所成。

【注　釋】❶正　治理。❷紛紛　高亨說：「余疑紛當作純，形似而誤。純純，誠懇之貌也。《禮記・中庸》：『肫肫其仁。』鄭注：『肫肫，讀如誨爾忳忳之忳，忳忳，誠懇貌也。肫肫或為純純。』此純純為誠懇之義之證。」一說，紛紛，眾多的樣子。這裏指眾多的人民。❸信　誠實。❹重居　安心於故居，不願遷徙到異地。❺進　鼓勵；督促。❻外用　用於對外作戰。❼親上　親附於國君。❽死制　為法制而效死。❾旦暮　從早到晚，即整天。❿言談游士　空談遊說的人。⓫患　憂慮；擔心。⓬修　制定。⓭壹教　專一於農戰的教育。⓮成　成效。

【語　譯】聖人了解治國的要領，所以使人民專心去務農。專心去務農，人民就樸實而便於治理，忠厚而易於使喚，誠信而可以用來守土作戰。人民專一於農戰，姦詐的行為就會少，而且安心於故居；人民專一於農戰，國家才可以用賞賜和刑罰來督促他們；人民專一於農戰，國家才可以用他們的力量對付外來之敵。人民之所以能夠親附國君，為法制而犧牲，就是因為他們整天從事農業生產的緣故。人民之所以不肯為國君出力，就是因為他們看到空談遊說的人侍奉國君可以得到尊貴的地位，商人可以發家致富，從事無益的技藝的人可以維持生活。人民看到這三種人既自由又有利，就必然逃避農業生產；逃避農業生產，就會輕易遷徙；輕易遷徙，就必然不能為國君守土作戰。凡是治理國家的人，都擔心人民的力量分散而不集中，所以聖人就提倡要一心一意從事農戰，把人民的力量集中起來。國家如實行農戰政策一年，就十年富強；如實行十年農戰政策，就百年富強；如實行農戰政策百年，就千年富強；千年富強的國家，就可以稱王於天下。國君制定賞賜、刑罰的制度來輔助專一於農戰的教育，所以教育有常規，政治也有成效。

王者得治民之至要，故不待賞賜而民親上，不待爵祿而民從事，不待刑罰而民致死❶。國危主憂，說者❷成伍，無益於安危❸也。夫國危主憂也者，強敵、大國也。人君不能服❹強敵、破大國也，則修守備❺，便地形❻，摶民力，以待外事❼，然後患可以去，而王可致也。是以明君修政作壹，去無用，止浮學❽，事淫❾之民壹之農，然後國家可富，而民力可摶也。

【章旨】此章言巧言善辯不能濟世安邦，只有修明政治、摶力農戰，才能富國除患、成就王業。

【注釋】❶致死　效命。❷說者　遊說之士。這裏指空談禮治的儒生。❸安危　扭轉危急的局面。❹服　制服。❺修守備　加強防守的設備。❻便地形　利用有利的地理形勢。❼外事　這裏指外來的侵擾。❽浮學　華而不實的學問，即上文所說的「務學《詩》、《書》」。❾事淫　從事不正當的職業，即上文所說的「事商賈，為技藝」。

【語譯】能夠稱王天下的國君因為掌握了治理人民的要領，所以不依靠賞賜，人民就親附國君；不依靠爵祿，人民就努力耕作；不依靠刑罰，人民就能為國效命。當國家危急、國君憂慮的時候，即使巧言善辯的人成群結隊，對於扭轉國家危急的局面也是毫無益處的。國家危急、國君憂慮的原因，是由於有強敵、大國的威脅。國君不能制服強敵、擊破大國，就必須加強守衛的設備，利用有利的地形，集中人民的力量，來對付外來的侵擾，然後才能消除外患、成就王業。因此，賢明的君主總是修明政治，實行農戰政策，除去不利農戰的事，禁止人們去求華而不實的學問和做不正當的職業，使他們都去從事農業生產，然後國家就可以富強，人民的力量就可以集中。

今世主皆憂其國之危而兵之弱也，而強❶聽說者，說者成伍，煩言飾辭❷而無實用。主好其辯，不求其實，說者得意，道路曲辯❸，輩輩❹成群。民見其可以取王公大人也，而皆學之。夫人聚黨與❺說議於國，紛紛焉，小民❻樂之，大人❼說❽之，故其民農者寡，而游食者眾。眾則農者殆❾，農者殆則土地荒。學者成俗❿，則民舍農，從事於談說，高言⓫偽議⓬，舍農游食，而以言相高⓭也，故民離上⓮而不臣者⓯成群。此貧國、弱兵之教也。夫國庸⓰民以言，則民不畜⓱於農。故惟明君知好言之不可以強兵、闢土也，惟聖人之治國，作壹、摶之於農而已矣。

【章旨】此章言當時國君崇尚空談、不求實用，所以小民投其所好，造成棄農遊食、貧國弱兵的嚴重後果。指出只有效法聖人治國之道，注重農戰，才能強兵闢土、稱王天下。

【注釋】❶強　硬要。❷煩言飾辭　煩瑣的議論、漂亮的言辭。❸曲辯　詭辯。❹輩輩　即一幫一幫。❺黨與　同「黨羽」。黨派、集團中的附從者。❻小民　指普通民眾。❼大人　指達官貴人。❽說　通「悅」。❾殆　通「怠」。懈怠。❿俗　風尚；風氣。⓫高言　唱高調。⓬偽議　說假話。⓭相高　彼此爭高下。⓮離

上 對國君離心離德。⓯不臣者 不效忠於國君的人。⓰庸 用。⓱畜 通「蓄」。聚集的意思。

【語 譯】當代的國君都擔憂他們國家的危亡和兵力的衰弱，然而還硬要去聽那些遊說之士的話。遊說之士多得成群結隊，煩瑣的議論和漂亮的言辭，沒有任何實際上的用處。國君愛好他們的奇談怪論，卻不求有無實際上的用處，於是遊說之士洋洋得意，到處進行詭辯，一幫一幫結伙成群。人民看見他們這樣作可以討好王公大人，就都向他們學習。這些人聚集黨羽，在國內高談闊論，紛紛擾擾，普通民眾喜歡這樣，達官貴人也高興這樣，所以從事農業生產的人越來越少，而遊手好閒的則越來越多了。遊手好閒的人一增多，從事農業生產的人就懈怠；從事農業生產的人懈怠了，土地就會荒蕪。儒生們造成了這種風氣，人民就會放棄農業生產，而去從事空談，唱高調，說假話，拋棄農業，閒遊混飯吃，彼此用花言巧語來爭高下，所以人民對國君便離心離德，而不效忠於國君的人就多得成群，這是導致國家貧窮、兵力衰弱的教育呀！如果國家用人以巧言空談為標準，人民就不會集中力量去從事農業生產。所以只有賢明的君主才懂得崇尚空談不能加強兵力、開闢疆土，只有聖人治理國家，才能推行農戰政策，把人民的力量完全集中在農業之上。

去強第四

【題　解】本篇雖摘取首句「去強」二字為題，但縱觀全文，並非專論如何治理強民，而是涉及到重農重戰、重刑輕賞、排斥儒術以及登記戶口財物、控制糧食外流等方面的複雜問題，同時，篇中的語句，將近一半與〈說民〉、〈弱民〉、〈靳令〉等篇的約略相同，所以有些專家認為，它絕非出自商鞅的手筆，而是「法家者流」研究商、韓的一種讀書雜錄，其寫作年代，或謂戰國末、西漢初，或謂即在〈農戰〉之後的數年之內。

以強去強❶者弱，以弱❷去強者強。國為善❸，姦❹必多。國富而貧治❺，曰重❻富，重富者強；國貧而富治❼，曰重貧，重貧者弱。兵行敵所不敢行❽，強；事興敵所羞為❾，利。主貴多變，國貴少變。國多物❿，削；主⓫少物⓬，強。千乘⓭之國，守千物⓮者削。戰事⓯兵用⓰曰⓱強，戰亂⓲兵息⓳而國削。

【章　旨】此章從政治的角度，探討造成國家有強有弱、有貧有富的原因。

【注　釋】❶以強去強　前一個「強」字，指使人民強悍而不守法的政策，後一個「強」字，指強悍而不守法的刁民。❷弱　這裏指使人民怯弱守法的政策，與上文作「衰弱」解的「弱」字含義不同。❸國為善　據〈弱民〉，是指國君放棄法律，專作人民所歡迎的「善事」。《孟子》說：「徒善不足以為政。」似與此觀點接近。❹姦　姦民。指不從事農戰的狡詐之徒。❺貧治　指運用治貧國的辦法來治理，使人民努力農耕，而不奢侈遊蕩。即〈農戰〉所說的「倉廩雖滿，不偷於農」的意思。❻重　更加。❼富治　指以治富國的辦法來治理，即大手大腳，奢侈浪費。❽兵行敵所不敢行　指敢於冒險犧牲、出奇制勝。❾事興敵所羞為　據〈弱民〉，指排斥儒家所講的仁義等。❿多物　事務繁多。物，指事。⓫主　當作「國」。⓬少物　指專一於農戰，而不使精力分散、頭緒紛繁。一說，「物」指財物，「多少」二字宜互易。〈弱民〉云「利出一孔，則國多物；出十孔，則國少物。……故國致物者強，去物者弱。」可證此處以「國少物，削；國多物，強」為是。⓭千乘　古時一車四馬為一乘，擁有一千輛兵車的國家屬於大國。⓮守千物　指不分主次地管理千頭萬緒的事務。⓯戰事　指常做戰爭準備。事，治。⓰兵用　指軍隊常訓練。⓱曰　朱師轍說，疑為「國」的誤字。⓲戰亂　指戰備廢弛。⓳兵息　軍隊不進行訓練。息，止。一說據〈弱民〉，「息」當作「怠」，因字形相似而誤。

【語　譯】採用使人民強悍不守法的政策來治理強民，國家就會衰弱；採用使人民怯弱守法的政策來治理強民，國家就會強盛。國家只講慈善，姦民必定增多。富裕的國家當窮國來治理，這就叫做富上加富，富上加富，國家就強盛；貧窮的國家當富國來治理，這就叫做窮上加窮，窮上加窮，國家就削弱。用兵時敢採取敵人所不敢採取的行動，就強大；辦事時敢辦敵人認為羞恥的事，就有利。國君的計謀貴在富於變化，國家的法令貴在少於變動。國家事務紛繁，就會削弱；國家事務專一，就會強盛。擁有千輛兵車的大國，如果國事千頭萬緒，也會削弱下來。經常做好打仗的準備，積極練兵，國家就強盛；戰備廢弛，兵不常練，國家就衰弱。

農、商、官三者，國之常官❶也。三官者生蝨官❷者六：曰歲❸、曰食❹、曰美❺、曰好❻、曰志❼、曰行❽。六者有樸❾，必削。三官之樸三人，六官之樸一人❿。以治法⓫者強，以治政⓬者削。常官⓭治⓮者遷⓯官。治大⓰，國小；治小⓱，國大。強之，重削；弱之，重強。夫以強攻強者亡，以弱攻強者王⓲。國強而不戰，毒⓳輸於內，禮、樂蝨官生，必削。國遂⓴戰，毒輸於敵，國無禮、樂蝨官，必強。舉㉑榮㉒任功，曰㉓強，蝨官生，必削。農少，商多，貴人貧、商貧、農貧，三官貧，必削。

【章　旨】此章主要論述六蝨產生的根源及其危害。

【注　釋】❶常官　經常職業。這個「官」字與上文作「官吏」解的「官」字含義不同，是職業的意思。❷蝨官　高亨說：「蝨官在本篇出現四次，都當作蝨害，害、官因字形相似而誤。」又說：「蝨者害人之蟲，故謂之蝨害。」❸歲　指一遇豐年便懶於農耕。❹食　指浪費糧食、暴殄天物。❺美　指商賈販賣華麗物品。❻好　指商賈販賣供人玩樂的奢侈品。❼志　指官吏營私舞弊的心志。❽行　指官吏貪贓枉法的行為。❾樸　說文：「樸，木素也。」這裏引伸指根。❿一人　指國君。認為六害的產生都由於國君一人的政治失當。一說，指儒家之徒。⓫治法　陶鴻慶說，應作「法治」。⓬治政　陶鴻慶說，應作「政治」。⓭常官　久任一官。⓮治　這裏指治理得好。⓯遷　升。⓰治大　治道擴大，煩瑣龐雜，如用德治、禮治。⓱治小　治道縮小，簡明扼要，如專用法治。⑱夫以二句　與篇首「以強去強者弱，以弱去強者強」同義。⑲毒　禍患。⑳遂　從；進行。㉑舉　提拔。㉒榮　陶鴻慶說：「榮蓋勞字之誤。」㉓曰　當作「國」字。

【語譯】農、商、官這三樣，是國家的經常職業。這三種職業往往會產生六種蝨害：一是「歲」蝨（從事農業的人遇上豐年便懶於農耕）；二是「食」蝨（農民浪費糧食）；三是「美」蝨（商賈販賣華麗物品）；四是「好」蝨（商賈販賣供人玩樂的奢侈品）；五是「志」蝨（官吏懷有營私舞弊的心志）；六是「行」蝨（官吏有貪贓枉法的行為）。這六種蝨害生了根，國力就會削弱。農、商、官三種職業的根在三種人的身上，而六種蝨害的根卻在國君一個人身上。能用法律來治國的就會強盛，專靠政令來治國的就會衰弱。久任一個官而他能把政事治理得很好，就升他的官。治理方法煩瑣龐雜，國家就會弱小；治理方法簡明扼要，國家就會強大。採用使人民強悍不守法的政策，國家就會弱上加弱，採用使人民怯弱守法的政策，國家就會強上加強。用使人民強悍不守法的政策治理強民，國家就會衰亡；用使人民怯弱守法的政策治理強民，就可以稱王天下。國家強盛而不對外進行戰爭，禍患就會傳布於國內，禮、樂蝨害就會產生，國力必然削弱；國家進行戰爭，禍患就會傳布於敵國，國內沒有禮、樂蝨害，就必然強盛。提拔任用有功勞的人，國家就強盛；蝨害產生了，國家就削弱。農民少，商人多，因而官吏窮、商人窮、農民窮，這三種人都窮了，國力必然削弱。

國有禮、有樂、有《詩》、有《書》、有善、有修❶、有孝、有弟❷、有廉、有辯，國有十者，上無使戰，必削至亡；國無十者，上有使戰，必興至王。國以善民治姦民者，必亂至削；國以姦民治善民者，必治至強❸。國用《詩》、《書》、禮、樂、孝、弟、善、修治者，敵至必削國，不至必貧國。不用八者治，敵不敢至，雖至必卻❹；興❺兵而伐必取，取必能有❻之；按❼兵而不攻必富。國好力，日❽以難攻❾；國好言，日以易攻❿。國以難攻者，起⓫一得十；國以易攻者，出十亡百。

【章　旨】此章主要論述只有摒棄禮治、提倡法治，崇尚實力、不尚空談，才能富國強兵。

【注　釋】❶修　《後漢書・劉愷傳》李注：「前修，前賢也。」這裏「修」與「賢」同意。❷弟　通「悌」。指弟弟對兄長特別是嫡長子絕對順從。❸國以善民四句　此與〈說民〉「用善則民親其親，任姦則民親其制……以良民治，必亂至削；以姦民治，必治至強」的論點相同。善民，指治理善民的辦法，即禮治；姦民，指治理姦民的辦法，即法治。❹卻　退卻。❺興　發動。❻有　佔有。❼按　止。❽日　俞樾說：「兩日字乃曰字之誤，〈說民〉：『國好力曰以難攻，國好言曰以易攻。』可據以訂正。」❾以難攻　即以力攻。指憑藉難以具備的實力攻敵。❿以易攻　即以言攻，指憑藉易於辦到的空談攻敵。⓫起　動用。

【語　譯】國家有禮、有樂、有《詩》、有《書》、有善、有賢、有孝、有悌、有廉、有辯，國中有了這十種東西，國君就沒有可用以對外作戰的人，國家必然衰弱以至於滅亡；國中沒有這十種東西，國君就有可用以對外作戰的人，國家必然興盛以至於稱王天下。國家用治理善民的辦法來治理姦民，必然使國家動亂以至於衰弱；國家用治理姦民的辦法來治理善民，國家必然治理得很好以至於強盛。國家用《詩》、《書》、禮、樂、孝、悌、善、修來治理，敵人來侵犯，國家就必然被削弱，敵人不來侵犯也必然貧窮。不用這八種東西來治理，敵人就不敢來侵犯，即使有來侵犯的，也會被擊退；發動軍隊征伐敵國，必然取得它的土地，取得的土地必然能佔有；按兵不去攻打敵國，國家也能富強起來。國家崇尚實力，這叫做憑藉難以具備的東西向敵國進攻；國家愛好空談，這叫做憑藉容易辦到的東西向敵國進攻。國家憑藉難以具備的東西向敵國進攻，動用一分實力，獲得十分戰果；國家憑藉容易辦到的東西向敵國進攻，動用十分實力，損失百分代價。

重罰輕賞，則上愛民，民死上❶；重賞輕罰，則上不愛民，民不死上。興國❷行罰，民利且畏；行賞，民利且愛。行刑重其輕者，輕者不生，重者不來。國無力而行知巧❸者必亡。怯民使以刑必勇，勇民使以賞則死。怯民勇，勇民死，國無敵者強，強必王。貧者使以刑則富，富者使以賞則貧。治國能令貧者富、富者貧，則國多力；多力者王。王者刑九賞一，強國刑七賞三，削國❹刑五賞五。

【章　旨】此章論述重罰輕賞的好處和重賞輕罰的弊端。

【注　釋】❶死上　為國君而效命。❷興國　興盛的國家。❸知巧　姦謀巧詐。❹削國　弱國。

【語　譯】加重刑罰，減輕賞賜，就是國君對人民愛護的表示，人民也就能夠為國君效命；加重賞賜，減輕刑罰，就是國君對人民不愛護的表示，人民也就不願意為國君效命。興盛的國家執行刑罰，能使人民既得到利益又有所畏懼；進行賞賜，能使人民既得到利益又感到喜愛。對犯輕罪的人實行重刑，輕罪就不會發生，重罪更不會出現。國家沒有實力，還要玩弄姦謀巧詐，必定要衰亡。對於怯弱的人施以嚴刑，他們一定會勇敢起來；對於勇敢的人施以獎賞，他們就肯為國君效死。怯弱的人勇敢了，勇敢的人肯效死，因而使國家無敵手，這樣就是強大，強大就必定能稱王於天下。對於貧窮的人，用刑罰迫使他們努力從事農耕，就會富裕起來；對於富裕的人，用獎賞鼓勵他們用糧食買爵位，就會貧窮下去。治理國家能使貧窮的富裕起來，富裕的貧窮下去，國家就會有雄厚的實力。國家有雄厚的實力，就可以稱王於天下。稱王於天下的國家，九分刑罰、一分賞賜；強盛的國家，七分刑罰、三分賞賜；衰弱的國家，五分刑罰、五分賞賜。

國作壹❶一歲，十歲強；作壹十歲，百歲強；作壹百歲，千歲強；千歲強者王。威，以一取十，以聲❷取實❸，故能為❹威者王。能生不能殺，曰自攻之國，必削；能生能殺，曰攻敵之國，必強❺。故攻官❻、攻力❼、攻敵，國用❽其二，舍其一，必強；令❾用三者，威，必王。

【章旨】此章指出長期堅持農戰政策就可以達到稱王天下的目的。

【注釋】❶作壹　指專一實行重農重戰的政策。❷聲　指聲勢。❸實　實際效果。❹為　這裏是造成、具有的意思。❺能生六句 〈說民〉：「能生力，不能殺力，曰自攻之國，必削。」又說：「能生力，能殺力，曰攻敵之國，必強。」據此，生、殺指國家的實力而言，生是通過獎勵農戰來培養和增強人力、物力，殺是使用通過農戰已經積聚、增長起來的人力、物力。❻攻官 高亨說：「當作攻害，即消滅六種蝨害等。」❼攻力指能生力也能殺力。一說即消耗實力。❽用 實行；做到。❾令 高亨說：「令當作合，合用猶並用。」朱師轍則認為：「令，善也。善用三者有威，故必王。或謂令為全字之訛。」二說均可。

【語譯】 國家能專一地實行農戰政策一年，就可以強盛十年；能專一地實行農戰政策十年，就可以強盛百年；能專一地實行農戰政策百年，就可以強盛千年；千年強盛的國家，就可以稱王於天下。國家有了威力，就可以用一分實力取得十分成果，用聲勢威力取得實利，所以具有威力的國家，就能稱王於天下。國家只能積生威力而不能散用威力，這叫做「自攻之國」，必然衰弱。能積生威力又能散用威力，這叫做「攻敵之國」，必然強大。所以，能消滅蝨害，能積生威力也能散用威力，能攻打敵國，這三項中，國家假若能實行兩項，捨棄一項，也必然強大；三項都能實行，就具有強大的威力，一定會稱王於天下。

十里斷❶者國弱，九❷里斷者國強。以日治❸者王，以夜治❹者強，以宿治❺者削。舉❻民眾口數，生者著❼，死者削❽，民不逃粟❾，野無荒草，則國富；國富者強。

【章旨】 此章言講究辦事效率、進行戶口登記、堵塞賦稅漏洞，可以達到富國強兵的目的。

【注　釋】❶十里斷　政事在十里之內處理。古代二十五家為一里。❷九　嚴萬里說：「九當作五，下〈說民〉亦作五。」可從。❸日治　當天的政事當天就進行處理。喻指辦事的效率很高。❹夜治　當天的政事要到夜晚才處理。喻指辦事效率低於日治。❺宿治　當天的政事拖到第二天才進行處理。喻指辦事效率比前面兩種都差。宿，隔夜。❻舉　凡；所有的。❼著　登記。❽削　鉤銷。❾逃粟　指逃避賦稅。秦國的地稅是繳納糧穀的。

【語　譯】在十里之內處理好政事的，國家就衰弱；在五里之內處理好政事的，國家就強盛，政事能在白天處理好的就可以稱王於天下，到夜裏才能處理好的還會強盛，如果拖延過夜才能處理好的就會衰弱。所有民眾的人口數目，活著的登記在戶口冊上，死了的就從戶口冊上注銷，這樣人民不能逃避賦稅，田野裏就沒有荒草，國家就會富裕，國家富裕了就會強盛。

以刑去刑❶，國治；以刑致刑❷，國亂。故曰：行刑重輕❸，刑去事成，國強；重重❹而輕輕❺，刑至事生，國削。刑生力❻，力生強，強生威，威生惠❼，惠生於力。舉力以成❽勇戰，戰以成知謀。

【章　旨】此章提出「以刑去刑」的主張，指出輕罪重刑就可以達到「刑去事成」的效果；否則，便會「事生」而「國削」。

【注　釋】❶以刑去刑　指用重刑治輕罪，使人民望而生畏，不敢觸犯刑法，從而達到少用刑罰的目的。❷以刑致刑　指重罪輕刑，人民不怕刑罰，因而犯罪的人數與用刑的次數都相應地增多。❸重輕　用重刑治輕罪。❹重重　重罪用重刑。❺輕輕　輕罪用輕刑。❻刑生力　指用刑罰督促人民從事農戰，就會產生實力。❼威生惠　指國家有威力就會給人們帶來好處。惠，恩德；好處。❽成　促使；促成。

【語　譯】用重刑達到少用刑罰的目的，國家就會治理得好；用輕刑導致更多的人受到刑罰的，國家就會混亂。所以說：用重刑治輕罪，就可以收到刑法不用而辦事成功的效果，國家就會強盛；如果重罪用重刑，輕罪用輕刑，這樣就會不斷使用刑罰，犯罪的事件也會不斷發生，國家必然衰弱。刑罰能產生實力，實力能使國家強盛，強盛能產生威力，威力能產生德惠，德惠來源於實力。運用實力可以促使人民勇猛地戰鬥，在戰鬥中可以發揮人民的智謀。

粟生而金死，粟死而金生❶。本物❷賤，事者眾，買者少❸，農困而姦勸❹，其兵弱，國必削至亡。金一兩生於竟內❺，粟十二石❻死於竟外；粟十二石生於竟內，金一兩死於竟外。國好生金於竟內，則金粟兩死❼，倉府❽兩虛，國弱；國好生粟於竟內，則金粟兩生，倉府兩實，國強。

【章　旨】此章論述重農抑商的必要性，指出「國好生粟」還是「國好生金」關係到國家的富強興盛或貧弱衰亡。

【注　釋】❶粟生二句　嚴萬里校本作「金生而粟死，粟死而金生」，此依陳深品節本。粟，穀子。這裏泛指糧食。金，指金錢、貨幣。❷本物　指糧食。❸事者眾二句　疑作「事者少，買者眾」。〈外內〉說：「食貴則田者利，田者利則事者眾。」可證。因為「食貴」才會「事者眾」，相反地，食賤（即本物賤），從事糧食生產的人就必然減少。同時，穀賤傷農，農民苦了，商人卻有利可圖，因而倒買糧食的人就會多起來，所以說「買者眾」。❹勸　受到鼓勵。❺竟內　指國內。竟，通「境」。❻石　古代容量單位，一石十斗。秦國當時大約一兩黃金可以買到十二石糧穀。❼金粟兩死　國家注重經商，以便獲得金錢，勢必妨害農業，造成糧食生產的不足，這叫做「粟死」。糧食不足，就要出錢購買，以致金錢用光，這叫做「金死」。❽倉府　糧倉金庫。府，庫。

【語　譯】買來糧食，就花掉金錢；賣掉糧食，就換來金錢。如果糧食價格低賤，務農的人少，買糧的人多，農民就會困苦而姦商卻會活躍，結果兵力虛弱，這樣國家必然衰弱以至於滅亡。國內輸入一兩金子，十二石糧食就要流失國外；國內輸入十二石糧食，一兩金子就要流失國外。國家注重以經商來獲得錢財，結果金錢和糧食都會耗盡，糧倉和金庫都將空虛，這樣國家就會衰弱；國家注重在國內增產糧食，結果金錢和糧食都能獲得，糧倉和金庫都將充實，這樣國家就會強盛。

強國知十三數：竟內倉口❶之數、壯男壯女之數、老弱之數、官士❷之數、以言說取食者❸之數、利民❹之數、馬牛芻藁❺之數。欲強國，不知國十三數，地雖利，民雖眾，國愈弱至削。國無怨民❻曰強國。興兵而伐，則武爵武任❼，必勝；按兵而農，粟爵粟任❽，則國富。兵起而勝敵、按兵而國富者王。

【章　旨】此章言國君對於國內的基本情況了然於心，做到國無怨民、論功授爵，就能富國強兵、稱王於天下。

【注　釋】❶口　高亨說，當作「府」字。❷士　學士。❸以言說取食者　指不務農戰而以巧言虛道遊說維生的人。❹利民　靠營取利潤維生的人。指商人與手工業者。一說利民又可解釋為黎民（農夫）或刑民，認為古代利、黎、犁為一字，又利、刑因字形相似而誤（見高亨《商君書新箋》）。❺芻藁　牲口的飼料。芻是餵牲口的草；藁是莊稼的稭子。❻怨民　對國家心懷不滿的人。❼武爵武任　按照軍功的大小來授爵任官。武，指軍功。❽粟爵粟任　按照交納糧食的多少來授爵任官。

【語　譯】強國要掌握十三項數字：國內糧倉和金庫的數字、壯男和壯女的數字、老人和弱者的數字、官吏和學士的數字、靠空談維生的人的數字、靠利潤謀生的人的數字、馬牛和飼料的數字。想要國家強大，卻不了解國內這十三項數字，即使土地條件優越，人口眾多，國家也會越來越貧弱以至於滅亡。國內沒有怨恨君主的人，就叫做強國。出兵征伐敵國，按照軍功的大小來授爵任官，就必定勝利；不出兵而務農，按照交納糧食的多少來授爵任官，國家必然富裕。出兵征伐能夠戰勝敵人，按兵不動國家能富裕，這樣就可以稱王於天下。

卷二

說民第五

【題解】本篇及〈弱民〉多與〈去強〉的文字相重複，因此許多學者都同意蒙季甫關於「詳繹其義，乃知〈說民〉、〈弱民〉二篇，並為〈去強〉一篇之注」的說法。具體來講，本篇注釋的是〈去強〉的後半部。文中，作者據民之性提出用民之術，認為人民「欲有六淫，惡有四難」，只有重刑輕賞，才能「六淫止」而「四難行」，使國家達到「必興至王」的境界。

辯❶、慧❷，亂之贊❸也；禮❹、樂❺，淫佚❻之徵❼也；慈❽、仁❾，過之母❿也；任⓫、譽⓬，姦之鼠⓭也。亂有贊則行，淫佚有徵則用，過有母則生，姦有鼠則不止。八者有群，民勝⓮其政；國無八者，政勝其民。民勝其政，國弱；政勝其民，兵強。故國有八者，上無以使守戰，必削至亡；國無八者，上有以使守戰，必興至王。

【章旨】此章論述辯、慧、禮、樂、慈、仁、任、譽等八項，是國家的禍根、法治的障礙。

【注釋】❶辯　指巧言、詭辯。❷慧　指狡詐。❸贊　助。這裏作幫兇解。❹禮　社會規範和道德規範以及與此聯繫的禮節儀式。❺樂　音樂。❻淫佚　恣行逸樂。佚，通「逸」。❼徵　召；引導。❽慈　本指父母的愛，引申為凡憐愛之稱。❾仁　儒家的一種道德規範。孔子講「仁」，包括恭、寬、信、敏、惠、智、勇、忠、恕、孝、弟等內容，有時又說「仁」是「愛人」。❿母　本；根源。⓫任　用；諂佞。⓬譽　互相稱許。⓭鼠　這裏指老鼠洞，比喻姦邪的藏身之地。⓮勝　超越。這裏作擾亂、破壞解。

【語譯】辯、慧，是禍亂的幫兇；禮、樂，是恣行逸樂的引導；慈、仁，是罪過的根源；任、譽，是姦邪的藏身之地。禍亂有了幫兇，就會四處泛濫；恣行逸樂有了引導，就會盛行成風；罪過有了根源，就會不斷產生；姦邪有了藏身之地，就不能制止。這八種東西呼應成群，人民就能破壞政令；沒有這八種東西，政令就能制服人民。人民能破壞政令，國家就衰弱；政令能制服人民，兵力就強盛。所以國家有了這八種東西，國君就無法使人民守邊作戰，國家必然衰弱以至於滅亡；國君沒有這八種東西，國君就能夠使人民守邊作戰，國家必然興盛以至於稱王天下。

用善❶則民親其親❷，任姦❸則民親其制❹。合❺而復❻者，善也；別❼而規❽者，姦也。章❾善則過匿❿，任姦則罪誅⓫。過匿則民勝法，罪誅則法勝民。民勝法，國亂；法勝民，兵強。故曰以良民治⓬，必亂至削；以姦民治⓭，必治至強。

【章　旨】此章比較「任姦」和「用善」兩種治民辦法的優劣。

【注　釋】❶用善　用治善民的辦法治民。善，指儒家提倡的仁政和禮治。❷親其親　親近自己的親人，即儒家所講的「親親」。❸任姦　用治姦民的辦法治民。指用嚴刑峻法來治理。❹親其制　指尊重國家法令。❺合　相合；互相。❻復　通「覆」。遮蓋、掩飾的意思。❼別　分別；分離。❽規　通「窺」。窺伺、監視。❾章　表彰；提倡。❿匿　隱藏。⓫誅　殺。這裏作制裁解。⓬以良民治　即上文「用善」之意。⓭以姦民治　即上文「任姦」之意。

【語　譯】用治善民的辦法治民，人民就只親近自己的親人；用治姦民的辦法治民，人民就尊重國家的法令。人民互相掩飾罪過，是用治善民的辦法的結果；人民分別監視罪惡活動，是用治姦民的辦法的結果。提倡用治善民的辦法，罪過就會被隱藏；實行治姦民的辦法，罪犯就會受到制裁。罪過隱藏起來，人民就能破壞法令；罪犯受到制裁，法令就能制服人民。人民能破壞法令，國家就混亂；法令能制服人民，兵力就強盛。所以用治善民的辦法治民，國家必然混亂以至於衰弱；用治姦民的辦法治民，國家必然治理得好以至於強大。

國以難攻❶，起一取十；國以易攻❷，起十亡百。國好力，曰以難攻；國好言❸，曰以易攻。民易為言，難為用。國法作❹民之所難，兵用民之所易，而以力攻者，起一得十；國法作民之所易，兵用民之所難，而以言攻者，出十亡百。

【章旨】此章提倡「好力」而反對「好言」。指出崇尚實力，就事半功倍；而崇尚空談，則有害無益。

【注釋】❶以難攻　即以力攻，憑藉難以具有的實力來攻打敵人。❷以易攻　即以言攻，憑藉容易辦到的空談來攻打敵人。❸言　指不切實際的空談。❹作　引導；推行。

【語譯】國家憑藉難以具有的實力去攻打敵人，動用了一分力量就能獲得十分戰果；國家憑藉容易辦到的空談去攻打敵人，動用了十分力量就會遭受百分損失。國家崇尚實力，就叫憑藉難以具有的實力去攻打敵人；國家崇尚空談，就叫憑藉容易辦到的空談去攻打敵人。人民是易於空談，難於從事農戰的。國家法令的推行，人民感到是難於做到的事，用兵時人民就感到是容易的事，這樣，以難以具有的實力去攻打敵人，動用了一分力量就能得到十分戰果；國家法令的推行，人民感到是容易做到的事，用兵時人民就會感到是困難的事，這樣，以容易辦到的空談去攻打敵人，動用了十分力量就會遭到百分損失。

罰重，爵尊；賞輕，刑威。爵尊，上愛民；刑威，民死上❶。故興國行罰則民利，用賞則上重。法詳❷則刑繁，法繁❸則刑省。民治則亂，亂而治之，又亂❹。故治之於❺其治則治，治之於其亂則亂。民之情❻也治，其事也亂。故行刑重其輕者❼，輕者不生，則重者無從❽至矣，此謂治之於其治也。行刑重其重者，輕其輕者，輕者不止，則重者無從止矣，此謂治之於其亂也。故重輕，則刑去、事成，國強；重重而輕輕，則刑至而事生❾，國削。

【章　旨】此章提出重刑輕賞的主張，並重點論述了以重刑治輕罪的好處。

【注　釋】❶死上　為國君而效死。❷詳　詳盡；煩瑣。❸法繁　朱師轍說「法繁」當作「法簡」，與《韓非子・八說》的「法省則民訟簡」意同。❹民治則亂三句　這裏疑有脫誤。根據上下文，第一個「治」字後疑脫「之於其亂」四字，「治之」後疑脫「於其亂」三字。❺於　通「以」。用。❻情　本意。❼重其輕者　用重刑治輕罪。下文「重輕」與此同義。其他依此類推。❽無從　無由；無法。❾事生　亂事發生。這裏是指犯罪活動不斷出現。

【語　譯】刑罰重，爵位就尊貴；賞賜輕，刑罰就威嚴。爵位尊貴，國君就能愛護人民；刑罰威嚴，人民就能為國君效死。所以興盛的國家用刑，人民就能得到利益；用賞，國君就會受到尊重。法律條文煩瑣，刑罰用得就多；法律條文簡明，刑罰用得就少。用造成人民混亂的辦法去治理，就會亂，亂了以後仍然用造成人民混亂的辦法治理，還會亂。所以用能把人民治理好的辦法去治理，就能治理好；用造成人民混亂的辦法去治理，就會亂。人民的本意是希望國家能治理好，但他們所做的事卻往往導致混亂。因此在執行刑法的時候，如果用重刑治輕罪，那麼，輕罪就不會發生，重罪也就不會出現了，這就是所謂用能把人民治理好的辦法去治理。執行刑罰的時候，如果重罪用重刑，輕罪用輕刑，那麼，輕罪就會不斷發生，重罪也就更會無法制止了，這就是所謂用造成人民混亂的辦法去治理。所以用重刑治輕罪，結果用刑減少、事業成功，國家強盛；重罪用重刑，輕罪用輕刑，結果刑罰不斷使用，犯罪的活動不斷出現，國家就必定衰弱。

民勇則賞之以其所欲，民怯❶則殺之以其所惡。故怯民使之以刑則勇，勇民使之以賞則死。怯民勇，勇民死，國無敵者，必王。民貧則弱國❷，富則淫❸，淫則有蝨❹，有蝨則弱。故貧者益❺之以刑則富，富者損之以賞❻則貧。治國之舉❼，貴令貧者富，富者貧。貧者富，國強；富者貧，三官❽無蝨。國久強而無蝨者，必王。

【章旨】此章論述對於「怯民」與「勇民」、「貧者」與「富者」，要分別採取刑、賞的辦法。如此，則能「三官無蝨」、國家富強。

【注釋】❶怯　怯懦；怯弱。❷民貧則弱國　高亨說，「弱國」疑當作「國弱」，傳寫誤倒。❸淫　淫逸。❹蝨　指蝨害。主要是講腐朽的意識形態。❺益　增加。❻損之以賞　指用賞賜爵位來削弱富者的財力，與〈靳令〉「民有餘糧，使民以粟出官爵」和〈壹言〉「富者廢之以爵不淫」的意思相同，即鼓勵富人拿糧食捐取官爵，以便削弱他們的財力。❼舉　措施。❽三官　指農、商、官三種職業。

【語譯】人民勇敢，就用他們愛好的東西賞賜；人民怯懦，就用他們厭惡的東西懲罰。所以對怯懦的人用刑罰督促，他們就會勇敢；對勇敢的人用賞賜鼓勵，他們就會拼死作戰。怯懦的人勇敢，勇敢的人拼死作戰，國強無敵，必定能稱王天下。人民貧窮了國家就弱，人民富裕了就會驕奢淫逸，驕奢淫逸了就會產生蝨害，有了蝨害，國家就會衰弱。所以，對貧窮的人要用刑罰督促他們從事農戰，他們就會富裕起來；對富裕的人要用賞賜爵位削弱他們的財力，他們的財富就會減少。治國的有力措施，貴在使貧窮的富裕，使富裕的財富減少。貧窮的變富，國家就強盛；富裕的財富減少，農、商、官三種職業就不會產生蝨害。國家長期強盛而沒有蝨害，就必然稱王天下。

刑生力，力生強，強生威，威生德。德生於刑。故刑多則賞重，賞少則刑重。

民之有欲有惡也，欲有六淫❶，惡有四難❷。從❸六淫，國弱；行四難，兵強。故王者刑於九，而賞出一❹。刑於九則六淫止，賞出一則四難行。六淫止則國無姦，四難行則兵無敵。

【章　旨】此章提出「德生於刑」的主張。指出刑多可以止「六淫」，賞少可以行「四難」。

【注　釋】❶六淫　朱師轍認為即「六欲」。指生、死、耳、目、口、鼻之欲。一說，〈去強〉所指六蝨「歲、食、美、好、志、行」，可參閱。❷四難　朱師轍認為指嚴刑、峻法、力農、務戰。一說，〈算地〉「羞、辱、勞、苦者，民之所惡也」，可參閱。❸從　通「縱」。放縱。❹賞出一　賞賜只出於一個方面，即賞賜對農戰有功的人。

【語　譯】刑罰能產生實力，實力能使國家強盛，強盛能產生威力，威力能產生德惠。德惠來源於刑罰。所以刑罰用得多，賞賜就顯得貴重；賞賜用得少，刑罰就顯得嚴峻。人民有自己所喜歡和厭惡的東西，他們所喜歡的有六淫，他們所厭惡的有四難。放縱六淫，國家就衰弱；做到四難，兵力就強大。所以稱王天下的國君，刑罰用於九個方面之多，而賞賜只出自一個方面。刑罰用於九個方面之多，就能制止六淫；賞賜只出自一個方面，就能做到四難。六淫制止，國內就沒有姦民；四難做到，兵力就強大無敵。

民之所欲萬，而利之所出一❶。民非一則無以致欲，故作一。作一則力摶❷，力摶則強。強而用，重❸強。故能生力❹，能殺力❺，曰攻敵之國，必強。塞私道❻以窮❼其志，啟❽一門以致其欲，使民必先行其所要❾，然後致其所欲，故力多。力多而不用則志窮，志窮則有私，有私則有弱❿。故能生力不能殺力，曰自攻之國，必削。故曰王者國不蓄力，家不積粟。國不蓄力，下用⓫也；家不積粟，上藏⓬也。

【章　旨】此章論述能激生威力又能散用威力的攻敵之國必強，能激生威力而不能散用威力的自攻之國必弱。

【注　釋】❶一　一條途徑。指農戰。❷摶　集中。❸重　更。❹生力　指通過獎勵農戰來培植和增強人力、物力。❺殺力　指為了打擊敵人而使用通過農戰已經積聚、增長起來的人力、物力。❻私道　指農戰以外求利的途徑。❼窮　禁絕。❽啟　門。❾所要　陶鴻慶說，「要」乃「惡」字之誤，「惡」隸書作「悪」，因誤為「要」。❿有弱　陶鴻慶說，「有」字為衍文。⓫下用　人民出力為國君效命。⓬上藏　糧食藏在國家倉庫中。

【語　譯】人民的欲求有萬樣，而利益只能從農戰這一條途徑得到。人民不從事農戰，就無法滿足自己的欲求，所以必須從事農戰。從事農戰，人民的力量就能集中起來；力量集中，國家就強盛。國家強盛，又不斷使用集中起來的力量，就會更強大。所以，能激生威力又能散用威力的國家，叫做「攻敵之國」，必然強盛。堵塞農戰以外求利的途徑來禁絕人民的雜念，敞開農戰這個大門來滿足他們的欲望，使人民先去做不願做的事，然後滿足他們的欲望，這樣人民的力量就強大。力量強大了而不使用，人民就會覺得有力量無處施展；有力量無處施展，就會去追求私利；人民追求私利，國家就會變弱。所以，只能激生威力而不能散用威力的國家，叫做「自攻之國」，必然衰弱。所以說稱王天下的國君，使國家不蓄養兵力，家庭不屯積糧食。國家不蓄養兵力，是因為人民能出力為國君效命；家庭不屯積糧食，是因為糧食藏在國家倉庫中。

國治❶：斷家，王；斷官，強；斷君❷，弱。重輕刑去，常官❸則治。省刑要保❹，賞不可倍❺也，有姦必告之，則民斷於心。上令而民知所以應，器❻成於家而行於官，則事斷於家。故王者刑賞斷於民心，器用斷於家。治明❼則同❽，治暗❾則異❿。同則行⓫，異則止。行則治，止則亂。治則家斷，亂則君斷。治國者貴下斷，故以十里⓬斷者弱，以五里斷者強。家斷則有餘，故曰日治者王；官斷則不足，故曰夜治者強；君斷則亂，故曰宿治⓭者削。故有道之國，治不聽君，民不從官。

【章　旨】此章提出「家斷」的主張，並闡明它有「官斷」、「君斷」不可比擬的優越性。

【注　釋】❶國治　于鬯說，「國治」應為「治國」。❷斷家三句　陶鴻慶說，「斷家」、「斷官」、「斷君」，應為「家斷」、「官斷」、「君斷」。斷，判斷是非。❸常官　授官有常規。指通過農戰獲得官爵。❹要保　互相為保；彼此監督。即實行連坐。❺倍　通「背」。失信。❻器　器物。❼治明　治理嚴明。❽同　上下同心。❾治暗　治理昏暗。❿異　指上下不同心。⓫行　政令通行。⓬里　古時二十五家為一里。⓭宿治　處理國家事務要過夜，而不能當天完成。

【語　譯】治理國家：由人民在家中根據法令判斷是非的，能稱王天下；由官吏判斷是非的，還可以強盛；由國君判斷是非的，國家必然衰弱。用重刑治輕罪，就可以減少用刑；授官有常規，國家就能治理好。要減少用刑，就得讓人民互相監督，賞賜不失信，出現姦邪的事情必須告發，這樣人民心裏就能判斷是非。國君發布命令，人民知道如何去做，人民在家中製成器物符合官府的標準而准許通行，這樣人民在家中就能判斷事情。所以稱王天下的國君，該用刑用賞使人民在心裏能作出判斷，怎樣製作器物由人民在家中作出判斷。治理嚴明，上下就會同心；治理昏暗，上下就不會同心。上下同心，政令就能通行；上下不同心，政令就不能貫徹。政令通行，國家就能治好；政令阻滯，國家必然混亂。國家治理得好，是人民在家中能夠判斷是非的結果；國家混亂，是由國君獨自判斷是非的結果。治理國家，貴在從下層根據法令判斷是非，所以在十里內能判斷是非的，國家就弱；在五里內能判斷是非的，國家就強。由人民在家中依照法令判斷是非，時間就有餘，所以說當天的事當天處理就能稱王天下；由官吏來判斷是非，時間就不夠，所以說當天的事晚上才能處理完的，還算強國；由國君親自判斷是非，事務繁亂，所以說當天的事拖到第二天才能處理完的，國家必然衰弱。因此，治理有道的國家，官吏根據法令處理事務，不一定件件都由國君吩咐，人民根據法令判斷是非，不需要事事都由官吏裁決。

算地第六

【題解】因本篇在內容上與〈農戰〉有相似之處，又保存了申不害的思想，並採用了關於「君子」、「小人」的原始觀念，故一般學者認為它是在〈農戰〉的同時或前後由商鞅正統派的學生撰寫而成的。文中主要論述，只有貫徹執行農戰政策，才能地盡其利，人盡其力，達到富國強兵的目的。算地，即計算、規劃土地。

凡世主之患，用兵者不量力，治萊❶者不度❷地。故有地狹而民眾者，民勝其地；地廣而民少者，地勝其民。民勝其地務開❸，地勝其民者事徠❹。開❺則行倍❻。民過地，則國功❼寡而兵力少；地過民，則山澤財物不為用。夫棄天物❽、遂❾民淫❿者，世主之務過也，而上下事之，故民眾而兵弱，地大而力小。故為國任地⓫者，山林居什一⓬，藪澤⓭居什一，溪谷流水居什一，都邑蹊道居什四⓮，此先王之正律⓯也。故為國分田數小⓰，畝五百⓱，足待一役⓲，此地不任也。方土百里，出戰卒萬人者，數小也。此其⑲墾田足以食⑳其民，都邑、遂路㉑足以處㉒其民，山林、藪澤、溪谷足以供其利㉓，藪澤、堤防足以畜㉔。故兵出，糧給而財有餘；兵休，民作而畜長足。此所謂任地待役㉕之律也。

【章　旨】此章論述按照比例來規劃、利用土地的原則和好處。

【注　釋】❶治萊　開墾荒地。❷度　計量。❸務開　專力開墾。❹徠　招來勞動力。❺開　高亨說：「開下似當有徠字。此承上文開與徠兩事而言。」❻行倍　將加倍。❼國功　國家的收入。人民超過了土地，有些民力無處可用，就遊蕩好閒，流為「五民」，逃避農戰，所以國家的收入就減少，兵力就不足。❽天物　自然界的寶藏。❾遂　任憑；順從。❿淫　遊蕩。⓫任地　利用土地。⓬居什一　佔十分之一。什，同「十」。⓭藪澤　湖泊沼澤。⓮都邑句　俞樾說，此句有脫誤，應據〈徠民〉補作「都邑蹊道居什一，惡田居什四」。都邑，城鎮。蹊，小道。道，大路。⓯正律　正確的原則。⓰分田數小　指規劃開墾的土地數量少。〈徠民〉說「今秦地方千里者五，而穀土不能處二，田數不滿百萬」，就是指這種情況。⓱畝五百　即五百畝。⑱役　役夫；士卒。⑲其　指上文規劃利用土地的比例。⑳食　供養。㉑遂路　道路。㉒處　居住；容納。㉓利　此指山林、藪澤、溪谷可供利用的物產。㉔畜　通「蓄」。貯藏、積蓄。這裏文意不足，據高亨說，「畜下似脫其水二字」。㉕待役　供養軍隊。

【語　譯】現在一般國君的憂患，在於用兵時不估計自己的力量，開墾荒地時也不計算土地的面積。所以有的國家土地狹小而人民眾多，這是人民超過了土地；有的國家土地多而人民少，這是土地超過了人民。人民超過了土地，就必須努力開墾荒地；土地超過了人民，就要招來勞動力。能夠開墾土地和招來人民，土地和人民就會成倍地增加。人民超過了土地，國家的收入就減少而兵力就不足；土地超過了人民，山林水澤的財物就不能被充分地利用。拋棄自然界的寶藏、任憑人們遊蕩，這是國君治國的過錯，然而上下都這樣做，以致人民多而兵力弱，土地廣而收入少。所以治理國家在利用土地上，它們的比例應當是：山林佔十分之一，沼澤佔十分之一，溪流山谷佔十分之一，城鎮道路佔十分之一，壞田佔十分之二，良田佔十分之四，這是先王規劃利用土地的正確原則。所以要治理國家，規劃開墾的土地的數量小，五百畝大的地方，只夠供養一個兵卒，這是土地沒有充分利用的緣故。方圓百里的地方，只能出兵卒一萬人，這就是由於規劃開墾的土地的數量小的緣故。按照比例規劃利用土地，開墾出來的土地足夠養活人民，城鎮、道路足夠容納人民，山林、沼澤、溪谷可供利用的物產足夠供給人民的生活需要，沼澤、堤壩之內足夠貯藏水量。所以出兵作戰時，糧食充足，財物有餘；不打仗時，人民農耕，常有足夠的積蓄。這就是利用土地、供養軍隊的原則。

今世主有地方數千里，食不足以待役、實倉，而兵為❶鄰敵，臣故為世主患之。夫地大而不墾者，與無地者同；民眾而不用者，與無民者同。故為國之數❷，務在墾草；用兵之道，務在壹賞❸。私利塞於外❹，則民務屬於農❺，屬於農則樸，樸則畏令；私賞❻禁於下，則民力摶❼於敵，摶於敵則勝。奚❽以知其然也：夫民之情，樸則生勞而易力❾，窮則生知❿而權⓫利。易力則輕死而樂用，權利則畏罰而易苦⑫。易苦則地力盡，樂用則兵力盡。

【章　旨】此章論述治國的方針在於墾荒，用兵的方針在於「壹賞」。

【注　釋】❶為　與。❷數　原則；方針；方法。❸壹賞　確定統一的賞賜標準，即專以農戰論功行賞。❹私利塞於外　指堵塞從農業生產以外取得私利的途徑。❺屬於農　指專心於農業生產。❻私賞　戰功以外的私門賞賜。❼摶　集中。❽奚　怎麼。❾易力　以出力為容易的事，即肯出力。❿知　通「智」。⓫權　權衡。⓬易苦　以吃苦為容易的事，即不怕苦。

【語　譯】現在主君有方圓數千里的土地，可是糧食還不足以供養軍隊、充實倉庫，卻又興兵與鄰國為敵，所以我實在替主君憂慮。土地廣大而不開墾的，就跟沒有土地一樣；人民眾多而不使用的，就跟沒有人民一樣。所以治理國家的方針，就在於努力開墾荒地；用兵的方針，就在於統一賞賜的標準。堵塞人民從農業生產以外取得私利的途徑，人民就能專心於農業生產，專心於農業生產就樸實，樸實就畏懼法令；禁止下面的人謀取戰功以外的私賞，那麼人民的力量就能集中來對付敵人，集中來對付敵人就能取得勝利。怎麼知道是這樣的呢？原來人民的性情，樸實了就喜愛勞動而肯出力，窮困了就要運用智慧來權衡利害。肯出力就不怕死而樂於為主君所用，權衡利害就畏懼刑罰而不怕苦。不怕苦就能充分發揮土地的作用，樂於為主君所用就能充分發揮軍隊的力量。

夫治國者能盡地力而致民死者，名與利交至。民之性，饑而求食，勞而求佚❶，苦則索❷樂，辱則求榮，此民之情也。民之求利，失禮之法；求名，失性之常。奚以論其然也？今夫盜賊上犯君上之所禁，而下失臣民之禮，故名辱而身危，猶不止者，利也。其上世之士，衣不暖體，食不滿腸，苦其志意❸，勞其四肢，傷其五臟，而益裕廣耳❹，非生❺之常也，而為之者，名也。故曰名利之所湊❻，則民道❼之。

【章　旨】此章論述要注意人之常情，用名利來發揮人的積極性。

【注　釋】❶佚　通「逸」。休息。❷索　追求。❸苦其志意　磨鍊他的意志。❹而益裕廣耳　高亨說，「而下似脫心字」。益，更。裕廣，寬廣。耳，語氣詞。一說，「益裕廣耳」的意思是：為更加充實、廣大名譽之計。耳，作「聞」解。指名聲。❺生　通「性」。下文凡作「民之生」的「生」，與此同義。❻湊　集中。❼道　由；從。

【語　譯】治理國家的人能充分發揮土地的作用，又能使人民在作戰中不怕死，這樣，名和利就都來了。因為人民的本性，饑餓了就要求吃飯，勞累了就要求休息，痛苦了就追求快樂，受辱了就要求榮譽，這是人的常情啊！人民追求利，卻違犯了禮的規範；追求名，卻違背了人的常情。為什麼這樣說呢？例如盜賊在上觸犯國君的禁令，在下失去臣民應遵守的道德規範，因而名譽既受到損失，生命又有危險，但還不停止盜竊的行為，就是為了追求利。那上古時候的士人，穿不暖，吃不飽，這樣來磨鍊他的意志，勞累他的四肢，傷害他的五臟，但胸懷卻更廣闊，這不是人之常情，可是還要這樣做，就是為了追求名。所以名利集中在哪裏，人民就往哪裏去。

主操❶名利之柄而能致功名者，數也。聖人審權❷以操柄，審數❸以使民。數者，臣主之術❹而國之要❺也。故萬乘❻失數而不危，臣主失術而不亂者，未之有也。今世主欲辟❼地治民而不審數，臣欲盡其事❽而不立術❾，故國有不服之民，主有不令❿之臣。故聖人之為國也，入⓫令民以屬農，出⓬令民以計⓭戰。夫農，民之所苦；而戰，民之所危也。犯⓮其所苦，行其所危者，計也。故民，生則計利，死則慮名。名利之所出，不可不審也。利出於地，則民盡力；名出於戰，則民致死。入使民盡力，則草不荒；出使民致死，則勝敵。勝敵而草不荒，富強之功可坐而致也。

【章　旨】此章論述人君要掌握好治理臣民的原則和權術，使臣民的名利只能得自農戰。

【注　釋】❶操　掌握。❷審權　明察權勢的利害。❸審數　明察治理的方法。❹術　方法；權術。❺要　綱要。❻萬乘　指擁有萬輛兵車的大國。❼辟　通「闢」。❽盡其事　指盡臣子的職責。❾立術　制定治理的方法。❿不令　不聽從命令。⓫入　內。⓬出　外。⓭計　謀劃；考慮。⓮犯　幹。

【語譯】國君掌握著名利的權柄而能使人成就功名，這是治理人民的原則。聖人明察權勢的利害而掌握權柄，明察治民的原則而役使人民。這個原則，就是君臣治民的權術、國家事務的綱要。所以擁有萬輛兵車的國家失去了原則而不發生危險，君臣失去了權術而不發生動亂，是從來沒有的事情。現在國君要想開闢土地、治理人民而不明察治民的原則，臣子想要盡職而不制定治理的方法，那麼國家就有不服從統治的人，國君就有不聽從命令的臣子。所以聖人治理國家，對內命令人民從事農業生產，對外命令人民準備征戰。務農，是人民認為勞苦的事；打仗，是人民認為危險的事。人民肯幹他們認為勞苦的事，肯做他們認為危險的事，是有所計慮的。人民活著的時候要計算怎樣有利，對於死後要考慮怎樣有名。名利從哪條途徑出來，國君不能不加以考察。利由土地中產生，那麼人民就盡力耕作；名由征戰中得來，那麼人民就冒死作戰。對內使人民盡力務農，田地就不會荒蕪；對外使人民冒死作戰，就能戰勝敵人。既戰勝了敵人又使田地不荒蕪，那麼國家富強的功業就可以輕而易舉地得到了。

今則不然，世主之所加務者❶，皆非國之急也。身有堯、舜之行，而功不及湯、武之略❷者，此執柄之罪也。臣請語其過：夫治國捨勢而任說說❸，則身修❹而功寡。故事❺《詩》、《書》談說之士，則民游而輕其君；事處士❻，則民遠而非其上；事勇士，則民競而輕其禁❼；技藝之士用，則民剽❽而易徙；商賈之士佚且利，則民緣❾而議其上。故五民加於國用，則田荒而兵弱。談說之士資❿在於口，處士資在於意，勇士資在於氣，技藝之士資在於手，商賈之士資在於身，故天下一宅⓫而圓身⓬資。民資重於身而偏⓭托勢於外，挾⓮重資歸偏家⓯，堯、舜之所難也。故湯、武禁之，則功立而名成。聖人非能以世之所易⓰勝其所難⓱也，必以其所難勝其所易。故民愚，則知⓲可以勝之；世知，則力可以勝之。臣⓳愚，則易力而難巧；世巧，則易知而難力。故神農教耕而王天下，師其知也；湯、武致強而征諸侯，服其力也。今世巧而民淫，方⓴效湯、武之時，而行神農之事，以隨世禁㉑，故千乘惑亂，此其所加務者過也。

【章　旨】此章論述治國者不能「捨勢而任談說」，必須禁止「五民」的「托勢於外」和投靠私門，才能功立名成。

【注　釋】❶加務者　特別重視的事情。❷略　功績；成績。❸說說　陶鴻慶說，當作「談說」。❹身修　即上文所謂「身有堯、舜之行」。一說，「修」當作「偷」。怠惰不勞的意思。❺事　任用。❻處士　自命清高、不願任職的人。❼禁　命令。❽剽　輕飄好動。❾緣　攀附。一說，作「因」解。❿資　資本；本錢。即下文所說的口、意、氣、手、身。⓫天下一宅　把天下看成處處都可以居住的地方。⓬圓身　渾身。⓭偏　同「遍」。普遍。⓮挾　攜帶。⓯偏家　私家。⓰世之所易　世俗認為容易做到的。指智巧。⓱其所難　世俗認為難於做到的。指力氣。⓲知　同「智」。⓳臣　據章詩同注本說，當作「民」，上文「故民愚則知可以勝之」可證。

⑳方　正當；正是。㉑世禁　世俗禁忌的東西。

【語　譯】現在卻不是這樣，國君特別重視的，都不是國家的當務之急。國君雖然有堯、舜的德行，而功業卻趕不上湯、武的成績，這是掌權人的罪過。請允許我談談他們的過失吧：治理國家如放棄實力而任憑空談，那麼德行雖好而功業卻少有成就。所以任用了喜讀《詩》、《書》、愛好空談的士人，人民就會遊說奔走、輕視國君；任用了自命清高、不願任職的隱士，人民就會疏遠而且誹謗國君；任用了自恃武勇的游俠、刺客，人民就喜歡私鬥而輕視禁令；技藝之士得到重視，人民就會飄忽不定、隨意遷徙；商人安逸而且有利，人民就攀附他們而議論國君。所以這五種人被國家重用了，就會田地荒蕪而兵力衰弱。愛好空談者的本錢在於嘴巴，隱士的本錢在於思想，自恃武勇者的本錢在於氣力，技藝之士的本錢在於雙手，商人的本錢在於一身，所以他們把天下看成處處都是可以居住的地方，而自己渾身都是本錢。這些人把自己的本錢看得比他自身還重要，又普遍地想投靠其他諸侯國的勢力，或帶著自己重要的本錢投靠於權貴的私門，這些人是連堯、舜都難於治理的。因此湯、武禁止了這五種人，就建立了功業、享有了名望。聖人不能夠用世俗認為容易做到的事來戰勝他們難以做到的事，必須用世俗認為難以做到的事來戰勝他們容易做到的事。所以人民愚昧，就可以用智慧來戰勝他們；世俗崇尚智巧，就可以用強力來戰勝他們。人民愚昧，就把出力當做容易的事，而把智巧當做困難的事；世俗崇尚智巧，就把智巧當做容易的事，而把出力當做困難的事。所以神農氏教民耕種而稱王天下，是由於人民學習他的智慧；湯、武兵力強大而征服了諸侯，是由於諸侯服從了他們的強力。現在世俗崇尚智巧而百姓浮蕩，正是應當學習湯、武的時候，卻推行神農時代的作法，順從世俗忌談法治的輿論，所以千輛兵車的國家造成混亂，這是把特別重要的事做錯了。

民之生，度❶而取長，稱而取重，權而索利。明君慎觀三者，則國治可立而民能❷可得。國之所以求民者少，而民之所以避求者多。入使民屬於農，出使民壹於戰。故聖人之治也，多禁以止能，任力❸以窮詐❹。兩者偏用，則境內之民壹。民壹則農，農則樸，樸則安居而惡出。故聖人之為國也，民資藏於地，而偏❺托危❻於外。資藏於地則樸，托危於外則惑。民入則樸，出則惑，故其農勉❼而戰戢❽也。民之農勉則資重❾，戰戢則鄰危。資重則不可負而逃，鄰危則不歸於無資。歸危外托，狂夫之所不為也。故聖人之為國也，觀俗立法則治，察國事本❿則宜。不觀時俗，不察國本，則其法立而民亂，事劇⓫而功寡。此臣之所謂過也。

【章　旨】此章論述統治者必須「觀俗立法」、「察國事本」，否則人民就會迷途失路，而不能專一於農戰。

【注　釋】❶度　量。❷能　能力。下文「多禁以止能」的「能」，通「態」。指奸巧。❸任力　任用實力。❹窮詐　這裏指堵死欺詐取巧的門路。窮，盡。❺偏　少。❻托危　當時的成語，即寄居在危險的地方。❼勉　勤勉；勤勞。❽戰戢　民力集中於戰事。戢，聚。❾資重　資財多。❿事本　從事於農戰。⓫劇　繁多；繁忙。

【語　譯】人民的本性，量長短，就要選長的，稱重量，就要取重的，權衡利害，就要求有利的。賢明的君主慎重地觀察這三種情況，國家的法制就可以建立，而人民的能力就可以得到利用。國家要求人民的東西少，而人民逃避國家要求的門路多。對內使人民致力於農業生產，對外使人民一心一意致力於征戰。所以聖人治理國家，制定了各種禁令來制止奸巧的事情，任用實力去堵死欺詐取巧的門路。這兩方面的措施都實行了，那麼國內的人民就會專一於農戰。人民專一於農戰就能致力於農業生產，致力於農業生產就樸實，樸實就安居於故土而不願意出外遠遊。所以聖人治理國家，使人民把錢財都投入到土地上，很少會到外面去冒險寄居。人民把錢財投入到土地上就樸實，如果到外面去冒險寄居就可能迷亂失路。人民在國內就樸實，出外就可能迷亂失路，所以他們務農是勤勞的，作戰是盡力的。人民務農勤勞，獲得的資財就多；作戰盡力，相鄰的諸侯國就危險。資財多，人民就不可能背著它逃亡；相鄰的諸侯國危險，人民就不會跑到自己沒有資財的其他諸侯國去。投奔到危險的諸侯國去寄居，是連狂人都不願意幹的。所以聖人治理國家，觀察社會風俗來建立法制，國家就能治理得好，考察國家的情況，從事農戰這個根本，國家就能走上正確的道路。不觀察社會風俗，不考察國家的根本問題，就是建立了法制，人民還是要作亂，政事雖然繁多而成果反倒減少。這就是我所說的過失啊！

夫刑者，所以禁邪也；而賞者，所以助禁也。羞、辱、勞、苦者，民之所惡也；顯、榮、佚、樂者，民之所務也。故其國刑不可惡而爵祿不足務也，此亡國之兆❶也。刑人復漏❷，則小人辟淫❸而不苦刑❹。則僥幸於民上。僥於民上以利求❺。顯榮之門不一，則君子事勢❻以成名。小人不避其禁，故刑煩；君子不設其令，則罰行。刑煩而罰行者國多姦，則富者不能守其財，而貧者不能事其業，田荒而國貧。田荒則民詐生，國貧則上匱❼賞。故聖人之為治也，刑人無國位❽，戮人❾無官任❿。刑人有列⓫，則君子下⓬其位；衣錦食肉，則人冀⓭其利。君子下其位則羞功，小人冀其利則伐姦⓮，故刑戮者，所以止姦也；而官爵者，所立勸⓯功也。今國立爵而民羞之，設刑而民樂之，此蓋法術之患也。故君子操權一正⓰以立術，立官貴爵以稱之，論榮⓱舉功以任之，則是上下之稱平⓲。上下之稱平，則臣得盡其力而主得專其柄。

【章　旨】此章論述治國者必須掌握權柄、統一政令、注意方法，在授爵任官的問題上，要做到與功績栢稱的地步。

【注　釋】❶兆　徵兆。❷復漏　潛伏漏網。復，通「覆」。❸辟淫　邪僻遊蕩。辟，通「僻」。❹不苦刑　不以受刑為苦。朱師轍說，此句下當重複「小人辟淫而不苦刑」八字。❺利求　唯利是圖。❻事勢　依靠權勢。❼匱　缺乏。❽國位　國爵。❾戮人　犯罪的人。❿官任　當官的權利。⓫列　班次，謂可列於官職。⓬下　輕視。⓭冀　希望。⓮伐姦　誇耀自己的巧詐。伐，矜伐、誇耀。⓯勸　鼓勵。⓰正　通「政」。⓱榮　陶鴻慶說此「榮」字當作「勞」。⓲稱平　公平；一致。

【語　譯】刑罰，是用來禁止姦邪的；賞賜，是用來輔助刑罰的。羞恥、受辱、勞累、痛苦，是人民所厭惡的；顯赫、榮耀、安逸、快樂，是人民所追求的。所以一個國家，人民認為刑罰不可怕，而官爵不值得追求，這就是亡國的徵兆。應該受刑的人，能夠庇伏漏網，那麼小人就邪僻遊蕩不怕刑罰。小人邪僻遊蕩不怕刑罰，就會對國君存僥倖心理。對國君存僥倖心理，就會唯利是圖。顯赫榮耀的門路不一，君子就會依靠權勢來成就功名。小人冒犯禁令，刑罰就用得多；君子不執行法令，犯法的事就不斷發生。刑罰用得多而犯法的事不斷發生，國家的姦民就一定多，於是富人就守不住他的財產，而窮人也不能從事他的職業，這就必然導致田地荒蕪，國家貧困。田地荒蕪，人們的姦詐行為就會產生；國家貧困，國君就缺少財物進行賞賜。所以聖人治理國家，受刑的人不能有爵位，犯罪的人不能有官職。如果受刑的人有爵位，那麼君子就會輕視自己的爵位；如果犯罪的人都能穿錦衣、吃肉食，那麼小人就希望得到非分的利益。君子輕視爵位，就以建立功業為羞恥；小人希望得到非分的利益，就要誇耀自己的巧詐手段。所以說，刑罰，是用來制止姦邪的；官爵，是用來鼓勵人民立功的。現在國家設立了官爵而人民認為可恥，制定了刑法而人民樂於犯法，這都是運用法制和方法不當的禍患。所以君子必須掌握權柄、統一政令以制定治理的方法，設立和授予官爵必須和功績相稱，必須按功勞來提拔任用官吏，這樣，上下標準就一致了。上下標準一致了，臣子就能用盡他們的力量而國君就能掌握好權柄。

開塞第七

【題解】本篇論述湯、武的治國之道已經阻塞不通，只有實行符合時代要求的法治，才能為成就秦國的王業而開闢道路。開，打開；塞，阻塞。《史記・商君列傳》司馬貞《索隱》：「開，謂嚴刑則政化開；塞，謂布恩賞則政化塞。」朱師轍指出，此解「與本篇之義不合」。

天地設❶而民❷生之。當此之時也，民知其母而不知其父，其道❸親親❹而愛私。親親則別❺，愛私則險，民眾而以別、險為務❻，則民亂。當此時也，民務勝而力征❼。務勝則爭，力征則訟❽，訟而無正❾，則莫得其性❿也。故賢者立中正⓫，設無私，而民說⓬仁⓭。當此時也，親親廢，上⓮賢立矣。凡仁者以愛利為務，而賢者以相出⓯為道。民眾而無制⓰，久而相出為道，則有亂。故聖人承之，作為⓱土地、貨財、男女之分⓲。分定而無制，不可，故立禁⓳；禁立而莫之司⓴，不可，故立官；官設而莫之一㉑，不可，故立君。既立君，則上賢廢而貴貴㉒立矣。然則上世㉓親親而愛私，中世㉔上賢而說仁，下世㉕貴貴而尊官。上賢者，以道相出也，而立君者，使賢無用也；親親者，以私為道也，而中正者，使私無行也：此三者，非事相反也，民道弊㉖而所重易㉗也，世事變而行道㉘異也。故曰：王道有繩㉙。

【章　旨】此章說明分定、立禁、立官、立君等，都是人類社會發展到一定階段的產物。

【注　釋】❶設　設立；形成。下文「設無私」的「設」，作「提倡」解。❷民　泛指人類。❸道　原則。❹親親　愛自己的親屬。第一個「親」字作動詞用。❺別　區別。指區別親疏遠近。❻務　事。下文「務勝」的「務」作「力圖」解。❼力征　用力奪取。❽訟　爭辯。❾正　指公正的標準。❿性　人的本性。這裏指人們正常生活的欲望、要求。⓫中正　與上「無正」之「正」同義。也是指標準的公平合理。⓬說　通「悅」。喜悅。⓭仁　這裏指原始社會人們之間互助互愛的良好風尚。⓮上　通「尚」。崇敬。⓯出　推讓。⓰制　法度。⓱作為　創立；制訂。⓲分　名分；界限。⓳禁　法令。⓴司　掌管；執行。㉑一　指統一管理。㉒貴貴　尊重貴人。第一個「貴」字作動詞用。㉓上世　上古之世。㉔中世　中古之世。㉕下世　後世。㉖弊　敗壞。㉗易　變更。㉘行道　實行的辦法。㉙繩　準則；依據。

【語　譯】天地形成以後人類就產生了。在這個時候，人們只知道自己的母親而不知道自己的父親，他們所奉行的原則是愛自己的親屬和私利。愛自己的親屬就會區別親疏遠近，貪圖私利就會危害別人，人數眾多而又都做區別親疏遠近、危害別人的事，人們就會混亂。在這個時候，人們都力圖勝過對方，致力於奪取財物。力圖勝過對方就要爭鬥，致力於奪取財物就要爭辯，爭辯而沒有公正的標準，人們就不能實現正常生活的欲望。因此賢人就設立公正的標準，提倡無私，這樣人們就喜歡互助互愛了。

在這個時候，愛自己親屬的原則被拋棄，崇敬賢人的思想就樹立起來了。凡是仁者都把愛人、利人作為自己的義務，而賢者則把推讓作為自己的原則。人數眾多而又沒有法度，長期以互相推讓為原則，這又會發生混亂。所以聖人繼承前賢，劃分了土地、財物，規定了男女的名分。名分規定了而沒有法制，是不行的，所以就制訂法令；法令制訂了而沒有人掌管，是不行的，所以就設置官吏；官吏設置了而沒有人統一管理，是不行的，所以就設立國君。國君設立之後，崇敬賢人的原則被拋棄，而尊重貴人的思想就樹立起來了。這樣說來，上古之世是愛自己的親屬和私利的，中古之世是崇敬賢人、喜歡互助互愛的，而後世則是尊重貴人和官吏的。崇敬賢人，是依照一定的原則相互推讓，而設立了國君，就使賢者沒有用了；愛自己的親屬，是以私利作為原則的，而設立了公正的標準，就使私利的原則行不通了：這三個階段的做法，並不是誰有意要彼此相反，而是人們所採用的辦法有了弊病，所注重的東西改變了；社會情況改變了，治國的辦法也就不同了。所以說：國君所採用的辦法是有一定準則的。

夫王道一端❶，而臣道亦一端，所道則異，而所繩則一也。故曰：民愚則知❷可以王，世知則力可以王。民愚則力有餘而知不足，世知則巧有餘而力不足。民之生❸，不知則學，力盡而服。故神農❹教耕而王天下，師❺其知也；湯、武❻致強而征諸侯，服其力也。夫民愚，不懷❼知而問❽；世知，無餘力而服。故以❾王天下者并⑩刑，力征諸侯者退⑪德。聖人不法古，不修⑫今。法古則後於時，修今則塞於勢。周不法商，夏不法虞⑬，三代異勢，而皆可以王。故興王有道，而持之異禮。武王逆⑭取而貴順，爭天下而上讓。其取之以力，持之以義。今世強國事兼并⑮，弱國務力守，上不及虞、夏之時，而下不修湯、武。湯、武塞⑯，故萬乘莫不戰，千乘莫不守。此道之塞久矣，而世主莫之能廢⑰也，故三代不四⑱。非明主莫有能聽也，今日⑲願啟⑳之以效。

【章　旨】此章論述「法古」、「修今」的弊端，以三代的事例說明在當時的情況下秦國「力征」、「退德」的合理性。

【注　釋】❶一端　一方面。❷知　通「智」。下同。❸生　通「性」。❹神農　傳說中的古代帝王，曾教民耕種。❺師　學習。❻湯武　商湯王和周武王。❼懷　抱；具有。❽問　請教。❾故以　陶鴻慶說，「以」下當補「知」字。❿并　通「屏」。排除；摒棄。⓫退　排斥；拋棄。⓬修　通「循」。遵循；拘守。⓭虞　傳說舜有天下號曰有虞氏，史稱虞舜。⓮逆　反叛。⓯兼并　并吞。⓰湯武塞　指湯、武的治國之道已阻塞不通。一說，指湯、武「不法古，不修今」的興王之道被堵塞了。⓱廢　廢棄；拋開。一說，通「發」。打開。⓲三代不四　三代之後不能建立第四個統一的朝代。⓳日　于鬯說，應當是「臣」字。⓴啟　陳述；說明。

【語　譯】國君所實行的辦法是一種，臣民所實行的辦法又是一種，他們實行的辦法雖不相同，但遵循的準則卻只有一個。所以說：人民愚昧，國君憑藉才智就可以稱王；世俗尚智，國君憑藉力量就可以稱王。人民愚昧，則力量有餘而知識不足；世俗尚智，則巧詐有餘而力量不足。人民的特性是，沒有知識就要學習，力量用盡了才肯屈服。所以神農氏教人耕種而稱王天下，這是因為人們要學習他的知識；商湯王、周武王使用強力征服了諸侯，是因為諸侯屈服於他的強力。人民愚昧，沒有知識就得請教；世俗尚智，沒有餘力就得屈服。所以憑藉知識稱王天下的人不用刑罰，憑藉強力征服諸侯的人不用德治。聖人不效法古代，不拘守現狀。效法古代就會落後於時代，拘守現狀就不能適應形勢的發展。周代不效法商代，夏禹不效法虞舜，三代的形勢不同，卻都可以稱王天下。所以創立王業有一定的途徑，而保持王業卻各有不同的辦法。周武王反叛商紂王取得了政權，卻提倡順從國君；用強力爭奪天下，卻崇尚禮讓。他奪取天下靠的是強力，保持天下用的是禮義。現在強國在進行兼并，弱國在努力自守，上不像虞、夏時代那樣，下又不遵循湯、武的治國之道。湯、武的治國之道已阻塞不通了，所以萬乘之國是沒有不攻戰，千乘之國是沒有不力守的。湯、武的治國之道久已阻塞不通了，而現在的國君卻沒有一個能夠拋開它，所以就不能繼夏、商、周三代之後建立第四個統一的朝代。不是賢明的君主是聽不進這個道理的，現在我願意從成效上來闡明它。

古之民樸以厚，今之民巧以偽。故效❶於古者，先德而治；效於今者，前刑而法：此俗之所惑也。今世之所謂義者，將立民之所好，而廢其所惡；此其所謂不義者，將立民之所惡，而廢其所樂也。二者名貿實易❷，不可不察也。立民之所樂，則民傷其所惡；立民之所惡，則民安其所樂。何以知其然也？夫民憂則思，思則出度❸；樂則淫，淫則生佚❹。故以刑治則民威❺，民威則無姦，無姦則民安其所樂。以義教則民縱❻，民縱則亂，亂則民傷其所惡。吾所謂利❼者，義之本也；而世所謂義者，暴之道❽也。夫正❾民者，以其所惡，必終其所好；以其所好，必敗其所惡。

【章　旨】 此章論述由於古今的民風不同，所以當前只適合於「刑治」，而不宜於「義教」；指出「刑者，義之本」，「義者，暴之道」。

【注　釋】 ❶效　收效；有效。❷名貿實易　名稱相似，而實質相反。貿，假借為「侔」。齊等。一說，指名稱、內容全顛倒了。實，內容。貿、易，同義，都是互換、顛倒的意思。❸出度　出於法度，即遵守法度。孫詒讓說：「出度，疑當作『生度』，下文『淫則生佚』可證。」❹佚　過失；錯誤。❺威　通「畏」。害怕。❻縱　放縱。❼利　陶鴻慶說，「利」是「刑」字之誤。❽道　這裏指途徑、根源。❾正　治。

【語　譯】 古代的人樸實而忠厚，現在的人巧詐而虛偽。所以在古代有效的辦法，是把仁德放在首位，實行德治；在今天有效的辦法，是把刑罰放在首位，實行法治：這一點是世俗所迷惑不解的。現在世俗所講的義，是要建立人民所喜愛的東西，廢除人民所厭惡的東西；世俗所講的不義，是要建立人民所厭惡的東西，廢除人民所喜愛的東西。這義與不義，名稱相似而實質相反，不能不考察清楚。建立人民所喜愛的東西，人民就會被他們厭惡的東西所傷害；建立人民所厭惡的東西，人民就會安享他們所喜愛的東西。怎麼知道是這樣的呢？因為人民憂愁就要思慮，思慮了就會遵守法度；歡樂了就放蕩，放蕩了就會違反法制。所以用刑罰來治理，人民就畏懼；人民畏懼了，就不會作奸邪的事；不作奸邪的事，人民就享受到他們所喜愛的東西。如果用義來教育，人民就會放縱；人民放縱了，就要胡作非為；人民胡作非為，就會被他們厭惡的東西所傷害。我所說的刑罰，是義的根本；而世俗所說的義，其實是暴虐的根源。治理人民，如果用他們所厭惡的東西，人民必然終於得到他們所喜愛的東西；如果用他們所喜愛的東西，人民必然被他們厭惡的東西所傷害。

治國刑多而賞少❶。故王者刑九而賞一，削國賞九而刑一。夫過有厚薄，則刑有輕重；善有大小，則賞有多少。此二者，世之常用也。刑加於罪所終，則姦不去；賞施於民所義，則過不止。刑不能去姦而賞不能止過者，必亂。故王者刑用於將過❷，則大邪不生；賞施於告姦，則細過不失。治民能使大邪不生，細過不失，則國治。國治必強。一國行之，境內獨治；二國行之，兵❸則少寢❹；天下行之，至德❺復立。此吾以殺刑之反❻於德，而義合❼於暴也。

【章旨】此章論述刑賞的輕重、時間和對象問題，指出「刑多賞少」並且實施得法，就可以達到「國治」的目的。

【注釋】❶治國句　嚴萬里說，此句後當有「亂國賞多而刑少」七字。❷將過　過錯將要發生。指犯罪的萌芽狀態。❸兵　這裏指戰爭。❹少寢　逐漸停止。寢，息；止。❺至德　最高的道德。❻反　通「返」。歸結；通向。❼合　連結。

【語譯】治理得好的國家刑罰多而賞賜少，混亂的國家則是刑罰少而賞賜多。所以能成就王業的國君總是用九分刑罰、一分賞賜，而衰弱的國家則是九分賞賜、一分刑罰。罪過有大有小，刑罰也就有輕有重；功勞有大有小，賞賜也就有多有少。這兩種辦法，是社會上經常採用的。刑罰用在犯罪之後，奸邪就不能肅清；賞賜用在人們所認為的道義行為上，罪過就不能制止。刑罰不能除奸，賞賜不能阻止罪過，國家必然會混亂。所以能成就王業的國君，把刑罰用在犯罪的萌芽狀態，這樣，大的奸邪就不會發生；賞賜給予揭發奸邪的人，那麼，連細小的罪過也不會漏掉。治理人民能使大的奸邪不發生，細小的罪過不漏掉，國家就會治理得好。國家治理好了，就必然會強大起來。一個國家這樣做，國內就會得到治理；兩個國家這樣做，戰爭就會逐漸停息；天下都這樣做，理想的社會就會重新建立起來。這就是我認為的用殺戮、刑罰反而可以形成最高的道德，而仁義反而是和暴虐連結在一起的道理。

古者民藂❶生而群處，亂，故求有上也。然則天下之樂有上也，將以為治也。今有主而無治，其害與無主同；有法而不勝其亂，與無法同也。天下不安無君，而樂勝其法，則舉世以為惑也。夫利天下之民者，莫大於治；而治莫康❷於立君；

立君之道，莫廣❸於勝法；勝法之務，莫急於去姦；去姦之本，莫深於嚴刑。故王者以賞禁，以刑勸，求過❹不求善❺，藉❻刑以去刑。

【章　旨】此章提出刑賞并用、嚴刑去姦和藉刑去刑的主張。

【注　釋】❶藂　同「叢」。聚集。❷康　樂；好。❸廣　大；重要。❹求過　追究罪過。❺求善　尋求善行。❻藉　借。

【語　譯】古代的人們群居雜處，秩序混亂，所以希望有國君。那麼天下的人之所以希望有國君，就是為了求得安定。如果有了國君而沒有法制，它的害處和沒有國君一樣；有法制而不能制止混亂，它的害處和沒有法制一樣。天下的人都不願意沒有國君，但卻樂意破壞法制，所有的人都搞糊塗了。對天下的人最有利的事，沒有比社會安定更大的了；要社會安定，沒有比設置國君更好的了；確立國君統治的辦法，沒有比強化法制更重要的了；強化法制的當務之急，沒有比剷除姦民更迫切的了；剷除姦民的根本措施，沒有比用嚴峻的刑罰更有效的了。所以成就王業的國君，就要用賞賜來禁止姦邪，用刑罰來勸導人民，追究他們的罪過，而不尋求他們的善行，憑藉刑罰來達到少用刑罰的目的。

卷三

壹言第八

【題解】本篇實際上是論述國家的興盛必須使人民專一於農戰的政治主張。縱觀《商君書》，「壹」字連連出現，它不僅是重要的字眼，而且是一種重要的觀念，有其演變、發展的過程。大體說來，有如下四種情況：一、只作「統一」、「專一」的泛稱，並未賦予特別的含義；二、當作心志、力量專一於農戰來使用；三、指心志專一於農耕，與兼指戰事的情況有別；四、只是「統一」的意思，沒有其他的含義。鄭良樹先生認為本文中所講的「壹」，屬於第三種情況。他說：「……本篇作者並非不重視戰事，而是過分重視戰事，認為在『壹』的範疇內不足以概括及強調戰事的重要性，所以，才獨立成項為『殺力』，以便與『摶力』……並列。」正由於作者十分注重戰事，把「壹」析為「摶力」和「殺力」，可知其寫作時代當在戰爭開始頻繁或正在頻繁的時期。

凡將立國，制度不可不察❶也，治法不可不慎也，國務不可不謹也，事本❷不可不摶❸也。制度時❹，則國俗可化，而民從制；治法明，則官無邪；國務壹，則民應用❺；事本摶，則民喜農而樂戰。夫聖人之立法、化俗，而使民朝夕從事於農也，不可不知也。夫民之從事死制❻也，以上之設榮名❼、置賞罰之明也，不用辯說私門而功立矣。故民之喜農而樂戰也，見上之尊農戰之士，而下❽辯說技藝之民，而賤游學之人也。故民壹務，其家必富，而身顯於國。上開公利而塞私門，以致民力，私勞不顯於國，私門不請於君。若此而功臣勸❾，則上令行而荒草闢，淫民❿止而姦無萌。治國能摶民力而壹民務者，強；能事本而禁末⓫者，富。

【章　旨】此章論述制度明確、法令慎重、國務嚴謹、農戰專一對於治理國家的重要作用。指出聖人立法化俗的宗旨必須掌握，只有賞罰分明、事本禁末，才能國強民富。

【注　釋】❶察　昭著；明確。❷本　指農戰。❸摶　這裏通「專」。下文「摶民力」的「摶」，是積聚的意思。❹時　及時；適合於當時的需要。❺應用　聽從使用。❻死制　為遵行國家的制度而效死。❼榮名　美名。指顯榮的爵位。❽下　作動詞用。輕視的意思。❾勸　勉勵。❿淫民　遊惰之民。指逃避農戰而到處遊蕩的人。⓫末　指工商。

【語譯】凡是要建立國家、鞏固政權，制度不能不明確，法令不能不慎重，國務不能不嚴謹，從事農戰不能不專一。制度合符時宜，舊俗就可以改變，人民就會遵守；法令嚴明，官吏就不敢營私舞弊；國務統一，人民就能效力；從事農戰專一，人民就喜愛務農、樂於打仗。聖人制訂法令、改變舊俗，在於使人民早早晚晚都從事於農業生產，這個道理不能不懂得。人民之所以能夠為國家的法制去效死，是因為國君設置了顯榮的爵位，訂立了明確的賞罰制度，人民用不著奔走遊說、投靠私門，就能建立功名。人民之所以喜愛務農、樂於打仗，是因為看見國君尊重務農和打仗的人，而輕視那些巧言詭辯和從事無益技藝的人，並且鄙視那些到處遊學的儒生。因此人民專一於農戰，他們的家庭就必然富裕，他們自身也會顯榮於國內。國君開闢為國立功而求功名的途徑，堵塞投靠權貴而求官爵的門路，用這種方法招致民力，使那些為權貴效勞的人在國內不能顯榮，私人門下對國君不能有所請求。這樣，就能使功臣得到鼓勵，國君的法令得到貫徹，荒地得到開墾，逃避農戰而到處遊蕩的人被禁止，奸邪行為也不會產生。治理國家能夠積聚民力，使人民專一於農戰的，國家就強盛；能使人民從事農耕而又抑制工商業的，國家就富裕。

夫聖人之治國，能摶力❶，能殺力❷。制度察則民力摶，摶而不化則不行，行而無富則生亂。故治國者，其摶力也，以富國強兵也；其殺力也，以事❸敵勸民也。夫開而不塞則短長❹，長而不攻則有姦。塞而不開則民渾❺，渾而不用則力多，力多而不攻，則有姦蝨❻。故摶力以壹務也，殺力以攻敵也。治國者貴民壹，民壹則樸，樸則農，農則易勤，勤則富。富者廢❼之以爵不淫，淫者廢之以刑而務農。故能摶力而不能用者，必亂；能殺力而不能摶者，必亡。故明君知齊❽二者，其國強；不知齊二者，其國削。

【章旨】此章著重論述摶力與殺力的問題。指出聖人治國，既能摶力，又能殺力。前者在於壹務，後者在於攻敵，彼此相輔相成。只有將二者配合運用，國家才能富強，否則便會衰弱。

【注釋】❶摶力　即生力。指通過獎勵農戰以培植和增強人力、物力。這一思想比李悝只注意「盡地力」而忽視「摶民力」，顯然有所發展。❷殺力　指為了打擊敵人而使用通過農戰已經積聚、增長起來的人力、物力。❸事　高亨說，「事」，通「剸」。刺、殺之意。❹短長　陶鴻慶說，「短」當為「知」。「知」，通「智」。長，增長；增加。❺渾　愚昧。❻姦蝨　陶鴻慶說，「姦」字為衍文。蝨，一種體小而扁的寄生蟲。這裏比喻寄生作惡的壞人。❼廢　制止；減少。❽齊　通「劑」。調劑、配合之意。

【語譯】聖人治理國家，既能積聚民力，又能散用民力。制度明確人民的力量就能積聚起來，積聚起來了不進行教化就不能使用，使用民力而不能使他們富有就會發生動亂。所以治理國家，積聚人民力量，是用來富國強兵；使用人民的力量，是用來殺敵和鼓勵人民。人民的思想只予開導而不限制，智巧就會增長；智巧增長了而不用以攻敵，就會產生奸邪。人民的思想只限制而不予開導，就愚昧；愚昧而不加役使，力量就強大；力量強大而不用以攻敵，就會產生蝨害。所以積聚人民的力量在於專一於農戰，使用人民的力量在於攻打敵人。治理國家貴在使人民專一於農戰，人民專一於農戰就樸實，樸實就喜愛務農，喜愛務農就勤勞，勤勞就能富裕。對於富人，要用給爵位的辦法去減少他們的財富，使他們不至於淫逸；對於淫逸的人，要用刑罰制止他們的驕奢，使他們專心於務農。所以能積聚人民的力量而不能使用人民的力量，國家就必然動亂；只能使用人民的力量而不能積聚人民的力量，國家就必然滅亡。因此賢明的君主懂得配合運用「摶力」、「殺力」二者，他的國家就強盛；不懂得配合運用這兩者，他的國家就衰弱。

夫民之不治者，君道卑❶也；法之不明者，君長❷亂也。故明君不道卑，不長亂也。秉❸權而立❹，垂❺法而治，以得姦於上而官無不❻，賞罰斷而器❼用有度❽。若此，則國制明而民力竭，上爵尊而倫徒❾舉❿。今世主皆欲治民，而助之以亂，非樂以為亂也，安其故而不窺⓫於時也。是上法古而得其塞，下修⓬今而不時移，而不明世俗之變，不察治民之情，故多賞以致刑，輕刑以去賞。夫設刑而民不服，賞匱⓭而姦益多，故民之於上也⓮，先刑而後賞。故聖人之為國也，不法古，不修今，因⓯世而為之治，度⓰俗而為之法。故法不察民之情而立之，則不成；治宜於時而行之，則不干⓱。故聖王之治也，慎為察務，歸心於壹而已矣！

【章　旨】此章論述因世而治、度俗為法對於治理國家的重要性。指出當今統治者的失誤，就在於他們法古修今、輕刑重賞，而不能像聖君明主那樣秉權而立、垂法而治、審時度勢、歸心於壹。

【注　釋】❶卑　卑劣；低下。❷長　助長。❸秉　掌握。❹立　立國；主持國家政事。❺垂　頒布。❻不　陶鴻慶認為當作「邪」。❼器　才能；人才。❽度　標準；尺度。❾倫徒　泛指各種人物。倫，輩。徒，眾。❿舉　振作。⓫窺　觀察。⓬修　通「循」。遵循、拘守之意。⓭匱　竭；用盡。⓮故民之於上也　朱師轍說，當作「故上之於民也」。⓯因　按照。⓰度　考察。⓱干　犯，引伸為亂。

【語　譯】人民所以不能治理好的原因，是由於國君採用低劣的辦法；法令所以不嚴明，是由於國君助長了混亂。所以賢明的君主不採用低劣的辦法，不去助長混亂。掌握權力來主持國政，頒布法令來治理國家，國君用這種辦法來了解奸邪行為，官吏就不敢胡作非為；賞罰果斷，任用人才就有一定的標準。像這樣，國家的法制就明確，人民就能為國家盡力，朝廷的爵位就顯得尊貴，各種人物就振作起來。現在的國君都想把人民治理好，但實際上卻助長了混亂，並不是他們願意讓人民混亂，而是由於他們安於舊習而不去觀察時勢的變化。於是上而效法古代，只學到一些行不通的東西，下而拘守現狀，不因時制宜，他們不了解世俗的變化，不考慮治民的實際情況，因此過多的賞賜導致了刑罰，刑罰太輕反而失去了賞賜的作用。國君設置刑罰而人民不服從，賞賜用盡了而奸邪更多，因此國君對於人民，要把刑罰放在前面，而把賞賜置於後面。所以聖人治理國家，不效法古代，不拘守現狀，按照世事的實際情況進行治理，考察人民的風俗來制訂法令。所以制訂法令不了解人民的情況，就不會成功；治理的辦法合符時代的需要而推行，國家就不會亂。所以聖王治理國家，就在於謹慎地考察時務，使人民的心志集中於農戰而已。

錯法第九

【題　解】本篇著重論述治國者必須加強法治、論功行賞的問題。指出「道明則國日強，道幽則國日削」，授爵賞祿，不能「先便請謁」，徇私舞弊，而必須「德明教行」，做到「用必出於其勞，賞必加於其功」。錯法，即施行法治。錯，通「措」。

臣聞：古之明君，錯法而民無邪，舉事❶而材自練❷，賞行而兵強。此三者，治之本也。夫錯法而民無邪者，法明而民利之也。舉事而材自練者，功分明❸；功分明則民盡力，民盡力則材自練。行賞而兵強者，爵祿❹之謂也。爵祿者，兵之實❺也。是故人君出❻爵祿也，道明❼。道明則國日強，道幽❽則國日削。故爵祿之所道，存亡之機❾也。夫削國亡主，非無爵祿也，其所道過也。三王❿、五霸⓫，其所道不過爵祿，而功相萬⓬者，其所道明也。是以明君之使其臣也，用必出於其勞，賞必加於其功。功賞明，則民競於功。為國而能使其民盡力以競於功，則兵必強矣。

【章　旨】此章論述錯法、舉事、行賞為治國之本；指出賞賜爵祿，必須依據農戰功績的大小而定。

【注　釋】❶舉事　舉辦各種事業。❷材自練　才能自然得到鍛煉。❸功分明　功績大小分明。❹爵祿　古代統治者的等級和俸祿。西周奴隸制的爵祿，按照公、侯、伯、子、男五等爵位分封奴隸主貴族，這些爵祿是世襲的。❺實　實質；根本。❻出　給予；賞賜。❼道明　賞賜爵祿的原則光明公正。指必須根據農戰功績的大小來賞賜爵祿。道，原則。❽幽　黑暗。❾機　關鍵。❿三王　指夏禹、商湯和周武王。⓫五霸　春秋時先後稱霸的五個諸侯。指齊桓公、晉文公、楚莊王、吳王闔閭、越王句踐。一說後兩霸是指秦穆公和宋襄公。⓬相萬　相差萬倍。

【語　譯】我聽說：古代賢明的君主，施行法治，人民就沒有姦邪；舉辦事業，人才自然得到鍛煉；實行賞賜，兵力就強大起來。這三點，是治國的根本。施行法治，人民沒有姦邪，是因為法令明確，於民有利。舉辦事業，人才自然得到鍛煉，是因為功績大小分明；功績大小分明，人民就會為國家盡力；人民為國家盡力，人才自然就得到鍛煉。實行賞賜兵力就強大起來，是因為按軍功賞賜爵祿的緣故。爵祿是軍隊強大的根本。因此國君賞賜爵祿的原則要光明公正。原則光明公正，國家就日益強盛；原則不光明公正，國家就日益衰弱。所以賞賜爵祿遵循什麼原則，是國家存亡的關鍵。衰弱的國家和亡國的君主，不是沒有爵祿，而是賞賜爵祿所遵循的原則錯了。三王、五霸，他們治國的辦法也不外乎爵祿，而功業超過前者萬倍，就是因為他們賞賜爵祿所遵循的原則光明公正。所以賢明的君主使用臣民，任用時必須根據他們的勞績，賞賜時必須根據他們的功勳。功績的大小和賞賜的多少都很分明，那麼臣民都爭著立功。治理國家能使臣民盡力去爭著立功，那麼兵力就必然強大了。

同列❶而相臣妾❷者，貧富之謂也；同實❸而相并兼❹者，強弱之謂也；有地而君或強或弱者，治亂之謂也。苟有道里❺，地足容身，士民可致❻也。苟容市井❼，財貨可眾也。有土者不可以言貧，有民者不可以言弱。地誠❽任❾，不患❿無財；民誠用，不畏強暴。德明⓫教行⓬，則能以民之有為己用矣。故明主者，用非其有，使非其民。明主所貴惟爵其實⓭，爵其實而榮顯⓮之。不榮則民不急列位，不顯則民不事爵。爵易得也，則民不貴上爵；列爵祿賞，不道⓯其門，則民不以死爭位矣。

【章旨】此章論述貧富、強弱的差異，與國君治理的好壞有關。如果「德明教行」、論功行賞，就能人盡其力、地盡其財。

【注釋】❶同列　名位相等。列，位次；等級。❷相臣妾　一方把另一方作為奴隸。臣，男奴。妾，女奴。❸同實　指各諸侯國的土地和人民大致相等。❹并兼　并吞。❺道里　地方；土地。❻致　招來。❼市井　市場。❽誠　確實。❾任　利用。❿患　怕。⓫德明　這裏主要指法治嚴明。⓬教行　這裏主要指法治教育的實行。⑬爵其實　把爵位授予有實際功績的人。⑭榮顯　榮耀顯貴。⑮道　由；由於。

【語　譯】本來名位相等的人，有的卻把對方當做奴隸，這是由於貧富的不同；土地和人民大致相等的各諸侯國，有的卻并吞了對方，這是由於強弱的不同；同樣有土地而國君有強有弱，這是由於治理好壞的不同。只要有地方，這些地方的土地足以容納人民，就可以招來士民。只要允許市場買賣，財貨就可以增多起來。有土地就不能夠說貧，有人民就不可以說弱。如果土地確實得到利用，不愁沒有財富；民力確實得到發揮，就不會怕強暴。國君的法治嚴明，教育得以施行，人民所有的東西就能為國君所用。所以賢明的君主使用的不一定是本國的東西，役使的也不一定是本國的人民。賢明的君主所重視的只是把爵位授予有實際功績的人，把爵位授予有實際功績的人以後，而且還要使他們榮耀顯貴。如果有爵位而不榮耀，人民就不急於得到爵位；不顯貴，人民就不會追求爵位。爵位容易取得，人民就不重視國君賞賜的爵位；授爵賞祿，不出於正當的門路，人民就不會拼死去爭取爵位了。

人君❶而有好惡，故民可治也，人君不可以不審好惡。好惡者，賞罰之本。夫人情好爵祿而惡刑罰，人君設二者以御❷民之志，而立所欲焉。夫民力盡而爵隨之，功立而賞隨之，人君能使其民信於此如明日月，則兵無敵矣。

【章　旨】此章論述好惡為賞罰之本，國君要「御民之志」，就必須「立其所欲」，如果力盡爵來、功立賞隨，就可以無敵於天下。

【注釋】❶人君　陶鴻慶說，「君」應為「生」。❷御　駕馭；控制。

【語譯】人生下來就有好惡，因此人民是可以治理的，國君不能不考察人民的好惡。好惡，是賞罰的根據。人的常情是喜好爵祿而厭惡刑罰，國君設置爵祿和刑罰是用來控制人民的志向，樹立人民所想要的東西。人民盡了力，爵位隨之而來；立了功，賞賜隨之而到，國君能使人民相信這個做法，如同相信光明的日月一樣，那麼國家的兵力就無敵於天下了。

人君有爵行而兵弱者，有祿行而國貧者，有法立而亂者：此三者，國之患也。故人君者，先便請謁❶而後功力，則爵行而兵弱矣；民不死犯難而利祿可致也，則祿行而國貧矣；法無度數❷而事日煩，則法立而治亂矣。是以明君之使其民也，使必盡力以規❸其功，功立而富貴隨之，無私德❹也，故教流❺成。如此，則臣忠、君明、治著❻而兵強矣。故凡明君之治也，任其力不任其德，是以不憂不勞，而功可立也。度數已立，而法可修❼，故人君者不可不慎己也。夫離朱❽見秋豪❾百步之外，而不能以明目易❿人；烏獲⓫舉千鈞⓬之重，而不能以多力易人。夫聖人之存⓭體性⓮，不可以易人。然而功可得者，法之謂也。

【章　旨】此章論述國君在獎賞、用人方面，必須注重功力、不徇私情，如果「先便請謁」、「法無度數」，就會兵弱國貧。

【注　釋】❶請謁　私人請托。❷度數　標準。❸規　謀求。❹私德　私情。下文「不任其德」的「德」字與此同義。❺教流　教化。這裏主要指法治教育。❻治著　治理的政績顯著。❼修　學習；遵循。❽離朱　即離婁，傳說他是黃帝時候的人，目力極好。❾秋豪　秋天獸類新長出來的細毛，比喻極細微的東西。豪，通「毫」。❿易　通「賜」。給予。⓫烏獲　傳說他是戰國時期秦國的大力士。⓬鈞　古代三十斤為一鈞。⓭存　具備。⓮體性　本性。指特有的品德。

【語　譯】國君有的授爵而兵力衰弱，有的賞祿而國家貧窮，有的立法而社會混亂：這三種情況，是國家的禍患。所以國君授爵賞祿時，如果先方便那些請托鑽營的人，而後考慮有功勞的人，那麼即使授爵，兵力卻要削弱了；如果人民不冒生命危險就能得到利祿，那麼即使賞祿，國家也要變窮了；如果法令沒有一定標準而國事日益繁雜，那麼即使立了法，政治仍會混亂了。所以賢明的君主役使人民，要使他們務必盡力去謀求立功；立了功，富貴就隨即獲得，國君不徇私情，教化就能收到成效。像這樣，就會使臣子忠良、國君賢明、政績顯著，而且兵力強大了。所以凡是賢明的君主治理國家，都是任用對農戰盡力有功的人，而不任用愛講私情的人，因而不憂慮、不操勞，但功業卻能建立起來。施行法令的標準確立了，法令就可以使人好好遵循，因此國君自己不能不慎重行事。離朱能看見百步以外獸類秋天長的細毛，但不能把他明亮的眼睛給予別人；烏獲能舉起千鈞的重量，但不能把他巨大的力氣給予別人。聖人所具備的特有品德，同樣不可以給予別人。然而他能夠建立功業，是由於施行法治的緣故。

戰法第十

【題解】本篇屬於軍事著作，主要論述用兵的策略、取勝的原則。作者強調政治上的勝利，是戰爭勝利的根本，是成就王業的關鍵。除此之外，還要使民怯於私鬥而勇於公戰，並且做到窮寇勿追、論敵察眾、任賢授能的地步。同時，要勝而不驕，敗而不怨，防止冒進，注意勞逸的問題。

凡戰法必本於政勝❶，則其民不爭，不爭則無以私意，以上為意。故王者之政，使民怯於邑鬥❷，而勇於寇戰❸。民習以力攻難❹，故輕死。

【章旨】此章強調政治上的優勝是決定戰爭勝負的根本；指出王者之政，要使民怯於鄉里械鬥，勇於為國殺敵。

【注釋】❶政勝　政治上的優勝。一說，用政治攻心取勝。陶鴻慶說，「政勝」二字應當重複。❷邑鬥　鄉里的私鬥。邑，鄉邑。❸寇戰　與敵人作戰。商君之法，邑鬥有刑，寇戰有賞。《史記・商君列傳》載：「有軍功者各以率受上爵，為私鬥者各以輕重被刑。」❹攻難　攻堅，即攻打艱險的要塞和強悍的敵人。

【語譯】一切作戰取勝的原則，必定要以政治優勝為基礎，政治上優勝了，人民就不互相爭鬥，人民不互相爭鬥，就不會以個人的意志為意志，而以國君的意志為意志。所以稱王於天下的國君所推行的政治，是使人民害怕鄉里的私鬥，而勇於和敵人作戰的。人民習慣於用實力去攻堅，所以就不怕死。

見敵如潰，潰而不止，則免❶。故兵法：「大戰勝，逐北❷無過十里；小戰勝，逐北無過五里。」

【章　旨】此章言對於潰不成軍的殘敵不要窮追猛打，要講究策略。

【注　釋】❶免　猶「縱」。放走。❷逐北　追擊潰敗的敵人。北，敗。

【語　譯】看到敵人潰逃，而且潰逃不止，那就要放走他們。所以兵法上說：「大仗打勝了，追擊敗兵不要超過十里；小仗打勝了，追擊敗兵不要超過五里。」

兵起而程❶敵，政不若者勿與戰，食不若者勿與久，敵眾勿為客❷，敵盡不如，擊之勿疑。故曰：兵大律❸在謹。論敵察眾❹，則勝負可先知也。

【章　旨】此章強調要多方面地考察敵我雙方力量的情況，以知己知彼。

【注　釋】❶程　衡量。❷客　古代軍事術語。指進攻的一方，所以有「攻者為客」之說。❸大律　重要的原則。❹論敵察眾　指研究敵情，多方面地考察敵我雙方力量的強弱。

【語　譯】作戰要事先估量敵方的情況，政治上不如敵方，就不要與它交戰；糧草不如敵方，就不要與它久戰；敵眾我寡，就不要盲目進攻；敵人各方面都不如我們，就要不遲疑地立即進擊。所以說：「用兵的重要原則在於謹慎。」研究敵情，多方面地考察敵我雙方力量的強弱，或勝或敗就可以預先知道了。

王者之兵，勝而不驕，敗而不怨。勝而不驕者，術明❶也；敗而不怨者，知所失也。若兵敵強弱❷，將賢則勝，將不如則敗。若其政出廟算❸者，將賢亦勝，將不如亦勝。

【章　旨】此章論述朝廷決策和將帥指揮在戰爭中的巨大作用，並且指出要正確認識和對待戰爭中的勝負問題。

【注　釋】❶術明　精通用兵之道。❷若兵敵強弱　陶鴻慶說，「敵」字疑當在「強弱」二字下。敵，相當。❸廟算　古代拜將出兵，在宗廟舉行儀式，並籌劃作戰策略。這裏指朝廷的決策。此句文意不足，疑「廟算」下當有「勝」字。《孫子兵法‧計》：「夫未戰而廟算勝者，得算多也；未戰而廟算不勝者，得算少也。」可證。

【語　譯】稱王於天下的國君所統率的軍隊，打了勝仗既不驕傲，打了敗仗也不埋怨。勝利了不驕傲，是因為精通用兵之道；失敗了不埋怨，是因為懂得失敗的原因。如果敵我兵力強弱相當，將帥有才幹的就會勝利，將帥才幹不如敵方的就要失敗。如果朝廷決策正確，將帥有才幹既可以勝利，將帥才幹不如敵方的也能勝利。

政久持勝術者，必強至王。若民服而聽上，則國富而兵勝，行是必久王❶。其過失，無敵❷深入，偕險絕塞❸，民倦且饑渴，而復遇疾，此❹其道也。故將使民者❺乘良馬者，不可不齊❻也。

【章　旨】此章論述戰爭取勝和失敗的原因。指出政治優勝、上下一心，就能國富兵勝；如果輕敵冒險、不善調劑，就會招致失敗。

【注　釋】❶行是必久王　孫詒讓說，「當作行是久必王，今本誤倒。」❷無敵　指眼裏沒有敵人，即輕敵。❸偕險絕塞　指冒險深入絕境。偕險，與險偕行。一說，「偕」當作「偝」，形近而誤，「偝」與「背」通，負的意思。❹此　朱師轍說，當作「北」，形近而誤。指失敗。❺者　朱師轍說，「上者字乃若字之訛，當作若乘良馬者。」❻齊　通「劑」。調劑。

【語　譯】長期保持政治優勝的國家，必然強大到稱王於天下的程度。人民服從法制，聽從國君命令，就會使國家富裕、部隊取勝，長期做到這一點，就必定能稱王於天下。用兵的過錯，在於輕敵深入，冒險進入絕境，士兵疲倦，饑渴交加，又染上疾病，失敗就是理所當然的。所以將帥使用士兵，就像騎良馬一樣，不能不調劑牠的力量。

立本第十一

【題解】本篇論述治國者必須確立強兵的根本。作者兼有法家、兵家的雙重身份，不像孫武、孫臏及尉繚只在著作中暢論兵戰的方法、技術和謀略等問題而已。他除了討論這些問題外，還從法家的立場兼論影響兵戰成敗的政治、法律等因素。所以文章一開頭，便揭示出彼此密切聯繫的三個論點：第一是建立法度；第二是在此前提下養成人民重戰的風俗；第三是在重戰的風俗形成後，設備戰守的工具。而篇末則云：「治者必強」、「治者必富」、「富者必強」。可見作者認為，法治就是富國強兵的根本。

凡用兵勝有三等❶：若兵未起則錯法，錯法而俗成❷，而用具❸。此三者必行於境內，而後兵可出也。

【章旨】此章論述用兵取勝必須完成「錯法」、「俗成」、「用具」三個步驟。

【注釋】❶三等　三個步驟。❷俗成　形成一種新風尚。指喜農樂戰。❸而用具　孫詒讓說，「而用具」前當重「俗成」二字。用具，器用具備。指做好戰爭的物質準備。

【語　譯】凡要用兵取勝，有三個步驟：用兵之前先要施行法治；用法治養成人民喜農樂戰的新風尚；新的風尚養成了，還要做好戰爭的物質準備。這三件事必須在國內實行，然後才可以出兵對外作戰。

行三者有二勢❶：「一曰輔❷法而法行，二曰舉❸必得❹而法立。」故恃其眾者謂之葺❺，恃其備飾❻者謂之巧，恃譽目❼者謂之詐。此三者，恃一因❽，其兵可禽❾也。故曰：強者必剛鬥其意❿，鬥則力盡⓫，力盡則備⓬，是故無敵於海內。

【章　旨】此章論述實現三個步驟所要採取的兩項措施，指出士卒眾多、兵器完美、虛假名聲都不是取勝的決定條件，強兵的關鍵在於國君實行法治、激發鬥志。

【注　釋】❶勢　條件；措施。❷輔　佐助；支持。❸舉　辦事。❹得　得當。指符合法令規定。❺葺　用茅草覆蓋房頂。這裏喻指烏合之眾，人雖多卻沒有戰鬥力。❻備飾　指兵甲器備美觀而無實用。❼譽目　徒有虛聲。❽因　因素；條件。❾禽　通「擒」。擒獲、俘虜，引申為打敗。❿剛鬥其意　高亨說，當作「剛其鬥志」。剛，強；激發。⓫力盡　盡力。⓬備　高亨說：「備乃無往不利之意」。

【語　譯】實現這三個步驟要有兩項措施：一是國君要支持法治，使法令得到貫徹；二是國君辦事得當，以確立法令的威信。所以依賴人多而無戰鬥力的叫做烏合之眾，依賴兵甲器備美觀而無實用價值的叫做取巧，依賴虛假名聲的叫做欺詐。這三項，依恃其中的任何一項，這個軍隊都會被打敗。所以說，強大的軍隊必須激發士卒的鬥志，鬥志堅強就能盡力，盡力就會無往而不利，因此就無敵於天下。

治行則貨積，貨積則賞能重矣。賞壹則爵尊，爵尊則賞能利矣。故曰：兵生於治而異，俗生於法而萬轉❶，過勢❷本於心而飾❸於備勢❹。三者有論❺，故強可立也。

【章　旨】此章論述法治對於富國強兵的作用。指出兵力、風俗、氣勢都與此有關；以兵取勝者，在重視精神作用的同時，還要重視物質條件的作用。

【注　釋】❶萬轉　千變萬化。❷過勢　壓倒敵人的氣勢。❸飾　通「飭」。這裏作增強解。❹備勢　兵甲器備的條件。❺論　認識。

【語　譯】施行法治，財貨就會增多；財貨增多，賞賜就會豐厚了。賞賜專一於戰功，爵位就顯得尊貴；爵位尊貴，賞賜就能使國家得到實利了。所以說：兵力來源於政治的好壞而有強弱的差異，風尚產生於法治的興廢而有各種變化，壓倒敵人的氣勢是要以人心喜農樂戰為根本，而且還要有一定的兵甲器備來增強它。對這三方面有所認識，強大的軍隊就能建立起來。

是以強者必治，治者必強；富者必治，治者必富；強者必富，富者必強。故曰：治強之道三❶，論其本也。

【章　旨】此章論述治國與強兵的關係。指出「錯法」、「俗成」、「用具」，便是就其根本來說的。

【注釋】❶三　指錯法、俗成、用具三個方面。

【語譯】所以強國必定治理得好，能治理好的國家必定強大；富國必定治理得好，能治理好的國家必定富裕；強國必定富裕，富國必定強大。因此說：治國強兵的這三點道理，是就它的根本而言的。

兵守第十二

【題　解】本篇著重論述防守戰的原則和方法，其要點有三：第一，四面受敵之國要注重防守戰；第二，守城時要使百姓肯出死力；第三，要組織、整編民眾，使壯男、壯女及老弱在守衛戰中各司其職。因本篇所講的地理環境當指「諸侯四通，條達輻湊」的三晉或者「負海」的齊國，而非地處荒陬的秦國，所以鄭良樹先生懷疑「本篇不但不是商鞅所作，而且也極可能非商學派所完成的」，而陳啟天、容肇祖兩位先生則傾向於「作成於商鞅」，陳氏云：「秦雖非四戰之國，然鞅曾在四戰的魏國作過事，對於〈兵守〉的道理，或曾提出。況且凡主兵事的人，未有不計及守法的。三篇（指本文及〈立本〉、〈戰法〉兩篇）行文都簡直。因此我疑這三篇都是商鞅的遺作。」

四戰❶之國貴守戰，負❷海之國貴攻戰。四戰之國好舉興兵❸以距❹四鄰者，國危。四鄰之國一興事❺，而己四興軍，故曰國危。四戰之國不能以萬室之邑舍❻巨萬❼之軍者，其國危。故曰：四戰之國務在守戰。

【章　旨】此章論述四面受敵的國家必須注重守衛性的戰爭。

【注　釋】❶四戰　四面受敵。❷負　背靠。❸舉興兵　俞樾說：「舉，衍字，蓋即興字之誤而衍者。」❹距　困。引申為騷擾。❺興事　發起軍事行動。❻舍　駐紮。❼巨萬　形容數目極大。

【語　譯】四面受敵的國家應該注重守衛性的戰爭，背靠大海的國家應注重進攻性的戰爭。四面受敵的國家愛興兵騷擾四鄰，國家就危險。四鄰的國家一旦發起軍事行動，而自己就得四面派兵防守，所以說國家就危險。四面受敵的國家不能在擁有萬戶居民的城堡裏駐紮數目極大的軍隊，國家也是危險的。所以說：四面受敵的國家必須注重守衛性的戰爭。

守有城之邑，不知以死人之力❶與客生力❷戰，其城拔❸。者❹死人之力也，客不盡夷❺城，客無從入，此謂以死人之力與客生力戰。城盡夷，客若有從入，則客必罷❻，中人❼必佚❽矣。以佚力與罷力戰，此謂以生人力與客死力戰。皆曰：圍城之患，患無❾不盡死❿而已。此三者⓫非患不足，將之過也。

【章　旨】此章論述防守戰，將帥必須善於用我們被動死守的兵力去和敵人主動進攻的兵力作戰，用我們保存了戰鬥力的軍隊去和疲憊不堪的敵軍作戰，藉以保衛城堡，消滅敵人。

【注　釋】❶死人之力　指被動死守的兵力。❷客生力　指敵人主動進攻的兵力。❸拔　攻陷。❹者　朱師轍說，應為「若」字。❺夷　破壞；摧毀。❻罷　通「疲」。❼中人　指守城的軍隊。❽佚　通「逸」。安逸。這裏指保存了戰鬥力。❾無　說文：「無，豐也。」眾多；都。一說，「無」借為「撫」。撫循。❿死　高亨說，

「死」下當有「力」字。⓫三者　于鬯說，「三」當作「二」。

【語　譯】守衛有城堡的都邑，如果將帥不懂得怎樣運用被動死守的兵力去同敵人主動進攻的兵力作戰，他們的城堡就要被攻陷。如果善於運用被動死守的兵力，敵人就不能摧毀城堡，也無法進來，這就叫做用我們被動死守的兵力和敵人主動進攻的兵力作戰。即使城堡被摧毀，敵人攻進城來，那麼敵人必定疲憊不堪，而守城的軍隊卻保存了戰鬥力。用保存了戰鬥力的軍隊去和疲憊不堪的敵軍作戰，這就叫做用我們的生力去和敵人的死力作戰。大家都說：城堡怕有被圍攻的危險，怕的只是全不盡我們的死力罷了。對上述兩點，不是擔心實力有所不足，而是擔心將帥指揮有錯誤啊。

守城之道，盛力❶也。故曰❷客，治簿❸檄❹，三軍之多，分以客之候車❺之數。三軍：壯男為一軍，壯女為一軍，男女之老弱者為一軍，此之謂三軍也。壯男之軍，使盛食❻、厲兵❼，陳❽而待敵。壯女之軍，使盛食、負壘❾，陳而待令；客至而作土❿以為險阻及耕格阱⓫；發⓬梁撤⓭屋，給從從⓮之，不洽⓯而熯⓰之，使客無得以助攻備。老弱之軍，使牧牛馬羊彘⓱；草木之可食者，收而食之，以獲其壯男女之食。而慎使三軍無相過⓲。壯男過壯女之軍，則男貴女，而姦民有從謀⓳，而國亡；喜與⓴其恐有蚤㉑聞，勇民不戰。壯男壯女過老弱之軍，則老使壯悲，弱使強憐，悲憐在心，則使勇民更慮，而怯民不戰。故曰：「慎使三軍無相過」，此盛力之道。

【章　旨】此章論述守城的原則在於保持旺盛的戰鬥力。指出要充分發揮壯男、壯女和老弱三軍的作用，禁止其互相往來，以免產生不良的影響。

【注　釋】❶盛力　旺盛的戰鬥力。一說，增強守禦力量。❷曰　朱師轍說，應為「有」字。❸簿　軍冊；軍籍。❹檄　軍令；公文。❺候車　斥候之車，即偵察敵情的車子。❻盛食　準備充足的食物。一說，指飽餐。❼厲兵　磨快兵器。❽陳　同「陣」。指擺好陣勢。❾負壘　揹上土籠。壘，通「虆」。一說，指據守戰壘。❿作土　堆土。⓫耕格阱　高亨說，疑當作「阱格」。「耕」即「阱」字之誤。「格」字後面的「阱」字是衍文。阱，正方形的陷阱。格，長方形的陷阱。⓬發　取下。⓭撤　拆除。⓮從從　朱師轍說，應為「徙徙」，因形近而誤。⓯洽　古通「給」。及。⓰熯　乾燥；燃燒。⓱彘　豬。⓲相過　互相往來。⓳從謀　從中進行陰謀活動。⓴與　親附；處在一起。㉑蚤　通「早」。

【語　譯】守城的原則，在於保持旺盛的戰鬥力。如果有敵軍來，立即辦理軍冊，發布軍令，並根據敵軍前哨兵車的股數，派遣三軍分路抵抗。三軍是：壯男為一軍，壯女為一軍，男女中的老弱為一軍，這就叫做三軍。壯男這一軍，要準備充足的食物，磨快兵器，擺好陣勢，準備迎擊敵人。壯女這一軍，要準備充足的食物，揹上土籠，排好隊伍，等待命令；敵人來了，馬上在城外堆土做成障礙並挖掘陷阱，取下屋梁，拆除房子，來得及就把它們搬進城去，來不及就把它們燒掉，使敵人得不到有助於攻城的工具。老弱這一軍，讓他們牧放牛馬羊豬；把草木中可吃的東西，都收來自己吃，從而為壯男壯女節省一些糧食。同時，要嚴禁三軍不得互相往來。壯男到壯女軍中去，男人就會愛戀女人，而姦邪的人就會從中進行陰謀活動，國家就有滅亡的危險；而且男女喜歡處在一起，害怕早日發生戰鬥，勇敢的人也都不肯作戰了。壯男壯女到老弱軍中去，老年人會引起壯年人的悲傷，體弱的會引起強壯的憐憫。有了悲傷和憐憫的心情，勇敢的人就會降低鬥志，而膽怯的人就不肯作戰了。所以說：「嚴禁三軍不得互相往來」，這是保持旺盛戰鬥力的原則。

靳令第十三

【題　解】本篇摘取首句開頭二字為題，主要論述國家必須嚴格執行法令而不能以六蝨授官予爵的問題。作者指出：「國以功授官予爵，則治省言寡，此謂以法去法，以言去言。國以六蝨授官予爵，則治煩言生，此謂以治致治，以言致言。」在文字上，本篇與《韓非子》中的〈飭令〉頗多相似之處，又與本書〈去強〉、〈說民〉等篇間或重複，因此有關作者及寫作的時間問題，歷來學者議論紛紜。有的說是《韓非子》因襲自《商君書》；有的說是《商君書》因襲自《韓非子》；有的說都不是《商君書》與《韓非子》的原作。不過，據鄭良樹先生從對因襲後所留下的痕跡、刪省與未刪省文字之間的統一、本篇與他篇之間說法的相通等三方面的考察情況來看，說明本篇為《商君書》所原有，並非過錄於《韓非子》；其作者雖屬商學派，但受了儒家思想的某種影響，所以也討論如何「輔仁」和「述仁義於天下」之類的問題；至於寫作的時間，當在〈去強〉之後。

靳令❶則治不留❷，法平❸則吏無姦。法已定矣，不以善言❹害法。任功則民少言，任善則民多言。行治曲斷❺，以五里❻斷者王，以十里斷者強，宿治❼者削。

以刑治，以賞戰，求過不求善。故法立而不革❽，則顯民變誅❾，計變誅❿止，貴齊⓫殊⓬使。百都⓭之⓮尊爵厚祿以自伐⓯。國無姦民⓰，則都無姦市⓱。物⓲多末⓳眾，農弛⓴姦勝㉑，則國必削。民有餘糧，使民以粟出㉒官爵，官爵必以其力，則農不怠。四寸之管無當㉓，必不滿也。授官、予爵、出祿不以功，是無當也。

【章　旨】此章論述執法嚴格、公平的好處，並針對當時「以善言害法」的情況，提出了「法立而不革」的主張。

【注　釋】❶靳令　嚴格執行法令。靳，固；確定。❷不留　不積壓；不留滯。❸法平　執法公平。❹善言　偽善的言辭。❺行治曲斷　治，《韓非子・飭令》作「法」。曲，鄉曲。這裏指社會基層。一說，「曲」當作「由」。斷，決斷事情是否合法和禁斷犯法的事情。❻里　古代二十五家為一里。❼宿治　比喻處理事情拖延。宿，隔夜。❽革　變動。❾顯民變誅　高亨說，當作「顯民變計」。顯民，顯貴的人。變計，指放棄破壞法治的打算。❿誅　指刑罰。⓫齊　指普通的民眾。⓬殊　分別。⓭百都　指全國人民。⓮之　到；爭取。⓯自伐　自立其功。⓰姦民　〈畫策〉說：「不作而食，不戰而榮，無爵而尊，無祿而富，無官而長，此之謂姦民。」⓱姦市　從事投機買賣的市場。⓲物　這裏指奢侈品。⓳末　指從事奢侈品生產和買賣的工商業。⓴弛　荒廢。㉑姦勝　指姦民活躍。㉒出　買進；捐。㉓當　讀去聲。底。

【語　譯】嚴格執行法令，政事就不拖拉；執法公平，官吏就不為非作歹。法令一經確定，就不能用偽善的言辭去損害它。任用有功勞的人，說空話的人就少；任用鼓吹偽善說教的人，說空話的人就多。

實行法治要由基層判斷處理，五里內能夠判斷處理的就可以稱王天下；十里內能夠判斷處理的就可以使國家富強；處理政事拖延，國家就衰弱。用刑罰治理人民，用賞賜鼓勵人民去打仗，只追究人們的過錯，不理睬他們的善行。所以法令確立之後不隨意更動，顯貴的人就會放棄他們破壞法治的打算；他們破壞法治的打算放棄了，國家的刑罰就可以不用，顯貴的人和普通的民眾就能分別聽從國君的役使。全國人民都能自立其功去爭取尊貴的爵位和優厚的俸祿。這樣國內就沒有姦民，城市上就沒有從事投機生意的市場。生產與買賣奢侈品的工商業眾多，農業荒廢而姦民活躍，則國家必定衰弱。人民有餘糧，讓人民用糧食去買官爵，授予官爵必須根據他們出力的大小，這樣人民從事農業生產就不會懈怠了。四寸長的管子沒有底，一定會裝不滿的。授官職、賞爵位、賜俸祿，如果不依據功勞的大小，就和管子沒有底一樣。

國貧而務戰，毒❶生於敵，無六蝨❷，必強。國富而不戰，偷❸生於內，有六蝨，必弱。國以功授官予爵，此謂以盛❹知❺謀，以盛勇戰；以盛知謀，以盛勇戰，其國必無敵。國以功授官予爵，則治省言寡，此謂以法去法❻，以言去言。國以六蝨授官予爵，則治煩言生，此謂以治致治，以言致言。則君務❼於說言❽，官亂於治邪❾，邪臣有得志，有功者日退❿，此謂失！守⓫十者⓬亂，守壹者⓭治。法已定矣，而好用六蝨者亡。民澤⓮畢⓯農則國富。六蝨不用，則兵民畢競勸⓰，而樂為主用，其竟⑰內之民，爭以為榮，莫以為辱；其次，為賞勸罰沮⑱；其下，民惡之，憂之，羞之，修容⑲而以言，恥食以上交⑳，以避農戰。外交以㉑備，國之危也！有饑寒死亡，不為利祿之故戰，此亡國之俗也！

【章旨】此章論述國家的強弱治亂問題，指出堅決執行鼓勵農戰的政策，就可以達到「以治去治，以言去言」的境界，如果授官予爵依據六蝨，就會禍國殃民。

【注釋】❶毒　禍患。❷六蝨　六種蝨害。指下文所說的禮樂，《詩》、《書》，修善、孝弟，誠信、貞廉，仁義和非兵、羞戰。❸偷　苟且偷安的行為。❹盛　嘉；鼓勵。❺知　通「智」。❻以法去法　當如《韓非子・飭令》作「以治去治」，「治」、「法」形似而誤，上文「治省」和下文「以治致治」可證。❼務　借作「瞀」。眩惑；迷惑。❽說言　勸說別人聽從自己意見的巧言詭辯。❾治邪　做違法亂紀的事。❿退　隱退。⓫守　奉行。⓬十者　據〈農戰〉第三所載，指《詩》、《書》、禮、樂、善、修、仁、廉、辯、慧十種邪說。⓭壹者　指農戰。⓮澤　通「擇」。⓯畢　盡；都。⓰競勸　競爭立功、互相鼓勵。⓱竟　通「境」。⓲沮　阻止；禁止。⓳修容　修飾容貌；裝扮。⓴上交　疑為「外交」之誤。指勾結外部勢力。㉑以　通「已」。

【語譯】國家貧窮如致力於戰爭，使禍患產生於敵方，而國內又沒有六蝨，就一定會強盛。國家富裕如不致力於戰爭，使苟且偷安的風氣滋生於國內，而且有六蝨，國家就一定會衰弱。國家按照功勞授予官爵，這是為了鼓勵人民獻出智謀、鼓勵人民勇敢戰鬥；鼓勵人民獻出智謀、鼓勵人民勇敢戰鬥，這個國家必然無敵於天下。國家按照功勞授予官爵，就會使政治精簡、空談減少，這就叫做以治去治，以言去言。國家依據六蝨給予官爵，就會使政事煩亂、空談增多，這就叫做以治致治，以言致言。這樣，國君就迷惑於巧言詭辯，官吏就忙於做違法亂紀的事，姦邪的臣子就乘機得勢，而有功的人卻日益隱退，這就叫做失策！奉行《詩》、《書》、禮、樂、善、修、仁、廉、辯、慧十種邪說，國家必定會亂；奉行農戰政策，國家必定治好。法令已經確定了，而又愛好用六蝨的，國家必定滅亡。人民都選擇務農為職業，國家就會富裕。治理得最好的國家不用六蝨，兵民都互相激勵，樂於為國君效命，國內的人民，爭相以農戰為榮，沒有誰以此為恥；次一等的國家，用賞賜獎勵農戰，用刑罰制止犯罪；下等的國家，人民厭惡農戰，憂慮農戰，恥於農戰，他們以巧言詭辯來裝扮自己，以從事農戰取得俸祿為恥辱而去勾結外部勢力，藉以逃避農戰。勾結外部勢力如已成功，國家就危險了！寧可受饑寒而死亡，不願為了利祿去作戰，這是一種亡國的惡俗！

六蝨：曰禮、樂，曰《詩》、《書》，曰修善、曰孝弟，曰誠信、曰貞廉，曰仁、義，曰非兵、曰羞戰❶。國有十二者，上無使農戰，必貧至削。十二者成群，此謂君之治不勝❷其臣，官之治不勝其民，此謂六蝨勝其政也。十二者成樸❸，必削。是故興國不用十二者，故其國多力，而天下莫能犯也。兵出必取，取必能有之；按兵而不攻必富。朝廷之吏，少❹者不毀❺，多❻者不損也；效❼功而取官爵，雖有辯言，不能以相先也，此謂以數❽治。以力攻者，出一取十；以言攻者，出十亡百。國好力，此謂以難攻❾；國好言，此謂以易攻❿。

【章旨】此章說明何謂六蝨及其危害，指出必須崇尚實力，而不能崇尚空談。

【注釋】❶六蝨句　高亨說，此句當作「六蝨：曰禮、樂，曰《詩》、《書》，曰修善、孝弟，曰誠信、貞廉，曰仁、義，曰非兵、羞戰。」今本衍三「曰」字。共六項，故稱「六蝨」。而每項又包括兩小項，所以下文稱「十二者」。修善，指修身養性之道和儒家標榜的善行。弟，通「悌」。指弟弟對兄長，特別是嫡長子的絕對順從。貞，指有堅貞的節操。非兵，反對戰爭。❷勝　制勝；制服。❸成樸　紮根。樸，根。❹少　指摘。❺毀　指破壞國家、任免官吏的法令。下文「損」與此同義。❻多　贊美；稱譽。❼效　獻出；建立。❽數　原則；辦法。❾以難攻　即以力攻。指憑藉難以具有的實力攻敵。❿以易攻　即以言攻。指憑藉容易辦到的空談攻敵。

【語譯】六蝨：是禮、樂，是《詩》、《書》，是修善、孝弟，是誠信、貞廉，是仁、義，是非兵、羞戰。國家有了這十二種邪說，國君就無法使人民從事農戰，國家就必然貧窮以至於削弱。兜售這十二種邪說的人成群，這叫做國君的治理制服不了臣下，官吏的治理制服不了人民，這叫做六蝨制服了國家的政令。這十二種邪說紮下了根，國家必然衰弱。所以興盛的國家不用這十二種邪說，因而國力強大，天下沒有敢侵犯它的。如果出兵征伐敵國，必然能夠取得土地，取得了土地必然能夠佔有；如果按兵不去攻打，國家必然能夠富強。對待朝廷的官吏，國君不因別人對他指摘就毀壞法令而加以貶斥，不因別人稱譽而損壞法令而加以重用；建立了功勞就能取得官爵，即使有人巧言詭辯，也不能優先任用，這就叫根據法治的原則來進行治理。國家憑藉難以具有的實力攻擊敵人，動用一分力量就能夠獲得十分的戰果；國家憑藉容易辦到的空談攻擊敵人，動用十分力量就會遭受百分的損失。國家崇尚實力，這就是憑藉難以具有的實力攻擊敵人；國家崇尚空談，這就是憑藉容易辦到的空談攻擊敵人。

重刑少賞，上愛民，民死賞❶；重賞輕刑，上不愛民，民不死賞。利出一空❷者，其國無敵；利出二空者，國半利；利出十空者，其國不守。重刑明大制❸，不明者六蝨也。六蝨成群，則民不用。是故興國罰行則民親❹，賞行則民利。行罰重其輕者❺，輕其重者❻，輕者不至，重者不來，此謂以刑去刑，刑去事成。罪重刑輕，刑至事生，此謂以刑致刑，其國必削。

【章　旨】此章比較「重刑少賞」與「重賞輕刑」的優劣，指出前者可以達到「以刑去刑，刑去事成」的目的，而後者則會落得「以刑致刑，其國必削」的結果。

【注　釋】❶死賞　為爭取賞賜而效命。❷一空　指農戰一條途徑。空，通「孔」。❸大制　大法；根本法制。❹親　親附。❺重其輕者　重刑治輕罪。❻輕其重者　衍文。〈說民〉：「故行刑重其輕者，輕者不生，則重者無從至矣。」可證。

【語　譯】多用刑罰，少給賞賜，這是國君愛護人民的表現，人民會為了賞賜而效命；多給賞賜，少用刑罰，這是國君不愛護人民的表現，人民不會願意為賞賜而效命。利祿出自農戰一條途徑，國家就無敵於天下；利祿出自兩條途徑，國家只能得到一半好處；利祿出自十條途徑，國家就保不住了。實行重刑，就能使人民明白國家的根本法制，人民不明白法制，是由於六蝨的危害。六蝨成群，人民就不能為國家所使用。所以興盛的國家，實行刑罰，人民就親附國君；實行賞賜，人民就有利。實行刑罰，用重刑治輕罪，使輕罪不發生，重罰就不會出現，這就叫用刑罰減少刑罰，刑罰不用，而治國的事業卻能獲得成功。重罪用輕刑，使刑罰不斷使用，犯罪行為就不斷發生，這就叫用刑罰招致更多的刑罰，這樣下去國家必然衰弱。

聖君知物之要❶，故其治民有至❷要。故執賞罰以壹輔仁❸者，心之續❹也。聖人之治人也，必得其心，故能用力。力生強，強生威，威生惠，惠生德，德生於力。聖人獨有之，故能述❺仁義於天下。

【章　旨】此章論述聖君治國的傳統方法，闡明人心、實力和道德之間相輔相成的關係。

【注　釋】❶要　要領。❷至　最；極；根本。❸以壹輔仁　本篇前面以仁義為六蝨，而加以排斥，此處與下面又講「輔仁」和「述仁義」，前後矛盾，故有人懷疑並非商鞅所作。一說，這裏的「仁」與下文的「仁義」，實際上都是指法治。壹，專一於農戰。❹續　傳；傳統。❺述　陳述；闡述。

【語　譯】聖明的君主懂得事物的要領，因而他治理人民能夠抓住最根本的要領。所以掌握賞罰，用農戰輔助仁，這是聖明君主治國思想的傳統。聖人治理人民，一定要得到人心，所以能夠使用實力。實力產生強盛，強盛產生威力，威力產生恩惠，恩惠產生新的道德風尚，新的道德風尚來源於實力。只有聖明的君主才能掌握這一點，所以能夠闡述仁義於天下。

修權第十四

【題　解】本篇闡明法、信、權是治國的要義，公私之交為存亡的根本，君主只有「任法去私」，才能取信於民，樹立威嚴，防止國隙、民蠹的產生。修權，指好好地掌握權柄。

國之所以治者三：一曰法，二曰信，三曰權。法者，君臣之所共操❶也；信者，君臣之所共立也；權者，君之所獨制❷也。人主失守❸則危，君臣釋❹法任私❺必亂。故立法明分，而不以私害法，則治。權制斷於君，則威。民信其賞，則事功成；信其刑，則姦無端❻。惟明主愛權、重信，而不以私害法。故上多惠言❼而不克❽其賞，則下不用；數加嚴令而不致其刑，則民傲死❾。凡賞者，文也；刑者，武也；文武者，法之約❿也。故明主任法。明主不蔽之謂明，不欺之謂察。故賞厚而信，刑重而必⓫，不失疏遠，不違親近，故臣不蔽⓬主，而下不欺上。

【章　旨】此章論述法、信、權三者的關係和作用，指出治國者必須愛權、重信而不以私害公。

【注釋】❶操　遵守；掌握。❷制　控制。❸失守　指失去權力。❹釋　放棄。❺任私　聽任私議。❻無端　無從產生。❼惠言　指賞賜的諾言。❽克　能。這裏作實現、兌現解。❾傲死　指輕視死刑。❿約　要領。⓫必　必行之意。⓬蔽　蒙蔽。

【語　譯】國家能夠治理好的條件有三個：一是法制，二是信用，三是權力。法制，是君臣都必須遵守的；信用，是君臣所共同建立的；權力，是國君獨自控制的。國君失去了權力，國家就危險；君臣放棄了法制而聽任私議，國家必定混亂。所以建立法制、明確標準，而不是以私議來破壞法制，國家就能治理好。權力控制在國君手裏，由他決斷一切，就會有威嚴。人民相信國君的賞賜，治理國家的事業就能成功；人民相信國君的刑罰，姦邪的事就無從產生。只有賢明的君主才珍惜權力、重視信用，而不以私議破壞法制。所以如果國君口頭上有許多關於賞賜的諾言，卻不兌現，那臣民就不會出力賣命；如果多次發布嚴厲的命令，卻不用刑罰，那人民就會輕視死罪。實行賞賜，是文的辦法；使用刑罰，是武的辦法；採用文武兩種辦法，是實行法治的要領。所以，賢明的君主要實行法治。賢明的君主不受蒙蔽就叫做明，不被欺騙就叫做察。賢明的君主賞賜多而有信用，刑罰嚴而能堅決實行，實行賞賜時既能不丟掉疏遠的人，使用刑罰時又能不避開親近的人，所以臣子就不敢蒙蔽國君，下級就不敢欺騙上級。

世之為治者，多釋法而任私議，此國之所以亂也。先王縣❶權衡❷，立尺寸，而至今法之，其分明也。夫釋權衡而斷輕重，廢尺寸而意❸長短，雖察，商賈不用，商賈不用，為其不必❹也。故法者，國之權衡也。夫倍❺法度而任私議，皆不知類❻者也。不以法論知❼、能、賢、不肖❽者，惟堯；而世不盡為堯。是故先王知自議❾譽私❿之不可任也，故立法明分，中程⓫者賞之，毀公⓬者誅之。賞誅之法，不失其議⓭，故民不爭；授官予爵，不以其勞⓮，則忠臣不進⓯；行賞賦⓰祿，不稱⓱其功，則戰士不用⓲。

【章　旨】此章論述法為國家之權衡，只有立法分明，賞罰有度，才不會產生不良的影響。指出當今的統治者「多釋法而任私議」，所以導致混亂。

【注　釋】❶縣　通「懸」。這裏引申為制定。❷權衡　這裏泛指量具。權，秤錘。衡，秤杆。❸意　猜想。❹不必　指不精確。❺倍　通「背」。違背；背棄。❻類　統類，即事物的總原則。❼知　通「智」。❽不肖　不賢；無德才。❾自議　即私議。❿譽私　稱譽私人，實際上指違背國家根本利益的贊譽標準。⓫中程　符合法定標準。⓬毀公　破壞國家法令的標準。⓭議　通「儀」。法度；準則。⓮勞　指功勞。⓯進　進取。⓰賦　授；給予。⓱不稱　不相稱。⓲用　用命；效勞。

【語　譯】當今治理國家的人，多數放棄法治而聽信私人的議論，這就是造成國家混亂的原因。前代明君制定權衡，確立尺寸，到現在還沿用它，這是因為它的標準明確。如果丟掉權衡以判斷輕重，拋棄尺寸來猜測長短，即使看得準、猜得著，做買賣的人還是不這麼做，因為那是不精確的。所以說，法制是國家的權衡。那些背棄法治而聽信私人議論的人，都是不懂得事物總原則的。不憑藉法就能論定哪個聰明、哪個能幹、哪個賢明、哪個沒有德才的，只有堯；但是，現在世上的人並不都是堯。因此前代明君知道私人的議論和稱譽私人是不可信任的，於是就建立法治，明確標準，凡是符合法令規定標準的就賞賜，破壞國家法令規定的就處罰。賞賜和刑罰的決定，不違反法的準則，所以人民就沒有爭議；授予官職，給予爵位，不以功勞為標準，忠臣就不求進取；實行賞賜，給予俸祿，不與功勞的大小相稱，戰士就不肯效命。

凡人臣之事君也，多以主所好事君。君好法，則臣以法事君；君好言❶，則臣以言事君。君好法，則端直之士❷在前；君好言，則毀譽之臣❸在側。公私之分明，則小人不疾❹賢，而不肖者不妒功。故堯、舜之位天下❺也，非私天下之利也，為天下位天下也。論賢❻舉能❼而傳焉，非疏父子、親越人❽也，明於治亂之道也。故三王❾以義親❿，五霸⓫以法正⓬諸侯，皆非私天下之利也，為天下治天下。是故擅⓭其名而有其功，天下樂其政而莫之能傷也。今亂世之君臣，區區然⓮皆擅一國之利，而管一官之重，以便其私，此國之所以危也。故公私之交⓯，存亡之本也。

【章　旨】此章闡明「公私之交，存亡之本」的道理；指出國君必須公私分明、論賢舉能，否則便會給投其所好、嫉賢妒功者以可乘之機。

【注　釋】❶好言　指喜歡不切實際的空談。❷端直之士　正直的人。這裏指堅持法治的人。❸毀譽之臣　撥弄是非的人。這裏指搞巧言虛道而不奉公守法的人。❹疾　通「嫉」。❺位天下　居天子之位以治理天下。❻論賢　選擇賢人。❼舉能　推薦有才能的人。古代傳說，堯讓位於舜，而不傳給他的兒子丹朱；舜讓位於禹，而不傳給他的兒子商均。❽越人　即越國的人。因越國離秦國很遠，所以這裏用它來代指關係疏遠的人。❾三王　夏禹、商湯、周武王。❿以義親　陶鴻慶說：「以義親下當有天下二字。」義，道義。⓫五霸　齊桓公、晉文公、楚莊王、吳王闔閭、越王句踐。一說，後面兩個是指秦穆公、宋襄公。⓬正　通「政」。治理；統領。⓭擅　專有；據有。⓮區區然　狹小的樣子。⓯交　朱師轍說，當作「效」，分明；顯明。

【語　譯】凡是臣子侍奉國君，大都是迎合國君的愛好。國君喜愛法治，臣子就以法治來侍奉他；國君喜愛空談，臣子就用空談來侍奉他。國君喜愛法治，正直的人就會出現在他的面前；國君喜愛空談，撥弄是非的人就會出現在他的身旁。公私的界限劃清了，小人就不會嫉妒賢能的人，無德才的人就不會嫉妒有功勞的人。所以堯、舜治理天下，並不是為了把天下的利益佔為己有，而是為了天下人的利益而治理天下的。選拔賢能的人，把帝位傳給他，並不是疏遠自己的兒子、親近外人，而是因為他們懂得國家治亂的道理。因此三王用道義來取得天下人的擁護，五霸用法度來統領諸侯，都不是為了獨佔天下的利益，而是為了天下人而治理天下。所以他們享有名望而且建立了功勞，使天下人都喜愛他們的政治而沒有誰能損害他們。現在亂世的君臣們，襟懷狹小地只想著佔有一個諸侯國的利益，掌握一個官員的職權，以追求個人的私欲，這就是使國家危亡的原因。所以公私的分明，乃是國家存亡的根本。

夫廢法度而好私議，則姦臣鬻權❶以約祿❷；秩官之吏❸，隱下❹而漁民❺。諺曰：「蠹❻眾而木折，隙❼大而牆壞。」故大臣爭於私而不顧其民，則下離上。下離上者，國之隙也。秩官之吏隱下以漁百姓，此民之蠹也。故國有隙、蠹而不亡者，天下鮮❽矣。是故明主任法去私，而國無隙、蠹矣。

【章　旨】此章論述國君只有「任法去私」，才能達到「國無隙、蠹」的境界。

【注　釋】❶鬻權　賣權；弄權。鬻，賣。❷約祿　要求賄賂；追求利祿。❸秩官之吏　領取俸祿的官吏。指一般的低級官員。❹隱下　隱瞞下情。❺漁民　侵奪百姓。❻蠹　蛀蝕木頭的蟲子。❼隙　縫隙。❽鮮　少。

【語　譯】國君拋棄法治而愛好私人的議論，姦臣就會出賣國君的權柄來追求個人的利祿；一般低級官員，就會隱瞞下情來侵奪百姓。俗話說：「蠹蟲多了木頭就會斷，縫隙大了牆壁就會倒。」所以大臣爭奪私利而不管人民的死活，人民就會離開國君。而人民離開國君，這就是國家的裂縫。一般低級官員隱瞞下情來侵奪百姓，這是人民的蠹蟲。所以國家有了縫隙和蠹蟲而不滅亡，這是天下少有的事。因此賢明的君主能運用法治而去掉私欲，國家就沒有裂縫和蠹蟲了。

卷四

徠（ㄌㄞˋ）民（ㄇㄧㄣˊ）第（ㄉㄧˋ）十（ㄕˊ）五（ㄨˇ）

【題解】本篇論述實行徠民政策的具體措施和這一政策對於保證統一戰爭勝利的重大意義。作者分析，秦國地廣人稀，田宅有餘，三晉土狹民眾，田宅不足，然而三晉之民不願遷居秦國，其原因就在於秦民賦稅重，傜役多，生活憂戚而困苦。所以他建議秦王，對於前來歸服的別國人民，要特別優待，不僅給予田宅，而且免除三代的賦稅和傜役。他認為這樣作，三晉之民便「無不西者」；如果「以故秦事敵，而使新民作本」，那麼「兵雖百宿於外」，也能使國內不會失去片刻的農時，可以收到「富強兩成」的效果。因文中作者自稱「臣」，又提到商鞅死後魏襄王及周軍、華軍、長平三次戰爭，並說秦四世有勝，所以學者普遍認為這不是商鞅的作品，而是其後商學派學者所寫的一篇書奏。至於作成的時間，劉汝霖、容肇祖先生都主張在秦昭王時。徠，招來、招致。

地方百里者，山陵處❶什一❷，藪澤❸處什一，溪谷、流水處什一，都邑❹、蹊道❺處什一，惡田處什二，良田處什四。以此食❻作夫❼五萬，其山陵、藪澤、溪谷可以給其材❽，都邑、蹊道足以處其民，先王❾制土分民之律❿也。

【章 旨】此章論述前代明主劃分土地、分配人民的原則。

【注 釋】❶處 居；佔。❷什一 十分之一。什通「十」。以下依此類推。❸藪澤 沼澤地。❹都邑 城鎮。❺蹊道 道路。❻食 養活。❼作夫 從事農耕的人。❽材 通「財」。財物。❾先王 在「先王」之上疑脫「此」字。❿律 原則。

【語 譯】方圓百里的地方，山谷丘陵佔十分之一，沼澤佔十分之一，溝壑、河流佔十分之一，城鎮、道路佔十分之一，壞田佔十分之二，良田佔十分之四。用這些地方來養活五萬農夫，那些山谷丘陵、沼澤、溝壑、河流足可以供給他們財物，城鎮和道路足夠他們居住活動，這就是前代明主劃分土地、分配人民的原則。

今秦地方千里者五，而穀土❶不能處二❷，田數不滿百萬，其藪澤、溪谷、名山、大川之材物貨寶，又不盡為用，此人不稱❸土也。秦之所與鄰者，三晉❹也；所欲用兵者❺，韓、魏也。彼土狹而民眾，其宅參❻居而並處，其寡萌❼賈息❽，民上無通名❾，下無田宅，而恃姦務❿末作⓫以處。人之復⓬陰陽澤水⓭者過半。此其土之不以生⓮其民也，似有過秦民之不足以實⓯其土也。意⓰民之情，其所欲者田宅也，而晉之無有也信⓱，秦之有餘也必⓲。如此而民不西者，秦士戚⓳而民苦也。

【章旨】此章指出三晉人多地少，秦國人少地多，而三晉之民其所以不到秦國，就在於「秦士戚而民苦」。

【注釋】❶穀土　已耕種的土地。❷二　此上疑脫「什」字。❸稱　相稱。❹三晉　指韓、趙、魏三國。韓氏、趙氏、魏氏三家，原來都是晉國的大夫，戰國初，他們三分晉國，於是各自成為一國。❺用兵者　指攻打的對象。❻參　錯雜。❼寡萌　小民。寡，小。萌，通「民」。❽賈息　求利。賈，買；求。息，利息。❾通名　姓名列於官府。❿姦務　不正當的業務。指「務學《詩》、《書》，隨從外權」等奸詐活動。⓫末作　古人以務農為本，以經商或從事其他的技藝為末作。⓬復　借為「𥨐」。穴；窰洞。這裏作動詞用，指挖窰洞居住。⓭陰陽澤水　指住在山南山北和河流湖泊兩岸。陰，山的北面、水的南面。陽，山的南面、水的北面。⓮生　供養；養活。⓯實　充實。這裏指耕墾、利用。⓰意　推想。⓱信　確實。⓲必　肯定。⓳戚　憂愁。

【語譯】現在秦國土地有五個方千里，而已耕種的土地還不到十分之二，農田數目還不到一百萬畝，沼澤、溝壑、名山、大川的財物貨寶，還不能被人們全部取用，這就是說人口與土地還不相稱。跟秦國為鄰的，是三晉；秦國所要攻打的對象是韓、魏。三晉土地狹窄而人民眾多，民宅雜居合處，小民求利，他們上沒有戶口在官府，下沒有土地住宅，依靠姦詐的活動和從事商業技藝來維生。人民在山南山北、河流湖泊兩岸挖窰洞居住的超過了一半。三晉這種地少不足以養活人民的困難，似乎比秦國人少地多不足以耕墾的困難有過之而無不及。推想人民的心情，他們所想要的是土地和住宅，這些東西在三晉短缺是確實的，在秦國多餘是肯定的。像這樣，三晉人民還不往西到秦國來，主要是由於秦國士民的生活憂愁而困苦的緣故。

臣竊❶以王吏之明❷為過見❸，此其所以弱❹不奪❺三晉民者，愛爵❻而重復❼也。其說曰：「三晉之所以弱者，其民務樂❽而復爵輕也；秦之所以強者，其民務苦而復爵重也。今多爵而久復，是釋❾秦之所以強，而為三晉之所以弱也。」此王吏重爵愛復❿之說也，而臣竊以為不然。夫所以為苦民而強兵者，將以攻敵而成所欲也。兵法曰：「敵弱而兵強。」此言不失吾所以攻，而敵失其所守也。今三晉不勝秦四世⓫矣。自魏襄⓬以來，野戰不勝，守城必拔⓭。小大之戰，三晉之亡⓮於秦者，不可勝數也。若此而不服，秦能取其地，而不能奪其民也。

【章旨】此章指秦國官吏「愛爵」「重復」，所以不去爭取三晉之民；而三晉之所以雖敗不服，是由於秦國只能奪取它們的土地而不能爭取它們的人民。

【注　釋】❶竊　私自。❷明　明察。這裏指王吏的見解。❸過見　錯誤的見解。❹弱　疑為衍文。❺奪　爭取。❻愛爵　吝惜爵位。❼復　免除徭役。❽務樂　貪圖安逸。指從事農戰以外的事。❾釋　放棄。❿重爵愛復　陶鴻慶說，據上下文當作「愛爵重復」。⓫四世　指秦孝公、惠文王、武王、昭襄王。⓬魏襄　即魏襄王，他於西元前三一八年至前二九五年在位。即位時，商鞅已死達二十年之久，故多疑本篇為後來法家所作。⓭拔　攻破；攻克。⓮亡　喪失。

【語　譯】我個人認為大王所用官吏的見解是錯誤的，他們之所以不去爭取三晉的人民，是為了吝惜爵位和不輕易免除徭役。他們的說法是：「三晉之所以弱小，是因為三晉的人民貪圖安逸，而官府又輕易對人民免除徭役、賞賜爵位；秦國之所以強大，是因為秦國人民吃苦耐勞，而且官府又不輕易免除徭役和賞賜爵位。現在爵位授予太多而免除徭役的時間又很久，這就是放棄了秦國造成強大的措施，而去仿效促使三晉弱小的作法。」這就是大王的官吏吝惜爵位和不輕易免除徭役的說法，但我個人認為這是不對的。秦國之所以使人民艱苦地務農，並增強兵力，就是想以此戰勝敵國，達到自己的目的。兵法上說：「敵方兵力弱小了，我方的兵力就增強。」這句話是說，我方沒有喪失進攻的力量，而敵人卻喪失了防守的力量。三晉打不贏秦國，到現在已經四代了。自從魏襄王以來，他們野戰不能取勝，守的城又總是被攻破。由於大大小小的戰爭，使三晉喪失給秦國的東西，真是數不清了。像這樣，三晉仍舊不肯投降，是因為秦國只能佔領他們的土地，而不能爭取他們的人民啊。

今王發明惠❶，諸侯之士來歸義❷者，今使復之三世❸，無知軍事❹。秦四竟❺之內，陵、坂❻、丘、隰❼，不起十年徵，者❽於律也，足以造❾作夫百萬。曩❿

者臣言曰：「意民之情，其所欲者田宅也，晉之無有也信，秦之有餘也必。若此而民不西者，秦士戚而民苦也。」今利⑪其田宅，而復之三世，此必與其所欲，而不使行其所惡也。然則山東⑫之民，無不西者矣。且直言之謂也？不然。夫實壙什虛⑬，出天寶⑭，而百萬事本，其所益多也，豈徒不失其所以攻乎？

【章　旨】此章論述只要秦王發布恩賞的詔令，在土地、住宅、徭役等方面給前來歸服的諸侯士民以優厚的待遇，就可以招來眾多的三晉之民從事農墾。

【注　釋】❶發明惠　發布聖明的恩賞詔令。❷歸義　歸順；歸服。❸復之三世　免除他們三代的徭役。❹無知軍事　指不要當兵打仗。❺竟　通「境」。❻坂　山坡。❼隰　低凹潮濕的地方。❽者　朱師轍說，當作「著」。❾造　興；招致。❿曩　剛才。⓫利　便利；給予。⓬山東　指崤山（在今河南省澠池縣西）以東。⓭實壙什虛　孫詒讓說，當作「實壙虛」。指充實空闊的原野和空閒的土地。⓮天寶　天然的寶藏。指農產品。

【語　譯】如果大王發布聖明的恩賞詔令，各諸侯國的士民前來歸服的，都給他們免除三代的徭役，不讓他們當兵打仗。秦國四面的境內，大山、山坡、丘陵、低濕的土地，一律十年不徵收賦稅，將這種規定寫在法律上，這就足以招來百萬的農夫。剛才我說過：「推想人民的心情，他們所想要的是土地和住宅，這些東西在三晉短缺是確實的，在秦國多餘是肯定的。像這樣，三晉人民還不往西到秦國來，主要是由於秦國士民的生活憂愁而困苦。」現在給予他們土地和住宅，而且三代免除徭役，這就必定給了他們所想要的東西，而不讓他們去做所厭惡的事情。這樣，崤山以東的人民就沒有不來秦國的了。而且就只是像我上面所直截了當講的那些好處嗎？不是的。充實空闊的原野和空閒的土地，開發天然的財寶，一百萬人從事農墾，那收益是很多的，難道只是我方沒有喪失進攻的力量而已嗎？

夫秦之所患者，興兵而伐，則國家貧；安居而農，則敵得休息。此王所不能兩成❶也。故四世戰勝，而天下不能令。以故秦❷事敵，而使新民作本，兵雖百宿於外❸，竟內不失須臾❹之時❺，此富強兩成之效也。臣之所謂兵者，非謂悉❻興盡起也，論竟內所能給軍卒、車騎，令故秦民事兵，新民給芻❼食。天下有不服之國，則王以春圍❽其農，夏食其食，秋取其刈❾，冬陳❿其寶，以大武搖其本，以廣文⓫安其嗣⓬。王行此，十年之內，諸侯將無異民，而王何為愛爵而重復乎？

【章旨】此章論述如何使秦國獲得富強兩成的辦法，以及怎樣用文武兩手來對付不服的諸侯國。

【注釋】❶兩成　兩全。指富國強兵。❷秦　此後疑脫「民」字。❸百宿於外　形容長期在外。宿，夜。❹須臾　片刻。❺時　指農時。❻悉　全部；都。❼芻　餵牲畜的草。❽圍　借為「違」。❾刈　割。這裏指收割下的莊稼。❿陳　高亨說，疑當作「掠」，形近而誤。⓫廣文　寬大的恩惠。⓬嗣　子孫後代。

【語譯】秦國所擔憂的是，出兵打仗，國家就貧窮；安居務農，敵人就得到休息。這是大王不能兩全其美的。所以四代都打勝仗，但還是不能令行天下。讓原有的秦民去打仗，使新招來的人民去從事農業生產，這樣，即使軍隊長期駐紮在外，國內也不會片刻失去農時，這就會獲得富強兩成的效果。我所說的用兵，並不是講所有的人全部出動，而是按國內所能供給的兵士、車輛馬匹，讓原有的秦民去打仗，讓新招來的人民去供給糧草。如果天下有不服從的諸侯國，國君就在春天派人破壞他們的農時，夏天吃掉他們的食物，秋天搶去他們收割了的莊稼，冬天奪取他們的寶藏，用強大的武力動搖他們的根本，用寬大的恩惠安撫他們的後代。大王如果實行這種辦法，十年之內，諸侯國的人民就沒有不是秦國人民的了，大王為什麼要吝惜爵位，把免除徭役看得那麼重呢？

周軍之勝❶，華軍之勝❷，秦斬首而東之❸。東之無益亦明矣，而吏猶以為大功，為其損敵也。今以草茅之地，徠三晉之民，而使之事本，此其損敵也，與戰勝同實，而秦得之以為粟，此反行❹兩登❺之計也。且周軍之勝，華軍之勝，長平之勝❻，秦所亡民者幾何❼？民❽、客❾之兵，不得事本者幾何？臣竊以為不可數矣。假使王之群臣，有能用之，費此之半，弱晉強秦，若三戰之勝者，王必加大賞焉。今臣之所言，民無一日之徭，官無數錢之費，其弱晉強秦，有過三戰之勝，而王猶以為不可，則臣愚不能知已。

【章旨】此章論述實行徠民政策比使用武力手段能夠更好地收到削弱三晉的效果，是一種「反行兩登之計」。

【注　釋】❶周軍之勝　戰國末期，周王室分裂為西周、東周。據《史記・秦本紀》記載，秦昭襄王五十一年（西元前二五六年）滅西周，又秦莊襄王元年（西元前二四九年）取東周。這裏指滅西周的戰爭，在商鞅死後八十二年。❷華軍之勝　據《史記・秦本紀》記載，秦昭襄王三十三年（西元前二七四年），客卿胡傷攻取魏國的蔡陽、杜平，在華陽又大敗魏將芒卯，殺敵十五萬。這次戰爭距離商鞅之死已有六十四年。❸東之　東去；東進。❹反行　反其道而行之。❺兩登　兩得，與前段「兩成」同義。❻長平之勝　據《史記・秦本紀》記載，秦昭襄王四十七年（西元前二六〇年），秦將白起在山西長平大敗趙國軍隊，坑殺四十多萬人。這次戰爭距商鞅之死已有七十八年。❼幾何　多少。❽民　這裏指原有的秦民。❾客　這裏指招來的人民。

【語　譯】奪取西周之戰的勝利，華陽之戰的勝利，秦軍殺了許多敵人而進軍東方。進軍東方對秦國沒有益處是很明顯的，而官吏們還以為是大功，因為它削弱了敵人。現在用尚未開墾的荒地，招來三晉的人民，使他們從事農業生產，這樣削弱敵人，跟戰勝了敵人實際相同，而秦國還可以利用他們生產糧食，這是用相反的辦法而達到富強兩得的計策。而且奪取西周之戰的勝利，華陽之戰的勝利，長平之戰的勝利，秦國死亡的人數有多少？原有的秦民和新招來的人民當兵打仗，而不能從事農業生產的又有多少？我個人認為是不可勝數的。假使國君的群臣，有人能夠用當時的兵力，而消耗卻減少一半，就能削弱三晉、加強秦國，像三次戰役所取得的勝利一樣，那麼，國君一定會大大賞賜他的。現在我所說的辦法，人民沒有一天的傜役，官府花費不了幾個錢，它削弱三晉、加強秦國的作用，卻超過了三次戰役的勝利，而國君還認為不行，這樣，以我的愚昧就不能理解了。

齊人有東郭敞❶者，猶❷多願，願有萬金❸。其徒請賙❹焉，不與，曰：「吾將以求封也！」其徒怒而去之❺宋。曰：「此無益於愛也，故不如與之利也。」今晉有民，而秦愛其復，此愛非其有，以失其有也，豈異東郭敞之愛非其有，以亡其徒乎？

【章旨】此章勸秦王從東郭敞的事例中吸取教訓，不要「愛非其有」，而失其所有。

【注釋】❶東郭敞　齊國大諫東郭牙的後代。❷猶　通「尤」。極；特別。❸金　秦國以一鎰（二十兩）為一金。❹賙　救濟。❺去之　離開……到。

【語譯】齊國有個叫東郭敞的人，慾望特別大，想得到一萬金。他的門徒向他請求救濟，他不給，說：「我要拿這筆錢求官爵哩！」他的門徒很生氣，便離開他跑到宋國去了。人們議論說：「這對於他所嚮往的事情沒有任何好處，還不如給他門徒一點錢對自己有利。」現在三晉有的是人民，而秦國卻很吝惜免除徭役，這就是吝惜還不是自己已有的東西，而失掉了自己可能有的東西，這難道跟東郭敞吝惜沒有得到的官爵，而失掉了他的門徒有什麼區別嗎？

且古有堯、舜，當時而見❶稱；中世有湯、武，在位而民服。此三❷王者，萬世之所稱也，以為聖王也，然其道猶不能取用於後。今復之三世，而三晉之民可盡也，是非王賢立今時❸，而使後世❹為王用乎？然則非聖❺別說❻，而聽❼聖人難也！

【章　旨】此章規勸秦王效法先聖，實行具有深遠意義的徠民政策。

【注　釋】❶見　被。❷三　于鬯、朱師轍都說當作「四」。❸賢立今時　在當今建立賢名。❹後世　指晉人的後代。❺非聖　非議先聖。❻別說　別立新說。❼聽　即「聽訟」、「聽斷」的「聽」。審察、明辨的意思。

【語　譯】古代有堯、舜，當時為人們所稱頌；中世有湯、武，在位時人們都歸順他。這四位帝王，萬代的人都稱頌，公認他們是聖王，然而他們的治國方法仍不能拿到後代來使用。現在實行免除三代徭役的辦法，三晉的人民就可以都到秦國來，這難道不是國君立賢名於今天，而使晉人的後代都為秦國效力嗎？那麼，要非議先聖別立新說，明辨聖人的是非，實在是很困難的啊！

刑約第十六

（篇亡）

賞刑第十七

【題　解】本篇徵引古史，闡明「壹賞」、「壹刑」、「壹教」是治理國家的三個要領。所謂「壹賞」，即「利祿、官爵摶出於兵，無有異施」；所謂「壹刑」，即「刑無等級」；所謂「壹教」，即「當壯者務於戰，老弱者務於守……民聞戰而相賀」。而由於三壹的終極目標，是在於無賞、無刑和無教，與《韓非子》中的〈主道〉、〈大體〉講的無為而垂拱的觀點有異曲同工之妙，所以鄭良樹先生認為本篇極可能是在接受了韓非的思想之後，商派學者才執筆有此文章的。另外，本篇也多次稱「臣」，故學者多視之奏疏。

聖人之為國也，壹❶賞、壹刑、壹教❷。壹賞則兵無敵，壹刑則令行，壹教則下聽上。夫明賞❸不費，明刑❹不戮❺，明教❻不變，而民知於民務❼，國無異俗。明賞之猶❽，至於無賞也；明刑之猶，至於無刑也；明教之猶，至於無教也。

【章　旨】此章總論「壹賞」、「壹刑」、「壹教」等三項法治主張。

【注　釋】❶壹　專一；統一。❷教　教化。❸明賞　指賞賜得當。❹明刑　指刑罰嚴明。❺戮　殺。❻明教指教令明確。❼民務　人民應做的事務。這裏主要是指從事農戰。❽猶　通「尤」。極點、貫徹到底的意思。

【語譯】聖人治理國家，必須統一賞賜、統一刑罰、統一教化。統一賞賜，軍隊就所向無敵；統一刑罰，法令就能貫徹執行；統一教化，臣民就服從國君。賞賜得當，就不浪費財物；刑罰嚴明，人們就不敢犯法，因而不必殺戮；教令明確，使民有所適從，就不發生變亂；而且人民知道自己應當做什麼事，所以國內就不會出現其他不良的風尚。賞賜得當而且貫徹到底，就可以達到不用賞賜的地步；刑罰嚴明而且貫徹到底，就可以達到不用刑罰的地步；教令明確而且貫徹到底，就可以達到不用教化的地步。

所謂壹賞者，利祿、官爵摶❶出於兵，無有異施❷也。夫固❸知愚、貴賤、勇怯、賢不肖，皆盡其胸臆之知❹，竭❺其股肱之力❻，出死❼而為上用也。天下豪傑賢良，從之如流水，故兵無敵，而令行於天下。萬乘之國，不敢蘇❽其兵中原❾；千乘之國，不敢捍城。萬乘之國，若有蘇其兵中原者，戰將覆其軍；千乘之國，若有捍城者，攻將凌❿其城。戰必覆人之軍，攻必凌人之城，盡城而有之，盡賓⓫而致之，雖厚慶⓬賞，何匱⓭之有矣？昔湯封於贊茅⓮，文王封於岐周⓯，方百里。湯與桀戰於鳴條⓰之野，武王與紂戰於牧野⓱之中，大破九軍⓲，卒⓳裂土⓴封諸侯。士卒坐陳㉑者，里有書社㉒。車休息不乘，從㉓馬華山之陽㉔，從牛於農澤㉕，從之老而不收。此湯、武之賞也。故曰：贊茅、岐周之粟，以賞天下之人，不人得一升；以其錢賞天下之人，不人得一錢。故曰：百里之君，而封侯其臣，大其舊，自士卒坐陳者，里有書社，賞之所加㉖，寬於牛馬者，何也？善因㉗天下之貨，以賞天下之人。故曰：明賞不費。湯、武既破桀、紂，海內無害，天下大定，築五庫㉘，藏五兵㉙，偃㉚武事，行文教，倒載干戈㉛，搢笏㉜作為樂，以申㉝其德。當此時也，賞祿不行，而民整齊。故曰：明賞之猶，至於無賞也。

【章旨】此章解釋何謂「壹賞」，並舉例說明其優點。

【注釋】❶摶　這裏通「專」。專一；只。❷施　賞給。❸固　通「故」。所以。❹胸臆之知　指全部智慧。胸臆，心胸；內心。❺竭　用盡。❻股肱之力　指全身力氣。股，大腿。肱，胳膊。❼出死　出死力；拼命。❽蘇　通「傃」。逆；抵抗。❾中原　原野；平原。指戰場。❿淩　越過；攻下。⓫賓　賓服；歸順。⓬慶　也是賞的意思。⓭匱　缺乏。⓮贊茅　亦作「欑茅」、「攢茅」。在今河南省修武縣北。⓯岐周　岐，山名。在今陝西省岐山縣。周族原住在岐山以南的周原，所以稱岐周。⓰鳴條　在今山西省運城縣北。⓱牧野　在今河南省汲縣與淇縣之間。⓲九軍　古時天子有六軍，諸侯大國有三軍。這裏指桀、紂及其所屬諸侯的軍隊。⓳卒　終於。⓴裂土　劃分土地。㉑坐陳　臨陣；參戰。陳，通「陣」。㉒里有書社　這裏指鄉村中的封地。里，鄉里；鄉村。社，古代二十五家為一社；書寫社人的姓名在冊籍上，稱為書社。㉓從　通「縱」。放。下同。㉔陽　山南叫陽。㉕農澤　水草盛密的地方。一說，地名。弘農之澤，即桃林。在今河南省靈寶縣與陝西省潼關縣之間。㉖加　及；達到。㉗因　用。㉘五庫　指戰車庫、兵器庫、祭器庫、樂器庫和宴器庫。㉙五兵　指矛、戟、鉞、楯、弓矢等五種武器。㉚偃　息；停止。㉛倒載干戈　橫七豎八地把兵器放在車子上，表示不再用它們。㉜搢笏　插笏於帶，用來記事。這裏指搢笏之士，即大臣。搢，插；笏。古代大臣上朝拿的記事用的手板。㉝申　頌揚。

【語　譯】所謂統一賞賜，就是利祿、官爵只賞給有戰功的人，而不賞給其他人。所以無論是聰明的或愚蠢的，高貴的或低賤的，勇敢的或怯懦的，賢能的或無德才的，都會貢獻出自己的全部智慧，用盡自己的全身力氣，拼命為國君效力。天下的豪傑賢良，就會像流水匯入大海那樣追隨國君，因而軍隊所向無敵，政令能夠通行於天下。即使有萬輛兵車的強國，也不敢在戰場上抵抗它的軍隊；具有千輛兵車的國家，更不敢守城頑抗。具有萬輛兵車的強國，如果敢於在戰場上抵抗，一交戰就會全軍覆沒；具有千輛兵車的國家，如果敢於守城頑抗，一被攻擊就將城堡陷落。作戰必定能摧毀敵人的軍隊，進攻必定能攻破敵人的城堡，所有的城堡都被我佔有了，所有的人都歸我統治了，這時候，雖然賞賜特別優厚，哪還會缺乏財物呢？從前商湯封於贊茅，周文王封於岐周，封地都不過百里。商湯和夏桀在鳴條交戰，周武王和殷紂王在牧野交戰，分別大破桀、紂的九軍，終於重新劃分土地，分封諸侯。參加作戰的士兵，鄉村裏有賞給他們的封地，復員為民，能夠安居樂業。戰車停下不用，把戰馬放在華山的南坡上，把牛放在農澤，直放到老死也不再用牠。這就是商湯、周武王的賞賜。因此說：如果用贊茅、岐周的糧食賞賜天下的人，每人連一升都得不到；用贊茅、岐周的錢賞賜天下的人，每人連一文都得不到。所以說：湯、武這些僅有方圓百里之地的國君，卻能分封他的大臣為諸侯，而諸侯的封地比湯、武原來的封地還要大，那些參加作戰的士兵，鄉村裏也有賞賜給他們的封地，甚至賞賜所及，寬到了牛馬身上，這是什麼原因呢？就在於他們善於用天下的財物，賞賜天下的人。所以說：賞賜得當，並不浪費財物。商湯、周武王既已打敗了桀、紂，四海之內再也沒有禍害，從此天下大定，於是就修築五庫，收藏各種兵器，停止用兵，推行文教，把兵器橫七豎八地放在兵車上，大臣們大作樂歌，頌揚湯、武的功德。到了這個時候，獎賞不再實行了，而人民卻都規矩守法。所以說：賞賜得當而貫徹到底，就可以達到不用賞賜的地步。

所謂壹刑者，刑無等級。自卿相❶、將軍以至大夫、庶人❷，有不從王令、犯國禁、亂上制者，罪死不赦❸。有功於前，有敗於後，不為損❹刑；有善於前，有過於後，不為虧❺法。忠臣孝子有過，必以其數❻斷。守法守職之吏有不行王法者，罪死不赦，刑及三族❼。周官❽之人知而訐❾之上者，自免於罪，無貴賤，尸襲❿其官長之官爵、田祿。故曰：重刑、連其罪⓫，則民不敢試。民不敢試，故無刑也。夫先王之禁，刺殺⓬，斷人之足，黥⓭人之面，非求傷民也，以禁姦止過也。故禁姦止過，莫若重刑。刑重而必得，則民不敢試，故國無刑民。國無刑民，故曰：明刑不戮。晉文公⓮將欲明刑以親⓯百姓，於是合⓰諸卿大夫於冀⓱宮，顛頡⓲後至，吏請其罪，君曰：「用事焉。」吏遂斷顛頡之脊以殉⓳。晉國之士，稽⓴焉皆懼，曰：「顛頡之有寵也，斷以殉，況於我乎？」乃無犯禁者，晉國大治。舉兵伐曹㉑、五鹿㉒，及反㉓鄭之埤㉔，東征之畝㉕，勝荊人㉖於城濮㉗。三軍之士，止之如斬足，行之如流水。三軍之士，無敢犯禁者。故一㉘假道㉙重輕於顛頡之脊而晉國治。昔者周公旦殺管叔，放蔡叔，流霍叔㉚，曰：「犯禁者也。」天下眾皆曰：「親昆弟㉛有過不違㉜，而況疏遠乎？」故外不用甲兵於天下，內不用刀鋸㉝於周庭㉞，而海內治。故曰：明刑之猶，至於無刑也。

【章　旨】此章解釋何謂「壹刑」，並舉例說明其優點。

【注　釋】❶卿相　公卿丞相。這裏泛指朝廷的高級官員。❷庶人　西周對奴隸的稱謂。秦漢以後泛指沒有官爵的平民。❸赦　免罪；減罪。❹損　減。❺虧　毀。❻數　罪行的輕重。❼三族　指父族、母族、妻族。一說，父母、兄弟、妻子為三族。❽周官　四周的官吏。❾訐　告發。❿尸襲　代替；繼承。⓫連其罪　商鞅變法時，編制秦民十家為什，五家為伍，一家犯法，其他四家或九家都要檢舉，若不檢舉，就一同治罪。⓬刺殺　指斬首。⓭黥　即黥刑。在犯人臉上刻字塗墨。⓮晉文公　春秋初期晉國的國君，名重耳，為五霸之一。⓯親　安撫。⓰合　會合；召集。⓱冀　晉國故都。在今山西省河津縣。⓲顛頡　晉國大夫。晉獻公死後，國內大亂，晉文公出奔，在外流浪十九年，顛頡一直跟隨著他。⑲殉　通「徇」。示眾。⑳稽　議論。㉑曹　春秋時的國名。在今山東省定陶縣。㉒五鹿　衛國地名。在今河北省大名縣東。㉓反　拔掉。㉔埤　城上的牆垛。㉕東征之畝　孫詒讓說，「征」當作「衛」。這是說，把衛國的田壟改為東西向，以便於晉國的戰車向東方進軍。㉖荊人　即楚國人。㉗城濮　衛國地名。在今山東省濮縣南。晉國曾經在這裏大敗楚軍，歷史上稱為城濮之戰。㉘一　竟。㉙假道　借路；借助。㉚周公旦三句　他們四人都是周武王的弟弟。武王死後，其子成王即位，由於年少，周公旦因而輔政。這時管叔、蔡叔、霍叔和殷族的武庚一起作亂，周公旦便平定了他們。㉛昆弟　兄弟。㉜不違　指不違背國法，即依法治罪的意思。㉝刀鋸　刑具。這裏指刑罰。㉞周庭　周王朝的朝廷。

【語　譯】所謂統一刑罰，是指執行刑罰不分等級。從卿相、將軍直到大夫、平民，有不服從國君命令、觸犯國家法禁、擾亂國君所定法制的人，一律判處死罪，決不赦免。以前立過戰功，但後來戰敗，不給他減刑；以前做過好事，但後來有罪過，也不為他毀法。忠臣孝子有了罪過，也必須按照他們的罪行輕重來判罪。主管法令或主管其他政事的官吏，有不按國家法令辦事的，一律判處死刑，決不赦免，並且加罪到他的三族身上。周圍的官吏如果知道並且向上級告發了的，自己可以免罪，而且不論貴賤，都可以取代和繼承被告發官長的官爵、土地和俸祿。所以說：用重刑並且實行連坐法，人民就不敢以身試法。人民不敢以身試法，所以就可以不用刑罰了。先王禁令規定，斬首，砍斷犯人的腳，在犯人臉上刻字塗墨，並不是要傷害人民，而是為了禁絕奸邪和制止罪過。所以禁絕姦邪和制止罪過，沒有比用重刑更為有效的了。使用重刑而又一定能夠捕得壞人，人民就不敢以身試法，這樣，國內就沒有受刑的人。國內沒有受刑的人，所以說：刑罰嚴明，人民就不敢犯法，因而不必殺戮。晉文公想要嚴明刑罰以便安撫百姓，於是在冀宮召集各位卿大夫，顛頡來遲了，主管刑罰的官吏要求給他定罪，晉文公說：「照刑罰處理！」官吏於是就腰斬顛頡來示眾。晉國的人士都恐懼地議論說：「顛頡是國君寵愛的人，犯了法尚且被腰斬示眾，何況我們這些人呢？」於是再沒有人敢違犯禁令，晉國因而大治。後來晉文公便發兵攻打曹國和衛國的五鹿，毀掉鄭國城上的牆垛，又把衛國的田壟改為東西方向，在城濮戰勝了楚國的軍隊。三軍將士，聽到停止前進的命令，就像砍斷了雙腳那樣一動不動，聽到前進的命令，就像流水那樣奔騰向前。三軍將士，沒有一個再敢違犯法令。由此看來，晉文公竟借助腰斬顛頡這一輕罪重刑的辦法，而使晉國大治。從前周公旦殺掉管叔，流放蔡叔和霍叔，宣布說：「這些都是違犯法令的人。」天下人都說：「親兄弟有罪都要依法處理，何況疏遠的人呢？」因此外不用甲兵於天下，內不用刑罰於朝廷，天下就治理得很好。所以說：刑罰嚴明而且貫徹到底，就可以達到不用刑罰的地步。

所謂壹教者，博聞、辯慧、信廉、禮樂、修行❶，群黨❷任譽清濁❸，不可以富貴，不可以評刑❹，不可獨立私議以陳❺其上。堅者披❻，銳者挫❼。雖曰聖知❽、巧佞❾、厚樸❿，則不能以非功罔⓫上利。然富貴之門，要存戰⓬而已矣。彼能戰者，踐富貴之門；強梗⓭焉，有常刑⓮而不赦。是父兄⓯、昆弟、知識⓰、婚姻⓱、合同⓲者，皆曰：「務之所加，存戰而已矣。」夫故當壯⓳者務於戰，老弱者務於守，死者不悔，生者務勸⓴，此臣所謂壹教也。民之欲富貴也，共㉑闔棺㉒而後止。

而富貴之門，必出於兵。是故民聞戰而相賀也，起居飲食所歌謠者，戰也。此臣之所謂明教之猶，至於無教也。

【章　旨】此章解釋何謂「壹教」，並說明其優點。

【注　釋】❶修行　修習實行；修養德行。❷群黨　成群結黨。❸清濁　以濁為清。指包庇壞人。❹評刑　指議論刑罰的輕重。❺陳　陳述。❻披　開；破。❼挫　折斷。❽聖知　有超人智慧的人。❾巧佞　指那些姦巧善辯的小人。❿厚樸　指忠厚樸實的人。⓫罔　通「網」。欺罔；騙取。⓬存戰　在於立戰功。⓭強梗　強悍不守法。⓮常刑　國家既定的刑法。⓯父兄　「兄」疑為「子」之誤，下文「昆弟」可證。⓰知識　相熟識的人。⓱婚姻　指親戚。⓲合同　志同道合的人。⓳當壯　丁壯；年輕力壯。⓴務勸　互相鼓勵。㉑共　都。㉒闔棺　蓋棺。指死。

【語　譯】所謂統一教化，就是那些標榜博聞、辯慧、信廉、禮樂、修行的人，那些成群結黨、互相吹捧、包庇姦惡的人，一概不許取得富貴，不許議論刑罰，更不許獨自搞一套謬說來向國君陳述。對於那些頑固不化的要堅決鎮壓，氣焰囂張的要嚴厲打擊。即使是有超人智慧、姦巧善辯、忠厚樸實的人，也不能讓他們無功而騙取國君的利祿。這樣，要進入富貴的大門，只有建立戰功而已。那些勇敢作戰的人們，才可以踏進富貴的大門；強悍不法，就按照既定的刑法治罪，決不赦免。這樣，父子、兄弟、朋友、親戚、志同道合的人，都會說：「我們應當努力從事的，只在於建立戰功而已！」所以年輕力壯的人就盡力於征戰，年老體弱的人就盡力於防守，戰死的人不後悔，活著的人互相鼓勵，這就是我說的統一教化。人們追求富貴的欲望，都是到死才會罷休。而要進入富貴的大門，就只有努力作戰。所以人們聽到戰爭的消息，就彼此慶賀，日常生活中所歌唱的也全是戰爭。這就是我所說的教令明確而且貫徹到底，就可以達到不用教化的地步。

此臣之謂參教❶也。聖人非能通，知萬物之要❷也，故其治國，舉❸要以致萬物，故寡教❹而多功。聖人治國也，易知而難行也。故聖人不必加❺，凡主❻不必廢，殺人不為暴，賞人不為仁者，國法明也。聖人以功授官予爵，故賢者不憂；聖人不宥過❼，不赦刑，故姦無起。聖人治國也，審❽壹而已矣。

【章　旨】此章總結「三教」。指出治理國家必須抓住要領，即懂得實行統一的賞、刑、教。

【注　釋】❶參教　指賞、刑、教三事。參，三。❷要　要領。❸舉　抓住。❹寡教　指僅用「三教」。寡，少。❺加　推崇。❻凡主　平庸的國君。❼宥過　寬恕罪過。❽審　明察；懂得。

【語　譯】這就是我所說的三教。聖人並不是能夠通曉萬事萬物，而是懂得萬事萬物的要領，所以他治理國家就是抓住要領來掌握萬事萬物，因此，僅僅用三教卻能收到很大的功效。聖人治理國家，別人要懂得它的道理是容易的，實行起來卻很難。所以聖人對法度不必推崇，平庸的國君對法度也不必廢棄，殺人不算殘暴，賞賜不算仁慈，這是因為國法嚴明。聖人根據功勞授予官職爵位，所以有才能的人就不發愁。聖人不寬恕罪過，不赦免刑罰，所以姦邪就不會產生。聖人治理國家，就在於懂得實行統一的賞、刑、教罷了。

畫策第十八

【題解】本篇旨在為國君出謀畫策，希望通過法治而達到「王天下」的目的。作者認為，社會是向前發展的，時代變了，法度也要隨之而改變，在戰國時期，就要實行法治和重戰政策。如果能夠「以戰去戰，雖戰可也；以殺去殺，雖殺可也；以刑去刑，雖重刑可也」。總之，要「不貴義而貴法」。這些觀點，大致與商鞅的思想吻合；然而文中有「明主在上，所舉必賢，則法可在賢」之類的話，似非極端任法的商鞅所肯說，又有「所謂義者，為人臣忠，為人子孝，少長有禮，男女有別。非其義也，餓不苟食，死不苟生。此乃有法之常也」之類的話，是以法釋義，與〈開塞〉刑義完全相反的論調有別，同時本篇文字在全書中最為流暢，所以陳啟天先生說：「我想本篇或不是出於商鞅，而是『法家者流掇鞅餘論以成』，又稍雜有他意。」

昔者昊英之世❶，以伐木殺獸，人民少而木獸多。黃帝之世❷，不麛❸不卵，官無供備❹之民，死不得用槨❺。事不同，皆王者，時異也。神農之世❻，男耕而食，婦織而衣，刑政不用而治，甲兵不起而王。神農既沒，以強勝❼弱，以眾暴❽

寡。故黃帝作為❾君臣上下之義❿，父子兄弟之禮，夫婦妃匹⓫之合⓬，內行刀鋸⓭，外用甲兵，故時變也。由此觀之，神農非高於黃帝也，然其名尊者，以適於時也。故以戰去戰，雖戰可也；以殺去殺，雖殺可也；以刑去刑，雖重刑可也。

【章　旨】此章以進化史觀，說明不同的時代有不同的治國方法；並且，主張採用「以戰去戰」、「以殺去殺」、「以刑去刑」的暴力手段，來達到治國安邦的目的。

【注　釋】❶昊英之世　大體反映的是原始社會的漁獵生活階段。昊英，傳說中的遠古帝王。❷黃帝之世　大體反映的是原始社會末期。❸麛　小鹿。這裏指小獸。❹供備　供養守衛。❺槨　棺外的套棺。❻神農之世　大體反映的是原始社會農業生產出現後的歷史階段。❼勝　這裏作欺淩解。❽暴　欺負。❾作為　制定；規定。❿義　這裏指君臣上下的名分。⓫妃匹　配偶；婚配。妃，通「配」。⓬合　這裏指男女婚配的制度。⓭刀鋸　刑具。這裏指刑罰。

【語　譯】從前昊英時代，人們靠伐木、狩獵維生，當時人民少，而樹林茂密、野獸眾多。黃帝時代，不捕殺小獸，不採食鳥卵，官長沒有供養守衛的人，死後埋葬也不用外棺。他們的做法不一樣，但都成就了王業，這是因為時代不同的緣故。神農時代，靠男人耕種吃飯，靠婦女紡織穿衣，不用刑罰政令，就能治理人民，不用武力征戰，就能稱王天下。神農逝世以後，出現了恃強淩弱、恃多欺少的情況。所以黃帝規定了君臣上下的名分，父子兄弟之間的禮節，男女婚配的制度，對內用刑罰統治，對外用武力征伐，這是由於時代發生了變化。由此看來，神農並不比黃帝高明，然而他的名望卻很高，這是因為他能適應時代發展的需要。所以，能夠用戰爭消除戰爭，即使進行戰爭也是可以的；能夠用誅殺消除誅殺，即使使用誅殺也是可以的；能夠用刑罰消除刑罰，即使使用重刑也是可以的。

昔之能制❶天下者，必先制其民者也；能勝強敵者，必先勝其民者也。故勝民之本在制民，若冶於金❷，陶於土❸也。本不堅，則民如飛鳥禽獸，其孰能制之？民本，法也。故善治者，塞❹民以法，而名、地作矣。

【章旨】此章論述「制民」、「勝民」是統治天下、制服強敵的先決條件；而要「制民」、「勝民」，其關鍵又在於實行法治。

【注釋】❶制　控制；統治。❷冶於金　謂冶工對於金屬，一定要熔煉它。❸陶於土　謂陶工對於土，一定要摶捏它，造成器皿。❹塞　約束；遏制。

【語譯】從前能夠控制天下的帝王，必定首先控制好他的人民；能夠制服強敵的帝王，必定首先制服他的人民。所以制服人民的根本在於控制好人民，就好像冶工熔煉金屬，陶工摶捏泥土一樣。如果這個根本不堅固，人民就如同飛鳥走獸一樣，誰還能控制住他們呢？控制人民的根本，就是法令。所以善於治理國家的人，用法令約束人民，這樣名望、土地就都能得到。

名尊地廣以至王者，何故❶？名卑❷地削以至於亡者，何故？戰罷❸者也。不勝而王，不敗而亡者，自古及今未嘗有也。民勇者戰勝，民不勇者戰敗。能壹民於戰❹者民勇，不能壹民於戰者不勇。聖王見王之致於兵❺也，故舉國而責❻之於兵。入其國，觀其治，兵❼用❽者強。奚以❾知民之見用者也？民之見戰也，如餓狼之見肉，則民用矣。凡戰者，民之所惡也，能使民樂戰者王。強國之民，父遺❿其子，兄遺其弟，妻遺其夫，皆曰：「不得⓫，無返。」又曰：「失法離令⓬，若⓭死我死。」鄉治之，行間⓮無所逃，遷徙無所入。行間之治連以五⓯，辨之以章⓰，束之以令，拙⓱無所處，罷無所生。是以三軍之眾，從令如流，死而不旋踵⓲。

【章旨】此章闡明只有「壹民於戰」，才能稱王天下。

【注釋】❶名尊地廣二句　俞樾說，此下脫「戰勝者也」四字。❷卑　卑下。❸罷　通「疲」。敗的意思。❹壹民於戰　使人民一心一意從事於戰爭。❺兵　這裏指戰爭。❻責　責成；要求。❼兵　俞樾說，當作「民」字。❽用　指為國效力。❾奚以　何以；怎麼。❿遺　送。⓫不得　指不得勝。⓬失法離令　違反法令。⓭若　你。⓮行間　行伍之間，即軍隊中。⓯連以五　指實行五人為一伍的連坐法，互相監督，一人犯罪，四人連坐治罪。⓰章　標記。⓱拙　通「詘」。逃走；逃命。⓲旋踵　旋轉腳跟。指後退。

【語 譯】國君的名望崇高，土地廣闊，以至於稱王天下，這是什麼緣故？是因為戰爭取得了勝利。國君的名聲卑下，土地削減，以至於亡國，這又是什麼緣故？是因為打了敗仗。不靠戰爭勝利而能稱王天下，不因戰爭失敗而亡國的，從古到今還不曾有過。人民勇敢，作戰就能取得勝利；人民不勇敢，作戰就要失敗。能使人民一心一意作戰，人民就勇敢；不能使人民一心一意作戰，人民就不勇敢。聖明的君主看到稱王天下是來自戰爭，所以要求全國人民都專一於戰爭。進入一個國家，觀察它的治理情況，人民能夠為國效力的就強盛。怎麼知道人民能夠為國效力呢？人民看到戰爭，好像餓狼見到肉一樣，就說明人民能夠為國效力了。戰爭是人民所厭惡的，能夠使人民樂於作戰的就能稱王天下。強國的人民，父親送兒子上戰場，哥哥送弟弟上戰場，妻子送丈夫上戰場，都囑咐說：「不得到勝利，就不要回來。」又說：「你在前方違反法令的話，你被處死，我也無法活。」各鄉治理得嚴密，軍隊中犯法的人無法逃回來，遷移到外鄉去也不能夠落戶。軍隊的治理，以五人為伍，實行連坐，用標記辨別他們，用法令約束他們，這樣逃命的無處躲藏，打了敗仗的無法生存。所以三軍將士，服從命令如流水，至死也不後退。

國之亂也，非其法亂也，非法不用也。國皆有法，而無使法必行之法；國皆有禁姦邪、刑盜賊之法，而無使姦邪盜賊必得❶之法。為姦邪盜賊者死刑，而姦邪盜賊不止者，不必得；必得而尚有姦邪盜賊者，刑輕也。刑輕者，不得誅也；必得者，刑者眾也。故善治者，刑不善❷而不賞善，故不刑而民善。不刑而民善，刑重也。刑重者民不敢犯，故無刑也，而民莫敢為非，是一國皆善也。故不賞善而民善。賞善之不可也，猶賞不盜。故善治者，使跖❸可信，而況伯夷❹乎？不能治者，使伯夷可疑，而況跖乎？勢不能為姦，雖跖可信也；勢得為姦，雖伯夷可疑也。

【章旨】此章論述要治理好國家，就必須具有保證法令能夠確實執行的措施，創造一個「不能為姦」的環境，同時要注意重刑少賞，以求貫徹。

【注釋】❶必得　指一定可以捕獲治罪。❷不善　謂不守法。❸跖　柳下惠的弟弟柳下跖，春秋末期人，《史記正義》說他是黃帝時候的大盜。❹伯夷　商代末年孤竹國君的長子，曾與其弟叔齊反對周武王伐商；商亡，不食周粟而死。

【語譯】國家混亂，並不是法令本身紊亂，也不是沒有使用法令。國家都有法令，卻沒有使法令必定能夠實行的措施；國家都有禁止姦邪、處罰盜賊的法令，卻沒有使姦邪盜賊一定能夠捕獲的措施。對姦邪盜賊判處死刑，而姦邪盜賊還沒有被制止，這是因為姦邪盜賊不一定能夠捕獲；如果一定能夠捕獲，而還有姦邪盜賊，這是刑罰輕了的緣故。刑罰輕，姦邪盜賊就不會遭到誅殺；姦邪盜賊一定能夠捕獲，那受刑的人就多了。所以善於治國的人，只是懲罰不守法的而不獎賞守法的，因此不用刑罰而人民就能守法。不用刑罰而人民就能守法，這是刑罰重的緣故。刑罰重，人民不敢犯法，所以就不需要用刑罰，人民不敢為非作歹，這樣整個國家的人民都是守法的了。可見不獎賞守法的而人民自然守法。不應該獎賞守法的，就好比不應該獎賞不做賊的一樣。所以善於治理國家的人，使柳下跖都可以信任，何況高士伯夷呢？不能治理國家的人，使伯夷都值得懷疑，何況柳下跖呢？形勢使人不能幹壞事，即使柳下跖這樣的人，也可以信任；形勢許可人幹壞事，即使伯夷這樣的人，也值得懷疑。

國或重❶治，或重亂。明主在上，所舉❷必賢，則法可在賢；法可在賢，則法在下，不肖不敢為非，是謂重治。不明主在上，所舉必不肖，國無明法，不肖者敢為非，是謂重亂。兵或重強，或重弱。民固❸欲戰，又不得不戰，是謂重強。民固不欲戰，又得無戰，是謂重弱。

【章　旨】此章論述要把國家治理得好上加好，就必須用人得當，舉賢授能。

【注　釋】❶重　更加。❷舉　推舉；任用。❸固　本來。

【語　譯】國家有的治理得好上加好，有的治理得亂上加亂。明君在位，任用的必定是賢人，法令就掌握在賢人手裏；法令掌握在賢人手裏，那麼法令就能在下面實行，使不賢的人不敢為非作歹，這就叫做治理得好上加好。昏庸的國君在位，任用的必定是不賢的人，國家又沒有嚴明的法令，使不賢的人敢為非作歹，這就叫做治理得亂上加亂。兵力有的強上加強，有的弱上加弱。人民本來願意打仗，法令又使人民不得不去打仗，這就叫做強上加強。人民本來不願打仗，法令又使人民可以不打仗，這就叫做弱上加弱。

明主不濫❶富貴其臣。所謂富❷者，非粟米珠玉也；所謂貴❸者，非爵位官職也。廢法作私爵祿之富貴。凡人主德行非出❹人也，知❺非出人也，勇力非過人也。然民雖有聖知，弗敢我謀；勇力，弗敢我殺；雖眾，不敢勝其主；雖民至億萬之數，縣❻重賞而民不敢爭，行罰而民不敢怨者，法也。國亂者，民多私義❼；兵弱者，民多私勇❽；則削國之所以取爵祿者多塗❾；亡國之所以賤爵輕祿。不作而食，不戰而榮，無爵而尊，無祿而富，無官而長，此之謂姦民。所謂治主無忠臣，慈父無孝子，欲無善言，皆以法相司❿也，命相正⓫也。不能觸為非，而莫與人為非。

【章旨】此章痛斥五大奸民，指出唯有實行法治，才能使他們不敢胡作非為。

【注釋】❶濫　亂；隨意。❷富　此指濫富。❸貴　此指濫貴。❹出　超過。❺知　通「智」。❻縣　通「懸」。掛。❼私義　以私人關係的親疏為準則的一種「道義」。一說，指私家學說。義，通「議」。❽私勇　為私人利害而爭鬥的一種「勇敢」。❾塗　通「途」。途徑。❿以法相司　根據法令互相監督。司，治理。⓫命相正　根據命令互相糾正。

【語譯】明君把富貴亂給他的臣民。所謂亂給富，不是說給了粟米珠玉；所謂亂給貴，不是說給了官職爵位。而是說國君廢棄法令，任憑私意把爵祿給予臣民而使他們得到富貴。一般說來，國君的德行不一定超過別人，智慧不一定超過別人，勇力不一定超過別人。然而人民即使有超人的智慧，也不敢謀算國君；有勇力，也不敢傷害國君；人數雖然很多，也不敢欺淩國君；即使人民多至億萬的數目，國家高懸重賞，人民也不敢爭奪；實行刑罰，人民也不敢怨恨，這是實行法治的緣故。國家混亂，是由於人民多講私人的義氣；兵力虛弱，是由於人民多勇於私鬥；國家衰弱，是由於取得爵祿的門路多；國家滅亡，是由於人民輕視爵位俸祿。不耕作而有飯吃，不打仗而得到顯榮，沒有爵位而能尊貴，沒有俸祿而能富有，沒有官職而有權力，這些人都叫做姦民。所謂治世的君主不會有忠臣，慈祥的父親不會有孝子，意思是說，要想拋開那些偽善的說教，君臣、父子之間就要根據法令互相監督，根據命令互相糾正。這樣人民就不能獨自做壞事，也不能和別人一起做壞事。

所謂富者，入多而出寡。衣服有制❶，飲食有節❷，則出寡矣。女事❸盡於內，男事❹盡於外，則入多矣。所謂明者，無所不見，則群臣不敢為姦，百姓不敢為非。是以人主處匡牀❺之上，聽絲竹之聲❻，而天下治。所謂明者，使眾不得不為。所謂強者，天下勝❼；天下勝，是故合力❽。是以勇強不敢為暴，聖知不敢為詐而虛用❾，兼天下之眾，莫敢不為其所好，而辟❿其所惡。所謂強者，使勇力不得不為己用。其志足⓫，天下益之；不足，天下說⓬之。恃天下⓭者，天下去之；自恃者，得天下。得天下者，先自得⓮者也；能勝強敵者，先自勝者也。

【章　旨】此章強調人君必須「自恃」、「自得」、「自勝」，即依靠自己的力量，達到內治、內強，然後才能進行王天下的戰爭。

【注　釋】❶制　控制。❷節　節制。❸女事　指紡織、家務等婦女從事的勞動。❹男事　指從事農耕、軍戰。❺匡牀　亦作「筐牀」。方正而安適的牀。❻絲竹之聲　指動聽的音樂。絲竹，我國對絃樂器和竹製管樂器的總稱。也泛指音樂。❼天下勝　用天下的力量來取勝。一說，能制服天下。❽合力　同心協力；集中力量。❾慮用　弄虛作假。❿辟　通「避」。⓫志足　指稱王天下的意願得到實現。⓬說　通「悅」。悅服；高興。⓭恃天下　指依賴國外的力量。⓮自得　自己具備可得天下的條件。

【語　譯】所謂富裕，就是收入多而支出少。人民衣服有限制，飲食有節制，支出就少了。婦女在內盡力紡織、料理家務，男人在外盡力從事農戰，收入就多了。所謂明察，是指無所不見，那麼群臣就不敢違反法令做壞事，百姓也不敢為非作歹。這樣國君就可以躺在安適的牀上，聽著動聽的音樂，而天下卻治理得很好。所謂明察，就是使眾人不得不按照法令行事。所謂強大，就是能用天下的力量來取勝；能用天下的力量來取勝，所以人民能同心協力。因而使勇敢強悍的人不敢行兇，智慧超人的人不敢施展巧詐、弄虛作假，天下所有的人，沒有誰敢不做國君所喜悅的事，而逃避國君所厭惡的事。所謂強大，就是使有勇力的人不得不為自己所用。國君稱王天下的意願得到實現，天下的人就都得到好處；國君稱王天下的意願得不到實現，天下的人也會悅服。依靠國外的力量，就會失掉天下；依靠自己的力量，才能得到天下。要得到天下，自己先要具備可得天下的條件；要戰勝強敵，自己先要具備戰勝強敵的條件。

聖人知必然之理❶，必為之時勢，故為必治之政❷，戰必勇之民，行必聽之令。是以兵出而無敵，令行而天下服從。黃鵠❸之飛，一舉千里，有必飛之備也；騏驎、騄駬❹，日走千里，有必走之勢也；虎、豹、熊、羆❺，鷙❻而無敵，有必勝之理也。

【章　旨】此章論述要把國家治好，國君就要「知必然之理，必為之時勢」。

【注　釋】❶必然之理　事物發展的必然道理。❷政　政策；辦法。❸黃鵠　即天鵝。❹騏驎騄駬　都是良馬的名稱。❺羆　熊的一種，又叫馬熊或人熊。❻鷙　勇猛；兇猛。

【語　譯】聖人懂得事物發展的必然道理，懂得必須這樣做的時代趨勢，因此推行的是一定可以把國家治理好的辦法，作戰指揮的一定是勇敢的人民，發布的是人民一定聽從的命令。所以出兵征戰，所向無敵；發出命令，天下人都服從。黃鵠飛翔，一飛千里，這是因為牠具備了遠飛的條件，騏驎、騄駬，日行千里，這是因為牠們具有遠行的條件；虎、豹、熊、羆，兇猛無敵，這是因為牠們具有必然取勝的條件。

聖人見本然之政❶，知必然之理，故其制民也，如以高下制水，如以燥濕制火。故曰：仁者能仁於人，而不能使人仁；義者能愛於人，而不能使人愛。是以知仁義之不足以治天下也。聖人有必信之性，又有使天下不得不信之法。所謂義者，為人臣忠，為人子孝，少長有禮，男女有別。非其義也，餓不苟❷食，死不苟生。此乃有法之常❸也。聖王者不貴義而貴法，法必明，令必行，則已矣。

【章旨】此章論述仁義不足以治天下，應當貴法而不貴義。

【注釋】❶本然之政　指適應時代需要的治國辦法。❷苟　苟且。即只圖目前，得過且過。❸常　通常；正常。

【語譯】聖人看到了適應時代需要的治國辦法，懂得事物發展的必然道理，所以他控制人民，就如同利用地勢的高低來控制水流，利用燃料的燥濕來控制火勢一樣。所以說：仁者能對別人仁慈，而不能使別人成為仁者；義者能夠愛別人，而不能使別人相愛。由此可知，仁義是不可以用來治理天下的。聖人具有嚴守信用的品性，又有使天下人民不得不信用的辦法。所謂的義，就是當臣子的要忠，做兒子的要孝，少年人對長輩要有禮貌，男女之間要有區別。如果不合於義，餓了不苟且求食，寧死也不苟且偷生。這些是實行法治後的正常現象。聖明君主重視的不是義而是法，法制必須嚴明，法令必須貫徹，做到了這一步就好了。

卷五

境內第十九

【題解】本篇記述有關戶口登記、軍爵、賞罰以及軍隊整編方面的各種制度，而其中又以獎勵軍功的制度作為側重點。因本篇所具法律草案的體式和簡峻樸實的文風，都酷似公認為商鞅所作的〈墾令〉，且有些制度可以在睡虎地秦簡中獲得佐證，說明在秦國的早期歷史中，如此嚴峻的建議，曾被採納並強力推行，所以學者認為這篇文章也像〈墾令〉一樣，應該是商鞅變法時所撰述的草案，如果說成篇於戰國末期或西漢之初，恐怕就不會有這種情況。至於篇名，顯然是從首句「四境之內」中摘取二字而成的。在此之前的〈去強〉，曾多次將表示六國的「境外」與表示秦國的「境內」對舉，當時天下尚未統一，其理至顯。

四境❶之內，丈夫女子皆有名於上❷，生者著❸，死者削❹。

【章旨】此章言全國男女進行戶口登記之事。

【注釋】❶四境　指全國。❷有名於上　把姓名登記在官府的簿冊上，即進行戶口登記。❸著　登記。❹削　除名。

【語譯】全國之內，無論男人女人都把姓名登記在官府的簿冊上，一出生就登記，死了以後就除名。

其有爵者乞❶，無爵者以為庶子❷。級乞一人❸。其❹無役事❺也，其庶子役其大夫❻月六日；其役事也，隨而養之❼。

【章旨】此章言有爵位的人按照其等級可以在糧食、僕役等方面得到官府的一定照顧。

【注釋】❶乞　通「餼」。供給糧食。❷庶子　服役者，其地位與僕人接近。❸級乞一人　指爵位一級，給一個庶子的供養；爵位二級，給兩個庶子的供養；其餘，依此類推。❹其　假設連詞。如果。❺役事　指戰事。❻大夫　官爵名。據《漢書・百官公卿表》載，秦國爵位分為二十級：爵一級曰公士，二上造，三簪裊，四不更，五大夫，六官大夫，七公大夫，八公乘，九五大夫，十左庶長，十一右庶長，十二左更，十三中更，十四右更，十五少上造，十六大上造，十七駟車庶長，十八大庶長，十九關內侯，二十徹侯。❼隨而養之　指跟隨大夫去打仗，隨軍供養。

【語譯】那些有爵位的人由官府供給一定的糧食，並派沒有爵位的人給他當庶子。每級爵位增加一個庶子的供養。如果沒有戰爭，庶子每月為大夫服勞役六天；如果有戰爭，就跟隨大夫服兵役，食軍糧。

軍爵自一級已❶下至小夫❷，命❸曰校、徒、操、出公❹，爵自二級已上至不更，命曰卒❺。其戰也，五人來薄為伍❻，一人羽❼而輕❽其四人；能人得一首則復❾。夫勞爵，其縣過三日，有不致士、大夫勞爵，能❿。五人一屯長，百人一將。其戰，百將、屯長不得斬首⓫；得三十三首以上，盈論⓬，百將、屯長賜爵一級。五百主⓭，短兵⓮五十人。二五百主⓯，將之主⓰，短兵百。千石⓱之令⓲，短兵百人。八百之令，短兵八十人。七百之令，短兵七十人。六百之令，短兵六十人。國封尉⓳，短兵千人。將⓴，短兵四千人。戰及死吏㉑，而□㉒短兵，能一首則優㉓。

【章　旨】此章談軍爵稱呼、軍隊編制、衛兵配備及有關獎懲等問題。

【注　釋】❶已　通「以」。❷小夫　秦國軍隊中地位最低的人。❸命　名；叫做。❹出公　俞樾說，「出」當作「士」，形近而誤。又，于鬯說，「士公」應為「公士」。❺卒　秦制，公士、上造，都是步卒；簪裊、不更，都是車卒。❻來薄為伍　來，孫詒讓說，當為「束」，形近而誤。薄，古「簿」字。按軍隊的簿冊，每伍一束，所以說「束簿為伍」。❼羽　高亨說，「疑當作兆，形似而誤。兆，借為逃」。❽輕　孫詒讓說，當為「剄」。剄是割頸，引申為受刑。❾復　免除罪人身份。❿夫勞爵五句　孫詒讓說，此十七字為錯簡，應移入後文。⓫不得斬首　高亨說，當作「不得首，斬」，傳寫誤倒，是說不得敵人首級則處以斬刑。⓬盈論　滿足了朝廷規定的數目。因規定是朝廷論定的，所以稱為盈論。⓭五百主　五百人的將官。⓮短兵　持短武器的人，指衛兵。⓯二五百主　一千人的將官。⓰將之主　指主將。⓱石　古代重量單位。《漢書·律曆志·上》：「三十斤為鈞，四鈞為石。」⓲令　行政長官的通稱，如萬戶以上縣的行政長官叫縣令。⓳國封尉　守郡國封疆的軍事長官。⓴將　這裏指大將。㉑死吏　孫詒讓說，「吏當為事」。死事，指死於戰事。㉒□　天一閣本、指海本、崇文本作「輕」。孫詒讓說，「輕亦當為剄」。㉓能一首則優　孫詒讓說，「能」下當脫「人得」二字，「優」當為「復」，上文「能人得一首則復」可證。一說，優，寬免其罪。

【語　譯】軍爵從一級以下到小夫，叫做校、徒、操、公士，從二級以上到不更，叫做卒。作戰的時候，五人登記在一個簿冊上，編為一伍，一人逃跑，其他四人受刑；如果四人中有人能斬得敵人一顆首級，就免除他的罪人身份。五人設一屯長，一百人設一將官。作戰的時候，百將和屯長沒有獲得敵人的首級，就殺死他；獲得敵人首級三十三顆以上，就滿足了朝廷所規定的數目，給百將和屯長各賞爵位一級。率領五百人的將官，配備衛兵五十人。率領一千人的將官是主將，配備衛兵一百人。俸祿為千石的行政長官，配備衛兵一百人。八百石的行政長官，配備衛兵八十人。七百石的行政長官，配備衛兵七十人。六百石的行政長官，配備衛兵六十人。守郡國封疆的軍事長官，配備衛兵一千人。大將，配備衛兵四千人。作戰中，將官被打死，衛兵就要受刑，衛兵中如果有人能斬敵人一顆首級，就免除他的罪人身份。

能攻城圍邑，斬首八千已上，則盈論；野戰，斬首二千，則盈論。吏自操及校以上大將盡賞。行間❶之吏也，故❷爵公士也，就❸為上造也；故爵上造，就為簪裊；就為不更❹。故爵為大夫，爵吏而為縣尉❺，賜虜❻六，加❼五千六百❽。爵大夫而為國治❾，就為大夫❿；故爵大夫，就為公大夫；就為公乘；就為五大夫，則稅邑三百家。故爵五大夫⓫，皆有賜邑三百家，有賜稅三百家⓬。爵五大夫⓭有稅邑六百家⓮者，受客⓯。大將、御⓰、參⓱皆賜爵三級。故客卿相⓲，論盈⓳，就正卿⓴。就為大庶長；故大庶長，就為左更；故四更也，就為大良造。

【章旨】此章談對攻城圍邑和野戰中的軍吏如何論功獎賞的問題。

【注釋】❶行間　行伍之間。指軍隊。❷故　舊；原來。❸就　升遷。❹就為不更　在此之前省略了「故爵簪裊」，屬於承前省。下文這類句式，同此例。❺爵吏而為縣尉　指改軍爵為官吏，升為縣尉。❻虜　奴僕。❼加　增加；賞給。❽五千六百　這裏是指錢的數目。❾為國治　掌握國家一種政務。❿就為大夫　按《漢書．百官公卿表》載，在秦爵二十級中，「大夫」為五級，「官大夫」為六級。據此，「大夫」上應補「官」字。下文「故爵大夫」，也應為「故爵官大夫」。⓫故爵五大夫　下文「就為大庶長……就為大良造」二十二字，俞樾說，應移於「故爵五大夫」後。又，俞樾說，兩個「大庶長」的「大」字，都是衍文，應刪。據《漢書．百官公卿表》載，「大庶長」為十八級，「左更」為十二級，所以不應該由「大庶長」升為「左更」，而應該由「庶長」升為「左更」。庶長，指左庶長、右庶長。四更，即升四級。大良造，即大上造。⓬皆有賜邑三句　是說左、右庶長至大良造，均有賜邑三百家、賜稅三百家。「賜邑」與「賜稅」不同，大概前者是將邑賞給臣下，作為封邑，後者是只將地稅賞給臣下。⓭爵五大夫　高亨說，此四字「疑是涉上文而衍」。據上文，五大夫只有稅邑三百家，而左、右庶長至大良造才有稅邑六百家，足以證明這四個字為衍文。⓮稅邑六百家　即賜稅和賜邑共六百家。⓯受客　招收幕客。⓰御　車御，即戰車的駕駛人。⓱參　通「驂」。即驂乘的簡稱，又名車右。古代戰車，車御在中，主將在左，驂乘在右。古代進行車戰，御和驂的作用很重要，常由高級軍官來擔任。⓲客卿相　指客卿做軍佐參加戰爭。客卿，官職名。相，軍佐。⓳論盈　高亨說，當作「盈論」。⓴正卿　比客卿高一級的官名。

【語　譯】能夠圍攻都邑城堡，斬敵人首級在八千以上的，就滿足了朝廷規定的數目；在野戰中，斬敵人首級二千的，就滿足了朝廷規定的數目。這樣，軍吏自操、校以上到大將，都要給予賞賜。軍隊中的官吏，原來爵位是公士的，就升為上造；原來爵位是上造的，就升為簪裊；原來爵位是簪裊的，就升為不更。原來的爵位是大夫的，就改軍爵為官吏，升為縣尉，賞賜奴僕六名，賞錢五千六百。原來爵位是大夫的，就讓他掌管一種政務，升為官大夫；原來爵位是官大夫的，就升為公大夫；原來爵位是公大夫的，就升為公乘；原來爵位是公乘的，就升為五大夫，賞賜三百戶的地稅。原來爵位是五大夫的，就升為左右庶長；原來是左右庶長的，就升為左更；原來是左更的，就晉爵四級，升為大良造。庶長至大良造，都賞賜三百戶的封邑，還賞賜三百戶的地稅。有了六百戶的地稅和封邑，就可以招收幕客。大將、車御、驂乘都賞爵三級。原來是客卿的做了軍佐，在滿足了朝廷規定的數目的情況下，就升為正卿。

以戰故，暴首三❶，乃校❷三日，將軍以不疑致士、大夫勞爵❸。其縣四尉❹，訾❺由丞尉❻。能得甲首❼一者，賞爵一級，益❽田一頃，益宅九畝，一除❾庶子一人，乃得❿人⓫兵官之吏⓬。

【章　旨】此章談如何按軍功對士兵進行賞賜的問題。

【注　釋】❶暴首三　高亨說，當作「暴首三日」，傳寫脫去一個「日」字。暴首，把戰士所得敵人首級的數目公布出來。❷校　校閱；檢查。❸勞爵　因戰功而得的爵位。❹其縣四尉　孫詒讓說，上文「夫勞爵，其縣過三日，有不致士、大夫勞爵，能」十七字，當移在「其縣四尉」前。前「夫勞爵」三字為衍文，應刪。「能」當為「罷」。罷其縣四尉，罷免其縣的四個尉官。縣有四尉，他書無證，未詳。❺訾　評議；審判。❻丞尉　指縣丞、縣尉，當比四尉的爵位高。❼甲首　指敵人甲士的頭。❽益　增加；賞給。❾一除　朱師轍說，「一」字疑衍，當刪。除，賜給；派給。❿乃得　才可以。⓫人　朱師轍說，當作「入」，形近而誤。⓬兵官之吏　軍隊或衙門中的官吏。

【語　譯】由於戰爭的緣故，把士兵所得敵人的首級數目公布三天，檢查三天，將軍沒有懷疑，就按功勞大小賜給士、大夫應得的爵位。如果縣衙門過了三天，還不賜給士、大夫勞爵，那就罷免該縣四個尉官的職位，由縣丞、縣尉來審判。士兵能殺敵方甲士一人，就賞爵位一級，增賞田一頃，增賞住宅九畝，派給庶子一人，於是他可以列為軍隊或衙門的官吏。

其獄法❶：高爵訾下爵級；高爵能❷，無給有爵人隸僕；爵自二級以上，有刑罪則貶❸；爵自一級以下，有刑罪則已❹。

【章　旨】此章談有關軍事審判和軍事處分的問題。

【注　釋】❶獄法　刑獄之法，即治罪條例。❷能　孫詒讓說，當為「罷」，形近而誤。罷免的意思。❸貶　降爵。❹已　止；罷免。

【語　譯】刑獄之法規定：爵位高的人審判爵位低、等級低的人；爵位高的人被罷官後，不給有爵位的人當奴僕；爵位在二級以上的犯了罪，就降爵；爵位在一級以下的犯了罪，就取消官爵。

小夫死以上至大夫，其官級一等，其墓樹❶級一樹❷。

【章　旨】此章談軍官死後按級別在其墓旁植樹的規定。

【注　釋】❶墓樹　指在墳墓周圍栽的樹。❷級一樹　官級高一級，墓樹就加一棵。

【語　譯】小夫以上到大夫如果死了，他的官級每高一級，他的墓上的樹就多種一棵。

其攻城圍邑也，國司空❶訾❷其城之廣厚之數；國尉❸分地，以徒、校分積尺而攻之❹。為期❺曰：先已❻者當為最啟❼，後已者訾為最殿❽，再訾則廢。內通❾

則積薪⑩，積薪則燔柱⑪。陷隊之士⑫，面十八人⑬。陷隊之士知疾鬥⑭，不得⑮，斬首隊五人，則陷隊之士，人賜爵一級；死，則一人後⑯；不能死之，千人環規⑰，諫⑱黥劓⑲於城下。國尉分地，以中卒⑳隨之。將軍為木壹㉑，與國正監㉒，與王御史㉓，參㉔望之。其先入者，舉為最啟；其後入者，舉為最殿。其陷隊也，盡其幾者㉕；幾者不足，乃以欲㉖級益之。

【章　旨】此章談有關攻城戰、隧道戰的布署和獎懲問題。

【注　釋】❶國司空　秦時官名。掌管工事。❷訾　這裏是量度的意思。下文「訾為」、「再訾」兩「訾」字，作評定解。❸國尉　秦官名。❹分積尺而攻之　指按土方多少劃分一定地段進行攻打。❺為期　限期。❻已　完成。指挖通了隧道。❼最啟　頭等。❽最殿　末等。❾內通　孫詒讓說，「內當為穴，篆文相似而誤」。穴通，指隧道挖通。❿薪　柴草。⓫燔柱　燒柱。《墨子．備穴》說：「古人有善攻者，穴土而入，縛柱施火，以壞吾城。」孫詒讓《墨子閒詁》：「鑿地為道，行於城下，攻城建柱，積薪於其柱，圜而燒之，柱折城摧，即古穴攻法也。」⓬陷隊之士　由隧道進攻的士兵。隊，通「隧」。⓭面十八人　每個工作面十八人，即每個隧道、每個穴攻隊十八人。⓮疾鬥　勇猛地戰鬥。⓯不得　朱師轍說，「得」當作「退」。得、退篆文形近而誤。⓰一人後　指家中一人繼承他的爵位。⓱環規　圍觀。規，通「窺」。⓲諫　疑是「規」字的註文衍入，應刪。⓳黥劓　刑罰名。黥刑，在臉上刺字塗墨；劓刑，把鼻子割掉。⓴中卒　中軍的士兵。㉑木壹　陶鴻慶說，「壹」當作「臺」。形近而誤。木臺，供瞭望用的高臺。㉒國正監　官名。朝廷派去的監軍。㉓王御史　秦王派去的御史。一本「王」作「正」。秦有「御史」和「監御史」，而無「正御史」之稱，所以今依天一閣本、綿眇閣本、且且庵本、吳勉學本作「王御史」。㉔參　互相；共同。㉕幾者　申請的人。幾，通「祈」。一說，指最近的兵。㉖欲　「欲」乃「次」之誤。

【語　譯】在圍攻敵方都邑城堡的時候，國司空測量一段城牆的寬窄厚薄；國尉按土方多少劃分一定的地段，讓徒、校進行攻打。立下期限說：最先完成任務的評為頭等功，後一點完成任務的評為末等功，再次的就不評功。隧道挖通了就堆積柴草，堆積了柴草就放火燒柱。由隧道進攻的士兵，每隊十八人。由隧道進攻的士兵只能勇猛戰鬥，不准後退，每隊如能斬敵人五個，那麼由隧道進攻的士兵，每人賜爵一級；如果被打死，就讓他家中一個人繼承他的爵位；對於不肯冒死作戰的人，就在千人圍觀之下於城下處以刺字、割鼻的刑罰。國尉劃分地段的時候，中軍的士兵跟隨著他。攻城的時候，將軍為木臺，與國正監、王御史一起登上去，共同瞭望。那先攻進城的，記頭等功；後攻進城的，記末等功。穴攻隊的組成，全用自己申請的人；自己申請的人不足數，就用希望升級的人來補充。

弱民第二十

【題解】如前所述，不少學者都同意蒙季甫關於本文與〈說民〉均係〈去強〉一篇注文的說法，認為前者注釋前半部，後者注釋後半部。由於本文的末了一章講到「秦師至鄢、郢，舉若振槁，唐蔑死於垂涉」，是商鞅去世以後的事情，且文字又過錄於《荀子》的〈議兵〉，所以斷定這是商鞅一派的法家論述商鞅使人民怯弱守法的政策的作品。文中，強調法治的重要性，指出「民弱國強，民強國弱」，若要富國強兵，必須「明法以守」而不能「背法而治」。

民弱國強，國強民弱❶。故有道之國，務在弱民。樸則強，淫則弱❷。弱則軌❸，淫則越志❹。弱則有用，越志則強。故曰：以強❺去強❻者弱，以弱❼去強者強。民，善之則親❽，利之用❾則和❿。用則有任⓫，和則匱⓬，有任乃富於政⓭。上舍法，任民之所善⓮，故姦多。民貧則力富，力富⓯則淫，淫則有蝨。故民富而不用⓰，則使民以食出⓱，各必有⓲力，則農不偷。農不偷，六蝨無萌⓳。故國富而貧治⓴，重強。

【章　旨】此章論述有法度的國家必須採取使人民怯弱守法的政策，而不能任其強悍違法、不便役使。

【注　釋】❶民弱國強二句　高亨認為，這兩句當作「民弱國強，民強國弱。」民弱，指人民怯弱守法。民強，指人民強悍違法。❷樸則強二句　朱師轍說：「當作『樸則弱，淫則強。』蓋民樸守法則弱，民淫奢縱則強。」樸，樸實；淳樸。淫，放蕩；放縱。❸軌　《賈子・道術》：「緣法循理謂之軌。」這裏作動詞用。遵守法令的意思。❹越志　放縱其心，即隨心所欲，胡作非為。❺以強　指採用使人民強悍不法的政策。❻去強　治理強民。❼以弱　指採用使人民怯弱守法的政策。❽親　親附；親近。❾之用　朱師轍說：「之用二字顛倒。」❿和　同。指與國君同心，服從國君的統治。⓫任　役使。下文「任民」之「任」作聽任解。⓬和則匱　朱師轍說：「匱上當有不字。」匱，貧乏；貧困。⓭富於政　政治有成效。高亨說：「富或是當字之誤，當放政，言政治得當。」⓮善　喜好。⓯力富　朱師轍說，當作「民富」。⓰用　高亨說：「指用於戰爭。」⓱以食出　朱師轍引或說，「出」字後當有「爵」字。〈斬令〉說「民有餘糧，使民以粟出官爵，官爵必以其力」可證。以食出爵，用糧食買官爵。⓲有　以；用。⓳萌　發生。⓴貧治　用治貧國的辦法來治理，使人民努力從事農耕而不奢侈遊蕩。

【語　譯】人民怯弱守法，國家就強；人民強悍違法，國家就弱。所以有法度的國家，力求使人民怯弱守法。人民淳樸就怯弱，人民放蕩就強悍。怯弱就遵守法令，放蕩就胡作非為。怯弱就便於役使，胡作非為就強悍違法。所以說：採用使人民強悍違法的政策治理強民，國家就會衰弱；採用使人民怯弱守法的政策治理強民，國家就會強盛。對於人民，國君安撫他們，他們就親近國君；國君利用他們，他們就順從國君。使用得當，就能役使人民；人民順從國君，國力就不貧乏；人民都能受役使，國家的政治就會富有成效。國君拋棄法度，聽任人民的喜好，那麼，姦邪就會增多。人民貧窮就會力求富裕，人民富裕了就會放蕩，放蕩了就會產生蝨害。所以，人民富裕了而不肯為朝廷使用，那就讓他們拿糧食買爵位，使每人都必須出力，這樣他們對農業生產就不會偷懶。對農業生產不偷懶，六蝨就不會發生。所以，國家富裕而又用治貧國的辦法來治理，國家就會強上加強。

兵易弱難強。民樂生❶安佚❷，死難❸難正❹，易之❺則強。事有羞❻多姦❼寡。賞無失，多姦疑❽。敵失必利❾，兵至強威。事無羞❿，利用兵。久處利勢，必王。故兵行敵之所不敢行⓫，強；事興敵之所羞為⓬，利。法有⓭，民安其次⓮；主變，事能得齊⓯。國守安⓰，主操權⓱，利。故主貴多變，國貴少變。利出一孔⓲，則國多物；出十孔，則國少物。守一者治，守十者亂。治則強，亂則弱。強則物來，弱則物去。故國致物者強，去物者弱。民，辱則貴爵，弱則尊官，貧則重賞。以刑治，民則樂用；以賞戰，民則輕死。故戰事⓳兵用⓴曰強。民有私榮㉑，則賤列㉒卑官，富則輕賞。治民羞辱以刑，戰則戰。民畏死，事亂㉓而戰，故兵農怠而國弱。

【章　旨】此章論述只有賞功罰過、順時變革，改變國民「樂生安佚」的惰性，樹立農戰為榮的觀念，才能富國強兵、社會安定。

【注　釋】❶樂生　貪生。❷安佚　安於閒逸。安是動詞。佚與「逸」通。❸死難　怕死。一說，為國家的患難而犧牲。❹正　治；糾正。《呂覽・順民》：「湯克夏而正天下。」注：「正，治也。」高亨說：「正當作之，形似而誤。」❺易之　改變它。一說，以死難之事為易。❻事有羞　指以不從事農戰為羞恥。❼多姦　幹各種姦邪之事的人。高亨說：「與眾姦、群姦同意。」❽疑　止息。《詩經・大雅・桑柔》：「靡所止疑。」一說，疑懼、恐懼的意思。❾必利　高亨說：「利當作刑，形似而誤。」❿事無羞　指不以從事農戰為羞恥。高亨說：「用兵對敵，殘殺、掠奪、火攻、水攻都非可恥。」⓫兵行敵之所不敢行　指敢於出奇制勝。⓬事與敵之所羞為　指排斥儒家所謂的仁義等。⓭有　高亨說：「有下似脫常字。」⓮次　秩序。⓯齊　借為「濟」。成功的意思。⓰守安　保持安定。高亨說：「國守安，雖可講通，但與上下文意不合，疑安當作常，形近而誤。守常指守法。」⓱主操權　國君掌握權柄，因事制宜。⓲一孔　一種途徑。指農戰。⓳戰事　指常做戰爭準備。⓴兵用　指軍隊經常訓練。㉑私榮　指依附私門而獲顯榮。㉒列　爵位。㉓事亂　指人民多從事農戰以外的不法活動。

【語　譯】國家的兵力容易衰弱而難於強大。人民都樂於生存、安於閒逸，他們怕死的想法很難糾正，改變了這種想法，兵力就會強大。人們以不從事農戰為羞恥，幹各種姦邪之事的人就會減少。賞賜沒有差錯，幹各種姦邪之事的人就會沒有。打仗時讓敵人逃跑了一定要判刑，那麼軍隊就會強大而有威力。人們不以從事農戰為羞恥，就有利於用兵。長期處於這種有利的形勢，就一定能稱王於天下。所以用兵敢於採取敵人所不敢採取的行動，國家就強大；辦事敢於去辦敵人所不願意辦的事，國家就有利。法度有常，人民就會安分守己；國君順時變革，事業就能成功。國家保持安定，國君掌握權柄，就有利。所以國君貴在多謀善變，國法則貴在穩定少變。利祿只出自一種途徑，國家的財物就多；出自十種途徑，國家的財物就少。國君堅持利出一途，國家就能治好，如果利出十途，國家就會混亂。國家治理得好就強大，混亂了就衰弱。國家強大了財物就會增多，衰弱了財物就會減少。所以國家能獲得財物的就強大，喪失了財物的就衰弱。人民，屈辱就看重爵位，怯弱就尊敬官吏，貧困就重視賞賜。用刑法治理人民，人民就樂於出力；用賞賜鼓勵作戰，人民就不怕犧牲。所以，經常做好打仗的準備，經常練兵，這就叫做強。人民依附私門而獲顯榮，就看不起爵位，卑視官職；人民富裕了，就輕視賞賜。國君治理人民，用刑罰羞辱他們，到戰時就肯作戰。人民怕死，又多從事農戰以外的不法活動，而要他們去作戰，這樣由於對軍事訓練和農業生產怠惰，就使國家衰弱了。

農、商、官三者，國之常食官❶也。農闢❷地，商致❸物，官法❹民。三官生蝨六：曰歲❺，曰食❻，曰美❼，曰好❽，曰志❾，曰行❿。六者有樸⓫，必削。農有餘食，則薄燕⓬於歲；商有淫⓭利，有美好，傷器⓮；官設而不用，志行為卒⓯。六蝨成俗，兵必大敗。法枉⓰治亂⓱，任善言多。治眾國亂，言多兵弱。法明治省⓲，任力言息。治省國治，言息兵強。故治大⓳，國小；治小⓴，國大。

【章旨】此章論述六蝨產生的根源及其危害，指出「法明治省，任力言息」，才能達到富國強兵的境地。

【注　釋】❶常食官　俞越說：「食，衍字。」這個「官」字作職業解。❷闢　開墾。❸致　販賣；交流。❹法　依法治理。❺歲　指一遇豐年就懶於農耕。❻食　指浪費糧食、暴殄天物。❼美　指商賈販賣華麗物品。❽好　指商賈販賣供人玩樂的奢侈品。❾志　指官吏營私舞弊的心志。❿行　指官吏貪贓枉法的行為。⓫樸根。⓬薄燕　遊蕩偷安。又高亨說：「薄字難解，疑當讀為普。普，遍也。朱說：『燕，安也。』普燕於歲言農民在一年中都在遊手好閒。」⓭淫　過多；大量。⓮傷器　浪費財物。⓯卒　高亨說：「卒疑當為瘁，《詩經・雨無正・毛傳》：『瘁，病也。』此言官吏貪汙，病國病民。」⓰枉　邪曲。指法度中雜有儒術。⓱治亂　據下文「治眾國亂」一語，此處當作「治眾」。指治理方法煩瑣龐雜。⓲治省　治理方法簡明扼要。⓳治大與「治眾」義同。⓴治小　與「治省」義同。

【語　譯】農、商、官這三樣，是國家的經常職業。農民開墾土地，商人交流物資，官吏依法治民。這三種職業往往會產生六種蝨害：一是「歲」蝨（從事農業的人遇上豐年便懶於農耕）；二是「食」蝨（農民浪費糧食）；三是「美」蝨（商賈販賣華麗物品）；四是「好」蝨（商賈販賣供人玩樂的奢侈品）；五是「志」蝨（官吏懷有營私舞弊的心志）；六是「行」蝨（官吏有貪贓枉法的行為）。這六種蝨害生了根，國家必然衰弱。農民有了剩餘的糧食，就會成年累月地遊蕩偷安；商人有了大量的利潤，販賣一些華麗和專供玩樂的奢侈品，就會浪費財物；官吏雖然設置了卻不肯為國家出力，他們的思想行為就會危害國家。六種蝨害形成風氣，軍隊出征就必然大敗。法度邪曲，治理的方法就會煩瑣龐雜；任用巧言善辯的人，空談就會增多。治理的方法煩瑣龐雜，國家就會混亂；空談增多，兵力就會削弱。法令嚴明，治理的方法就會簡明扼要；任用盡力於農戰的人，空談就會止息。治理方法簡明扼要，國家就能治好；空談止息，兵力就能強大。所以治理方法煩瑣龐雜，國家就弱小；治理方法簡明扼要，國家就強大。

政❶作❷民之所惡，民弱；政作民之所樂，民強。民弱國強，民強國弱。故民之所樂，民強，民強而強之❸，兵重弱；民之所樂，民強，民強而弱之❹，兵重強。故以強重弱，弱重強，王❺。以強政強，弱，弱存；以弱政弱，強，強去❻。強存則弱，強去則王。故以強政弱，削；以弱政強，王也。

【章　旨】此章論述只有採取使人民怯弱守法的政令，而不是投其所好，才能制服強民、稱王天下。

【注　釋】❶政　政令；政策。❷作　實行。❸強之　指實行使人民強悍違法的政策。❹弱之　指實行使人民怯弱守法的政策。❺故以強重弱三句　陶鴻慶說此三句當作「故以強重弱，削；以弱重強，王」。❻以強政強六句　朱師轍說：「政當作攻。〈去強〉云：『以強攻強者亡，以弱攻強者王』可證。」下文「以強政弱」、「以弱政強」中的兩個「政」字，也當作「攻」。又據上下文，「以弱攻弱」當作「以弱攻強」，下文「以強攻弱」，當作「以強攻強」。「弱存」，陶鴻慶說，當作「強存」。

【語　譯】政令實行的是人民所厭惡的東西，人民就怯弱守法；政令實行的是人民所喜歡的東西，人民就強悍違法。人民怯弱守法，國家就強大；人民強悍違法，國家就衰弱。所以人民所喜歡的是強悍違法，人民強悍違法而又實行使人民強悍違法的政策，國家的兵力就會弱而又弱；人民所喜歡的是強悍違法，人民強悍違法而能實行使人民怯弱守法的政策，國家的兵力就會強上加強。所以採用使人民強悍違法的政策，以致國家兵力弱而又弱，國家就必然衰弱；採用使人民怯弱守法的政策，以致國家兵力強上加強，國君就可以稱王於天下。採用使人民強悍違法的政策來治理強民，國家就會衰弱，而強民還會存在；採用使人民怯弱守法的政策來治理強民，國家就會強盛，而強民就能除去。強民存在，國家就衰弱；除去強民，國君就可以稱王於天下。所以實行使人民強悍違法的政策來治理強民，國家就會衰弱；實行使人民怯弱守法的政策來治理強民，國君就可以稱王於天下。

明主之使其臣也，用之必加於功，賞必盡其勞。人主使其民信此如日月，則無敵矣。今離婁❶見秋豪❷之末，不能以明目易❸人；烏獲❹舉千鈞❺之重，不能以多力易人；聖賢在體性❻也，不能以相易也。今當世之用事者❼，皆❽欲為上聖，舉法❾之謂也。背法而治，此任重道遠而無馬牛，濟大川❿而無舡⓫楫⓬。

【章　旨】此章言國君役使臣民，必須論功授獎、實行法治。

【注　釋】❶離婁　又名離朱，傳說是黃帝時代目力最好的人。❷秋豪　秋天獸類新長的細毛。這裏比喻極細微的東西。豪，通「毫」。❸易　孫詒讓說：「易，賜之錯字。」❹烏獲　傳說是秦武王時候的大力士。❺鈞　古代三十斤為一鈞。❻體性　本性。指特有的品德。❼用事者　掌權的人。❽皆　陶鴻慶說：「皆乃若字之誤。」❾舉法　實行法治。❿濟大川　渡過大河。⓫舡　船。⓬楫　船槳。

【語譯】賢明的君主役使他的臣民，任用必須根據他們的功勛，賞賜必須根據他們的勞績。國君使臣民相信這一點就像相信日月運行有規律一樣，那麼就所向無敵了。離婁能夠看見秋天毫毛的末端，但不能把他明亮的眼睛給予別人；烏獲能舉起三萬斤的重量，但不能把他的大力氣給予別人；聖賢在特有的品德方面，也不能給予別人。現在掌握政權的人，如果想成為大聖人，那就在於實行法治了。背棄法治來治理國家，就好比擔子很重、道路很遠卻沒有馬牛，又好比渡過大河卻沒有船和槳一樣。

今夫人眾兵強，此帝王之大資❶也，苟非明法以守之也，與危亡為鄰。故明主察法，境內之民無辟淫❷之心，游處之士❸迫於戰陣❹，萬民疾❺於耕戰。有以❻知其然也？楚國之民❼，齊疾❽而均❾，速若飄風❿；宛⓫鉅⓬鐵鉇⓭，利若蜂蠆⓮；脅⓯蛟⓰犀兕⓱，堅若金石；江、漢⓲以為池，汝、潁⓳以為限⓴，隱㉑以鄧林㉒，緣㉓以方城㉔。秦師至鄢㉕、郢㉖，舉㉗若振㉘槁㉙；唐蔑㉚死於垂涉㉛，莊蹻㉜發㉝於內，楚分為五。地非不大也，民非不眾也，兵甲財用非不多也，戰不勝，守不固，此無法之所生也，釋㉞權衡㉟而操輕重者㊱。

【章旨】此章指出即使「人眾兵強」的國家，如果不修明法度，也會導致危亡。

【注釋】❶資　憑藉；條件。❷辟淫　邪僻放縱。指違反法制的思想或行為。❸游處之士　遊說和隱居的人。❹陳　通「陣」。❺疾　急。❻有以　又何以；又怎麼。❼楚國之民　從此以下一段，與《荀子・議兵》的一節文字大體相同。❽齊疾　行動敏捷。❾均　整齊。❿飄風　旋風；大風。⓫宛　楚國地名。即今河南省南陽市。⓬鉅　說文：「鉅，大剛也。」指堅硬的鐵。⓭鍦　同「鉈」。短矛。⓮蠆　蝎類毒蟲。⓯脅　兩膀。這裏作動詞用，即披在兩膀之上。⓰蛟　借為「鮫」，鮫魚的皮可以為甲。⓱犀兕　犀牛，其皮也可為甲。⓲江漢　長江和漢水。⓳汝潁　均水名。前者在今河南省境內，流於淮河。後者源於河南，流經安徽，會於淮河。⓴限　國界。㉑隱　障蔽。㉒鄧林　即楚國北面的桃林塞，在今河南省靈寶縣與陝西省潼關縣之間。㉓緣　邊緣。這裏作動詞用。㉔方城　山名。在今河南省方城縣東北面。因為楚國北邊的長城曾經這座山的東麓，所以也叫方城。㉕鄢　楚國地名，在今湖北省宜城縣西面。㉖郢　楚國都城，在今湖北省江陵縣西北面。西元前二七九年秦將白起攻破鄢，次年又破郢。這距商鞅之死已有六十一年。㉗舉　攻克。㉘振　拔。㉙槁　枯草。㉚唐蔑　一作唐昧，楚國的大將，楚懷王二十八年，為秦國的軍隊所殺。這距商鞅之死已有三十八年。㉛垂涉　一作垂沙，楚國地名。㉜莊蹻　楚人。楚懷王二十八年（西元前三〇一年）曾發動起義，打得楚國統治者四分五裂，無法招架。㉝發　起事。㉞釋　放棄。㉟權衡　即秤。㊱者　高亨說，「者」下脫一「也」字。

【語　譯】人口眾多，兵力強大，這是做帝王的重要條件，但是如果不修明法度去保持它，就與危亡相隔不遠。所以賢明的君主修明法度，使國內的人民沒有邪僻放縱的念頭，那些遊說和隱居的人也被迫參加戰爭，萬民都努力從事耕作和戰爭。又怎麼知道國家不修明法度，就與危亡相隔不遠呢？楚國的人民，敏捷而整齊，行動迅速好像大風；手裏拿著宛地出產的堅硬鐵矛，鋒利得好像蜜蜂蝎子的尾刺；身披鮫魚皮和犀牛皮製的鎧甲，堅固得好像金屬與石頭；又以長江、漢水為城壕，以汝水、潁水為國界，有鄧林做屏障，有方城山當邊防。可是秦國軍隊打到鄢、郢，攻破這兩座城就好像拔起枯草一樣；楚將唐蔑戰死在垂涉，莊蹻又在國內起事，楚國就分裂為五塊了。楚國的土地不是不廣闊，人民不是不眾多，武器、財物不是不豐富，然而戰鬥不能取勝，守衛不能牢固，這就是沒有實行法治所產生的惡果，這就猶如拋棄秤而去衡量物體的輕重一樣啊。

□□第二十一

（本篇原注「篇亡」。一說名叫「御盜第二十一」。）

外內第二十二

【題解】本篇旨在說明實行法治是推行重農、重戰政策的有力保證。因為重戰為了對外，重農在於對內，所以文章以「外內」二字名篇。本篇作者及作成時代問題，歷來爭議頗多，迄今尚無定奪。或謂：「疑本篇是西漢法家者流如鼂錯等的作品，後人以其主張與商鞅相近，遂誤編入本書。」（見陳啟天《商鞅評傳》）或謂：《韓非子・南面》「所謂『商君』之『內外』者，即《商君書・外內》也。《韓非子》已引及此書，則其成書當在韓非之前，決非附會《史記》以成者也」。（見羅根澤《諸子考索》）或謂：《韓非子》中所講的「內外」，根本不是篇名，而是另有所指，即「出入」之意。（見陳奇猷《韓非子集釋》）鄭良樹先生在所著《商鞅及其學派》中，肯定上述第三說，認為「〈外內篇〉雖然沒有討論外、內工作充當者的背景，不過卻將外、內所得的利益劃開得清清楚楚，比〈徠民篇〉說得更深一層」。因此，他主張本篇應寫於〈徠民〉之後，「作者是順著〈徠民篇〉的某些說法往深一層再發揮的」。

民之外事，莫難於戰，故輕法不可以使之。奚謂❶輕法？其賞少而威薄❷，淫道不塞之謂也。奚謂淫道？為辯知者❸貴，游宦者❹任，文學私名❺顯之謂也。三者不塞，則民不戰而事失矣。故其賞少，則聽者無利也；威薄，則犯者無害也。故開淫道以誘之，而以輕法戰之，是謂設鼠❻而餌以狸也，亦不幾❼乎！故欲戰其民者，必以重法。賞則必多，威則必嚴，淫道必塞，為辯知者不貴，游宦者不任，文學私名不顯。賞多威嚴，民見戰賞之多則忘死，見不戰之辱則苦生❽。賞使之忘死，而威使之苦生，而淫道又塞，以此遇敵，是以百石之弩❾射飄葉也，何不陷之有哉！

【章　旨】此章論述只有嚴刑重賞、堵塞淫道，才能使人民舍生忘死地從事戰爭。

【注　釋】❶奚謂　什麼叫。❷威薄　指刑罰輕。❸辯知者　指詭辯狡詐的人。知，通「智」。❹游宦者　指到處遊說求官的人。❺文學私名　指務學《詩》、《書》禮樂而取得個人功名的人。❻設鼠　指設器捕鼠。❼幾　《爾雅·釋詁》：「幾，危也。」一說，作「近」解。❽苦生　以偷生為恥。❾百石之弩　比喻強有力的弓。古時一石一百二十斤。

【語　譯】人民的對外事務，沒有比戰爭再艱難的了，所以輕法就不能驅使人民從事戰爭。什麼叫輕法呢？就是賞賜少而刑罰輕，淫道沒有被堵塞。什麼叫淫道呢？就是說詭辯狡詐的人得到了尊貴，到處遊說求官的人被任用，務學《詩》、《書》禮樂以博取個人功名的人得到了顯榮。這三條淫道不予堵塞，那麼人民就不肯從事戰爭，國家的事業就要失敗了。所以賞賜少，服從命令的人就得不到利益；刑罰輕，違犯法令的人就受不到懲治。所以開淫道來引誘人民，用輕法來驅使人民從事戰爭，這好比想要捕老鼠卻用野貓做誘餌，不是南轅北轍嗎？因此想要使人民從事戰爭，就必須用重法。賞賜必須多，刑罰必須嚴，淫道必須堵塞，使詭辯狡詐的人得不到尊貴，使遊說求官的人不被任用，使務學《詩》、《書》禮樂以博取個人功名的人得不到顯榮。實行重賞嚴刑，人民看到立戰功的賞賜多就會捨生忘死，看到逃避戰爭的遭受刑罰的恥辱就不願苟且偷生。賞賜使他們捨生忘死，刑罰使他們不苟且偷生，而淫道又被堵塞，這樣來與敵人作戰，就好像用百石之力的強弓去射飄落的樹葉，哪有射不穿的呢？

民之內事，莫苦於農，故輕治不可以使之。奚謂輕治？其農貧而商富，技巧之人利，而游食者眾之謂也。故農之用力最苦，而贏利❶少，不如商賈技巧之人。苟能令商賈技巧之人無繁，則欲國之無富，不可得也。故曰：欲農富其國者，境內之食必貴，而不農之徵❷必多，市利❸之租必重。則民不得無田❹，無田不得不易❺其食。食貴則田者利，田者利則事者眾。食貴，糴食不利，而又加重徵，則民不得無去❻其商賈技巧，而事地利❼矣，故民之力盡在於地利矣。

【章　旨】此章論述只有裁抑工商、限制游民、提高糧價、徵收重稅，才能有利於農業的發展。

【注　釋】❶贏利　獲得餘利。❷徵　徭役。❸市利　市場交易的利益。❹田　用作動詞，耕田之意。❺易　交換；購買。❻去　放棄。❼地利　土地之利。指農業生產。

【語　譯】人民的國內事務，沒有比務農更困苦的了，所以輕治就不能驅使人民去從事農業生產。什麼叫輕治呢？就是指農民貧困而商人富裕，從事技巧的人獲利，遊食謀生的人越來越多的意思。這樣從事農業生產的人出力最大而獲得餘利卻很少，遠不及經商和從事技藝的人。假若能使經商和從事技藝的人不增多，那麼要想使國家不富裕，也是不可能的。所以說：想依靠發展農業來使國家富裕，國內的糧食價格就必須提高，而不務農的人所擔負的徭役則必須增多，市場交易的稅收必須加重。那麼人民就不得不耕田，不耕田的人就不得不買糧食。糧食貴，耕田的人就有利；耕田的人有利，務農的就增多。糧食貴了，對買糧食的人不利，再加上徵收重稅，那麼人們就不得不放棄商賈和技藝活動，而從事農業生產，這樣人民就會把全部精力用在農業生產上了。

故為國者，邊利❶盡歸於兵，市利盡歸於農。邊利歸於兵者強，市利歸於農者富。故出戰而強，入休❷而富者，王也。

【章　旨】此章指出「邊利歸於兵」、「市利歸於農」，就能富國強兵，稱王於天下。

【注　釋】❶邊利　邊境上的利益。這裏指邊境的戰利。❷入休　指沒有戰事，在國內休養生息。

【語 譯】所以治理國家的人，要把邊境的戰利完全給予打仗的，把市場交易的利益完全給予務農的。邊境的戰利完全給予打仗的，國家就強大；市場交易的利益完全給予務農的，國家就富裕。所以對外打仗，兵力強大，而消弭戰事使國家富裕，這樣就可以稱王於天下。

君臣第二十三

【題解】本篇闡明「君臣之義」、「五官之分」、「法制之禁」是社會發展的產物。指出聖君明主「緣法而治，按功而賞」，以法治為準繩，以農戰為根本，所以「國治而地廣，兵強而主尊」；然而當今的國君則不然，他們「釋法而以知，背功而以譽」，使農戰者不斷減少，而遊食者日益增多，因而自食國亂地削、兵弱主卑的惡果。

古者未有君臣上下之時，民亂而不治。是以聖人列❶貴賤，制爵位，立名號，以別君臣上下之義❷。地廣、民眾、萬物多，故分五官❸而守之。民眾而姦邪生，故立法制，為度量❹以禁之。是故有君臣之義，五官之分，法制之禁，不可不慎也。

【章旨】此章論述「君臣之義」、「五官之分」、「法制之禁」是適應社會發展需要而產生的。

【注釋】❶列　劃分。❷義　通「儀」。這裏指等級、名分。❸五官　指上古時代的五種官職，即春官、夏官、秋官、冬官和中官。❹度量　標準。一說，指度、量、衡。

【語 譯】古代沒有君臣上下區別的時候，人民混亂而得不到治理。所以聖人劃分貴賤、設置爵位、規定稱號，用來區別君臣上下之間的名分。由於土地廣闊、人民眾多、事物紛繁，所以分設五種官職來管理。由於人民眾多而產生姦邪，所以建立法制作為衡量是非的標準，用來禁姦止邪。因此，出現了君臣上下的名分、五種官職的分設和法制的禁令，人君對此是不能不慎重的。

處君位而令不行，則危；五官分而無常❶，則亂；法制設而私善❷行，則民不畏刑。君尊則令行，官修❸則有常事，法制明則民畏刑。法制不明，而求民之行令❹也，不可得也。民不從令，而求君之尊也，雖堯、舜之知❺，不能以治。

【章 旨】此章指出君危國亂的原因，在於法制不明、民不從令，而令行禁止的關鍵又在於君尊官修。

【注 釋】❶常 常規。❷私善 違背法制的私人善行。指官吏不以法令為標準，按照自己的好惡去辦事。❸修 指奉公守法。❹行令 于鬯說，當作「從令」。❺知 通「智」。

【語 譯】處於國君的地位而發布的命令行不通，這就很危險；五種官職分設了而沒有常規，國家就混亂；法制建立了而違背法制的私人善行還暢通，人民就不怕刑法。國君具有尊嚴，命令就能行通；官吏奉公守法，辦事就有常規；法制如果嚴明，人民就害怕刑罰。法制不嚴明，而要求人民服從法令，是辦不到的。人民不服從命令，而希望樹立國君的尊嚴，即使有堯、舜那樣的才智，也是辦不到的。

明主之治天下也，緣❶法而治，按功而賞。凡民之所疾戰❷不避死者，以求爵祿也。明君之治國也，士有斬首、捕虜之功，必其爵足榮也，祿足食也。農不離廛❸者，足以養二親，治軍事❹。故軍士死節❺，而農民不偷也。

【章旨】此章論述「緣法而治，按功而賞」對於農戰的好處。

【注釋】❶緣　遵循；依照。❷疾戰　勇猛作戰。❸廛　鄉土；家鄉。❹治軍事　參加軍事活動。這裏主要指供給軍需。❺死節　猶言為國事而獻身。節，氣節。這裏指保衛國家的壯志。

【語譯】賢明的君主治理天下，是依照法制來治理，按照功勞來行賞的。大凡人民之所以勇猛作戰而不躲避死亡，就是為了求得爵位和俸祿。賢明的君主治理國家，戰士有斬斷敵首、捕獲俘虜功績的，一定給予他們足夠榮顯的爵位，足夠維生的俸祿。農民不離開鄉土的，要使他們足以養活父母，又能供給軍需。這樣戰士就能夠為國獻身，農民也不會偷懶。

今世君不然，釋❶法而以知，背功而以譽❷，故軍士不戰，而農民流徙❸。臣聞道❹民之門❺，在上所先❻。故民可令農戰，可令游宦❼，可令學問，在上所與。上以功勞與，則民戰；上以《詩》、《書》與，則民學問。民之於利也，若水之於下也，四旁無擇也。民徒❽可以得利而為之者，上與之也。瞋目❾扼腕❿而語勇⓫

者得，垂衣裳⓬而談說者得，遲日曠久⓭、積勞私門⓮者得：尊向三者，無功而皆可得，民去農戰而為之，或談議而索⓯之，或事便辟⓰而請之，或以勇爭之。故農戰之民日寡，而游食者愈眾，則國亂而地削，兵弱而主卑。此其所以然者，釋法制而任名譽也。

【章　旨】指出當今的國君「釋法而以知，背功而以譽」，所以不利於農戰，招來國亂地削、兵弱主卑的惡果。

【注　釋】❶釋　放棄。❷譽　名譽；虛名。❸流徙　流動遷徙。❹道　通「導」。❺門　門路；途徑。❻先先導；提倡。❼游宦　遊說求官。❽徒　只要。❾瞋目　瞪眼。❿扼腕　握住手腕，表示憤怒的情緒。⓫語勇自吹勇武。⓬垂衣裳　這裏用來比喻峨冠博帶的儒生。⓭遲日曠久　長年累月。⓮積勞私門　為私門效勞。⓯索　求取。⓰便辟　指國君的親信。辟，通「嬖」。

【語　譯】當代的國君卻不是這樣，他們放棄法制而任用智巧，不重視功績而崇尚虛名，所以戰士不願意打仗，農民到處流動遷徙。臣子聽說，引導人民走什麼路，全在於國君的提倡。所以人民既可以使他們務農作戰，也可以使他們遊說求官，還可以使他們從事學問，關鍵就在於國君賞賜什麼。國君論功行賞，人民就勇於作戰；國君賞賜學習《詩》、《書》，人民就專做學問。人民對於利益的追求，就好像水往低處流，不選擇東西南北。人民只要能夠得到利益就去幹，這是國君賞賜的結果。如果瞪眼扼腕、自吹勇武的人得賞，峨冠博帶、空談遊說的人得賞，長年累月為私門效勞的人得賞：國君尊重這三種人，使沒有功勞的人都可以得賞，那人民就會放棄農戰而從事這些活動，或進行空談去求賞，或巴結國君親信去請賞，或自恃勇武去爭賞。因此從事農戰的人日益減少，而遊說謀食的人不斷增多，就會使國家發生動亂而領土遭到侵削，兵力逐漸衰弱而國君威信下降。造成這種情況的原因，就在於國君放棄了法制而任用徒有虛名的人。

故明主慎法制，言不中❶法者，不聽也；行不中法者，不高❷也；事不中法者，不為也。言中法，則辯❸之；行中法，則高之；事中法，則為之。故國治而地廣，兵強而主尊，此治之至也。人君者，不可不察也。

【章旨】此章言聖君明主慎重地對待法制，把它作為衡量言、行、事的唯一標準，所以能達到「國治而地廣，兵強而主尊」的理想境界；勸告當今的國君對此予以考察，從中吸取有益的教訓。

【注釋】❶中　動詞。符合。❷高　推崇。❸辯　通「辨」。聽信；不迷惑。

【語譯】所以明君慎重地對待法制，凡是言論不符合法制的，不聽信；行為不符合法制的，不推崇；事情不符合法制的，不去做。言論符合法制，就聽信；行為符合法制，就推崇；事情符合法制，就去做。所以國家能夠治理好而領土也得以擴展，兵力強大而國君的威望也得以提高，這是取得了治國的最高成就。做人國君的，不能不對此加以考察。

禁使第二十四

【題解】本篇著重論述如何防止人們犯法和駕馭使用官吏的問題。作者認為要解決這個問題，就必須堅持「賞功罰罪」的原則；而要堅持這一原則，其關鍵又在於國君掌握好「勢」與「術」。在此，商鞅一派的法家繼承和發展了申不害所講的「術」與慎到所講的「勢」，並把兩者作為實行法治的條件和手段。禁，指禁止人們犯法；使，指駕馭使用官吏。

人主之所以禁使者，賞罰也。賞隨❶功，罰隨罪。故論功察罪，不可不審❷也。夫賞高❸罰下❹，而上無必知其道❺也，與無道同也。

【章旨】此章論述國君要禁止人們犯法和駕馭使用官吏，就必須堅持「賞功罰罪」的原則。

【注釋】❶隨　跟從；按照。❷審　慎重。❸高　好的。指有功的。❹下　壞的。指有罪的。❺道　這裏指賞罰的原則。

【語譯】國君禁止人們犯法和駕馭使用官吏的辦法，是賞賜和刑罰。賞賜要按照功勞的大小，刑罰要按照罪惡的輕重。所以論定功勞、考察罪過，是不能不慎重的。對於賞功罰罪，如果國君不確實了解它的原則，就等於沒有這項原則。

凡知道者，勢❶、數❷也。故先王不恃其強，而恃其勢；不恃其信❸，而恃其數。今夫飛蓬❹遇飄風❺而行千里，乘❻風之勢也；探淵❼者知千仞❽之深，縣繩之數❾也。故托其勢者，雖遠必至；守❿其數者，雖深必得。今夫幽⓫夜，山陵之大，而離婁⓬不見；清朝⓭日䵎⓮，則上別飛鳥，下察秋豪⓯。故目之見也，托日之勢也。

【章　旨】此章闡明國君要堅持「賞功罰罪」的原則，其關鍵就在於掌握好「勢」和「術」。

【注　釋】❶勢　權勢。❷數　義同「術」。方法。❸信　指信義。❹飛蓬　蓬草乾枯之後根斷，遇風飛旋，故稱飛蓬。❺飄風　旋風；暴風。❻乘　趁；憑。❼淵　深水潭。❽仞　八尺為仞。❾縣繩之數　用懸繩來探測水深的方法。縣，通「懸」。❿守　掌握。⓫幽　暗；黑。⓬離婁　又名離朱，傳說他是黃帝時候的人，目力極好，百步之外能見秋毫。⓭清朝　清晨。⓮䵎　同「煓」。火焰旺盛的樣子。⓯秋豪　鳥獸在秋天新長出來的細毛。豪，通「毫」。

【語　譯】凡是懂得賞功罰罪這種原則的，就能夠掌握權勢和運用權勢的方法。因此，前代明君治國，不依靠他的堅強，而依靠他的權勢；不依靠他的信義，而依靠他運用權勢的方法。現在那飛蓬遇到暴風就能飛千里之遠，這是由於憑藉了大風的力量；探測深潭的人知道它有千仞的深度，這是由於採用了懸繩測量的方法。所以依靠風力，雖然路程遙遠，必定能夠達到；掌握懸繩測量的方法，雖然潭水很深，必定能夠測知。如今在漆黑的夜晚，遙望高大的山陵，即使眼力極好的離婁也難看到；清晨晴朗，日光如火，他就能分辨天上的各類飛鳥，看清地下秋天的毫毛。所以眼睛能夠看見東西，是由於借助了太陽的光輝啊。

得勢之至，不參❶官而潔❷，陳❸數而物當。今恃多官眾吏，官立丞、監❹。夫置丞立監者，且以禁人為利也，而丞、監亦欲為利，則何以相禁？故恃丞、監而治者，僅存之治❺也。通數者不然也，別其勢，難其道。故曰：其勢難匿者，雖跖❻不為非焉。故先王貴勢。

【章旨】此章觀今鑒古，總結出治國不能依靠官吏眾多而必須重視運用權勢的教訓。指出如果嚴格地劃分了官吏的職權，他們就難於找到營私的門路。

【注釋】❶參　參雜；眾多。❷潔　修整。此指井井有條。❸陳　施；用。❹丞監　秦國的官名。前者為輔佐之官，後者為監察之官。❺僅存之治　按只圖一時之安的辦法。❻跖　柳下跖。先秦傳說中的大盜。

【語譯】掌握權勢能恰到好處，官員不多就可以把政務辦得井井有條，運用方法就可以把事物處理得當。現在的國君大都依靠官多吏眾，在官吏中又設置了起輔助作用的丞和起監察作用的監。設置丞、監的目的是為了禁止人們追求私利，然而丞、監也想追求私利，那又怎能禁止這種行為呢？所以依靠丞、監來治理國家，是種僅圖一時之安的辦法。懂得治國方法的君主是不這樣做的，他們嚴格劃分官吏的職權，使他們難於找到營私的門路。所以說：只要運用權勢迫使犯罪的人難於隱藏自己的罪惡，那麼即使像盜跖這樣的人也不敢為非作歹了。因此，前代明君治國特別重視權勢的運用。

或曰：「人主執❶虛後❷以應，則物應稽驗❸，稽驗則姦得。」臣以為不然。夫吏專制決事於千里之外，十二月而計書❹以定；事以一歲別計❺，而主以一聽❻，見所疑焉，不可蔽❼，員❽不足。夫物至，則目不得不見；言薄❾，則耳不得不聞。故物至則變❿，言至則論⓫。故治國之制，民不得避罪，如目不能以所見遁⓬心。

【章　旨】此章批駁了所謂只要虛靜無為、與人無爭就能檢驗事物、發現姦邪的道家觀點。指出唯有治國之制，才能造成人們難於隱瞞自己罪惡的環境。

【注　釋】❶執　保持。❷虛後　道家學說的術語。虛，指虛靜無為。後，走在別人後面。指與人無爭。❸稽驗　考驗；檢驗。❹計書　報告地方情況的文件。因為文件中羅列事實，並且加以統計，所以叫做計書。❺別計　分別報告。❻聽　聽斷；處理裁決。❼蔽　決斷。❽員　物數；物證。❾薄　迫近。❿變　通「辨」。辨別之意。⓫論　判斷。⓬遁　逃。

【語　譯】有人說：「國君只要保持虛靜無為和與人無爭的態度來對待事物，事物就能得到檢驗，而一經過檢驗，就能發現姦民。」我認為情況不是這樣。那官吏獨斷專行、在千里之外處理政務，到年終臘月才把報告寫出來；地方的事情每年分別上報，國君這時才能處理裁決一次，即使發現可疑的問題，也無法決斷，因為物證不充足。事物呈現在眼前，不會看不見；聲音傳送到耳邊，不會聽不到。所以事物到眼前就能辨別是非，話語到耳邊就能判斷曲直。因此治理得好的國家所用的法制，是使人民不能逃避自己的罪過的，正像眼睛不能以所看到的情況逃避心中的判斷一樣。

今亂國則不然，恃多官眾吏。吏雖眾，同體一❶也。夫同體一者，相不可❷。且夫利異而害不同者，先王所以為保❸也。故至治，夫妻、交友不能相為棄惡蓋非，而不害於親，民人不能相為隱。上與吏也，事合而利異者也。今夫騶❹、虞❺以相監，不可，事合而利異❻者也。若使馬焉能言，則騶、虞無所逃其惡矣，利異也。利合而惡❼同者，父不能以問❽子，君不能以問臣。吏之與吏，利合而惡同也。夫事合而利異者，先王之所以為端❾也。民之蔽主，而不害於蓋❿。賢者不能益，不肖者不能損。故遺賢去知，治之數也。

【章旨】此章揭示出當時亂國的弊端，闡明了不能依靠多官吏眾治理國家的緣由。指出國君與官吏雖有職務上的聯繫，但是利害卻不同。而官吏之間則不然，所以他們經常互相包庇，造成政治上的混亂。

【注　釋】❶同體一　孫詒讓說，「同體一」上疑脫「事」字，下文云「事合而利異」，可證。體，指本身所處的地位。❷相不可　孫詒讓說，「相」下當有「監」字，下文云「騶、虞以相監」，可證。❸為保　建立官吏與官吏、人民與人民互相保證的制度，一人犯罪，保者連坐。❹騶　古代掌管馬的官。❺虞　古代在天子圍獵之所管理走獸的官。這裏與「騶」一起指養馬的人。❻利異　朱師轍說，當作「利同」。❼惡　這裏作憎惡解。❽問　責問。❾端　開端；出發點；根據。❿不害於蓋　不被蒙蔽所害。一說，此句不可解，疑有脫誤。

【語　譯】現在混亂的國家卻不是這樣，他們依靠多設官吏來治國。官吏雖多，他們的事情、地位卻相同。事情、地位相同的官吏，讓他們互相監視是不行的。至於利害關係的不同，這是先王建立互相保證的制度的根據。所以治理得最好的國家，夫妻、朋友不能互相放任罪惡、掩蓋錯誤，但是並不傷害彼此間的親誼，至於一般的人就更不能互相包庇了。國君和官吏，職務是相聯繫的，但是利益是有矛盾的。比如讓馬夫和馬夫互相監督，那是不行的，因為他們的職務相同、利益一致。假如馬能說話，那麼馬夫就無法掩蓋他的罪惡了，因為馬和馬夫的利益是矛盾的。如果利益一致、好惡相同，那父親就不能責問兒子，國君也不能責問臣下。官吏與官吏之間，正是利益一致、好惡相同的。職務相聯繫而利益有矛盾，這是先王建立互相保證的制度的基礎。臣民雖然想蒙蔽國君，但是國君卻不會被蒙蔽所損害。這個制度，賢人不能增添，不賢的人也不能減損。所以治國可以拋棄賢人、不要智士，正是由於採取這種治國方法的緣故。

慎法第二十五

【題解】本篇論述能否謹慎地實行法治，是關係到國家強弱、君主尊卑的大事；指出治國者必須「破勝黨任，節去言談，任法而治」，堅決以耕戰作為國力之本，做到「劫以刑，驅以賞」，而不能聽信儒家的鼓吹，採用所謂舉賢授能這種亂國敗政的方法。文中有「臣故曰……」、「臣以為……」等語，可證這是臣子獻給國君的一篇奏疏；又篇末云：「境內之民莫不先務耕戰，而後得其所樂。故地少粟多，民少兵強。能行二者於境內，則霸王之道畢矣。」作者在此一再以「境內」屬辭，而有「境內」，便有「境外」，前者指嬴秦，後者指山東六國，可知本篇的寫成時代，當在秦國一統天下之前。另外，關於本篇前後的幾個部分是否相屬的問題，學術界頗有爭論，如陳啟天在《商鞅評傳》中就說本篇末節與前幾節不相屬，所以懷疑「或是兩篇合成的一篇」，而鄭良樹在《商鞅及其學派》中，則從措辭遣字及行文語氣的一致性方面，說明仍屬前後相屬的一篇。

凡世莫不以其所以亂者❶治，故小治而小亂，大治而大亂。人主莫能世治❷其民，世無不亂之國。

【章　旨】此章指出當代君主之失，在於採用導致混亂的方法來治國。

【注　釋】❶所以亂者　導致亂國的辦法。指禮治而言。❷世治　世世代代地統治。

【語　譯】一般說來，當代的國君沒有不用導致混亂的方法來治理國家的，所以小治就小亂，大治就大亂，國君沒有誰能世世代代統治人民，天下沒有不亂的國家。

奚謂以其所以亂者治？夫舉❶賢能❷，世之所治❸也，而治之所以亂。世之所謂賢者，言正❹也。所以為善正也，黨❺也。聽其言也，則以為能；問其黨，以為然。故貴之不待其有功，誅之不待其有罪也。此其勢正使污吏有資❻而成其姦險，小人有資而施行巧詐。初假❼吏民姦詐之本，而求端愨❽其末，禹不能以使十人之眾，庸主❾安能以御❿一國之民？

【章　旨】此章指出所謂導致亂國的方法，就是儒家提倡的舉賢授能。因為聽信黨羽的吹捧而不賞功罰過，就給姦吏、小人以可乘之機。

【注　釋】❶舉　推舉；任用。❷賢能　指儒家所講的有才德的人。❸所治　陶鴻慶說，當依上文作「所以治」。❹正　正直；剛正。❺黨　黨羽。指惡勢力集團中的附從者。❻資　憑藉。❼假　借；給。❽端愨　端正誠實。❾庸主　平庸的國君。❿御　駕馭；統治。

【語　譯】什麼叫做用導致混亂的方法來治理國家呢？任用所謂賢能的人，就是當代國君採用的治國方法，但這正是國家混亂的原因。世俗所謂的賢人，是指話說得正直動聽的人，而他們之所以被稱為善良正直，不過是由於黨羽的吹捧。聽了他們的言談，就以為是賢能；問問他們的黨羽，都說確實如此。因而重用誰不依據他的功勞，懲罰誰不依據他的罪過。這種情況恰好使貪官汙吏有所憑藉而達到他們奸邪險惡的目的，使道德低下的人有所憑藉而施展他們狡猾奸詐的手段。一開始就給了官吏和人民奸詐的思想，而要求他們有正直誠實的行為，這樣，就是夏禹也不能役使十個人，平庸的國君又怎能統治一國的人民呢？

彼而❶黨與人❷者，不待我❸而成事❹者也。上舉一與❺民，民倍❻主位❼而嚮私交。民倍主位而嚮私交，則君弱而臣強。君人者不察也，非侵於諸侯，必劫於百姓❽。彼言說之勢，愚智同學之。士學於言說之人，則民釋實事❾而誦虛詞。民釋實事而誦虛詞，則力少而非❿多。君人者不察也，以戰必損其將，以守必賣其城。

【章　旨】此章論述國君必須認識用人不當的危害。指出任用巧言令色者，就會君弱臣強，敗壞民風，不利於農戰。

【注釋】❶而 通「能」。❷黨與人 與人結成派別。❸我 指國君。❹成事 這裏指得到高官厚祿。❺與 於。❻倍 通「背」。背離。❼位 權位。❽百姓 百官。❾實事 指農戰。❿非 非議。

【語譯】那些能聚徒結黨的人，不依靠國君就可以得到高官厚祿。國君從臣民中任用一個這樣的人，人民就會背離國君而結黨營私。人民背離國君而結黨營私，國君的權力就弱小，而臣子的權力則強大。國君不認識這一點，他的國家不被諸侯所侵犯，就必然為百官所篡奪。那種巧言遊說的樣子，愚蠢和聰明的人都學習它。讀書人向巧言遊說的人學習，那麼人民就會放棄農戰而講空話。人民放棄農戰而講空話，國家就會使實力減少而非議增多。國君不認識這一點，用這些人去打仗就必定損兵折將，用這些人去防守就必定出賣城堡。

故有明主忠臣產於今世，而能領其國者，不可以須臾❶忘於法。破勝❷黨任❸，節去❹言談，任法❺而治矣。使吏非法無以守❻，則雖巧不得為姦；使民非戰無以效❼其能，則雖險不得為詐。夫以法相治，以數相舉，者不能相益❽，訾❾言者不能相損。民見相譽無益，相管❿附惡；見訾言無損，習⓫相憎而不相害也。夫愛人者不阿⓬，憎人者不害，愛惡各以其正，治之至也。臣故曰：法任而國治矣。

【章旨】此章論述明主忠臣不可「須臾忘於法」，必須「破勝黨任，節去言談，任法而治」，以達到愛、憎都能遵守正道的最高境界。

【注釋】❶須臾　片刻；瞬間。❷破勝　破除戰勝。❸黨任　結黨營私的姦佞之徒。任，佞；偽詐。❹節去　制裁；取締。❺任法　用法；實行法制。❻守　遵循。❼效　貢獻。❽以數相舉二句　俞樾說此二句當作「以數相舉，譽者不能相益」。數，這裏指選拔、任用人才的原則。❾訾　詆毀；攻擊。❿管　借為「逭」，躲避。⓫習　平素。⓬阿　偏私；偏袒。

【語譯】所以如果有明君、忠臣出現在當今的社會上，並能統治他們的國家，就不能片刻忘記法制。破除、戰勝那些結黨營私的姦佞之徒，取締那些花言巧語，實行法治，國就能得到治理。要使官吏除了法制就無所遵循，這樣他們即使巧詐也不能做壞事；要使人民除了打仗就無處貢獻能力，這樣他們即使姦險也不能進行詐騙。國君用法制來治國，按照原則任用官吏，這樣，互相吹捧就不能使人得到益處，互相詆毀也不能使人受到損害。人民看見互相吹捧對人無益，就都避免跟壞人結交；看見互相詆毀對人沒有損害，就對平素憎恨的人也不彼此傷害了。對喜愛的人不偏袒，對憎恨的人不傷害，愛、惡都遵循著正道，這就是治國的最高境界。所以我說：用法制來治國，國家就可以治理得好。

千乘能以守者，自存❶也；萬乘能以戰者，自完❷也。雖桀❸為主，不肯詘❹半辭❺以下其敵。外不能戰，內不能守，雖堯為主，不能以不臣諧❻所謂不若之國❼。自此觀之，國之所以重，主之所以尊者，力也。於此二者，力本。而世主莫能致力，何也？使民之所苦者無耕，危者無戰。二者，孝子難以為其親，忠臣難以為其君。今欲驅其眾民，與之孝子忠臣之所難，臣以為非劫以刑而驅以賞莫可。而今夫世俗治者，莫不釋法度而任辯慧，後功力❽而進仁義，民故不務耕戰。彼民不歸❾其力於耕，即食屈❿於內；不歸其節⓫於戰，則兵弱於外。入而食屈於內，出而兵弱於外，雖有地萬里，帶甲百萬，與獨立平原一貫⓬也。且先王能令其民蹈⓭白刃⓮，被⓯矢石⓰。其民之欲為之，非如⓱學之，所以避害⓲。故吾教令：民之欲利者，非耕不得；避害者，非戰不免。境內之民，莫不先務耕戰，而後得其所樂。故地少粟多，民少兵強。能行二者於境內，則霸王之道畢⓳矣。

【章　旨】此章論述實力是國強主尊的根本，只要粟多兵強，就能成就霸業、稱王天下。指出當今世俗統治者之所以不加強實力，是由於他們「釋法度而任辯慧，後功力而進仁義」，所以人民不去從事農戰。

【注　釋】❶自存　指有自衛的力量，能夠自己保存自己。❷自完　指有進攻的力量，能夠自己保全自己。❸桀　夏朝最後的一個帝王，傳說他殘暴昏庸，自取滅亡。❹詘　屈服。❺半辭　半句話。❻諧　和解；求和。❼不若之國　指強暴的國家。若，善。❽功力　指從事農戰，為國立功出力。❾歸　趨向；集中。❿屈　竭；缺乏。⓫節　節操；志向。⓬一貫　一樣。⓭蹈　踏；踩。⓮白刃　鋒利的刀口。⓯被　通「披」。冒著。⓰矢石　箭與礌石（古代守城的武器）。⓱如　高亨引或說：「如，疑當作好。」⓲害　指刑罰而言。⓳畢盡：具備。

【語　譯】有千輛兵車的國家能夠保衛國土，是因為它有自衛的力量；有萬輛兵車的國家能夠出兵打仗，是因為它有進攻的力量。這樣，即使是桀那樣的昏君，也不肯對敵國說半句示弱的話。進不能攻戰，退不能自守，這樣，即使是堯那樣的聖主，也不得不向強暴的國家屈服、求和。由此看來，國家之所以被人重視，國君之所以受人尊敬，就在於具有實力。要使國強主尊，實力是根本。但是現在的國君不能增強自己的實力，這是什麼緣故呢？使人民感到勞苦的莫過於農耕，使人民感到危險的莫過於軍戰。這兩件事，是孝子難於為父母做到的，也是忠臣難於為國君做到的。現在國君要驅使人民群眾，讓他們去做孝子、忠君也難於做到的事，我認為非用刑罰來強迫、用賞賜來驅使是不行的。可是當今世俗的統治者，沒有不是拋棄法度而任用詭辯狡詐之徒、排斥功力而依靠仁義的，所以人民就不去從事農戰。那人民不把力量集中在耕田上，國內的糧食就缺乏；不把志向集中在打仗上，對外作戰的兵力就薄弱。國內糧食缺乏，對外兵力薄弱，即使有土地萬里，甲兵百萬，也和孤身站在平原上一樣。前代的聖君明主能夠使他的人民敢於腳踩鋒利的刀口，身冒飛箭和礌石的射擊、投擲去作戰。他的人民之所以願意這樣做，不是愛好學著做，而是為了避免刑罰。因此我們的教化、命令是：人民想要追求利益的，不耕田就得不到；想要避免刑罰的，不打仗就免不了。國內的人民，沒有不是先致力於農耕軍戰，然後才獲得他們所喜愛的東西的。所以，地少糧食多，民少兵力強。能夠在國內推行這兩項政策，那麼成就霸業和稱王天下的條件便具備了。

定分第二十六

【題　解】據《史記・秦本紀》所載，秦武王二年（距商鞅死後三十年）才「初置丞相」，而本篇第五章有「丞相置一法官，諸侯、郡、縣，皆各為置一法官及吏」之類的話，所以歷來學者率無異辭地認為本篇並非出自商鞅的手筆，而是秦始皇統一天下以後，有人掇拾法家餘論而偽托商鞅所作的。文章以「定分」為題，就是論述國君如何利用法令的形式，來確定權利名分的問題。作者認為名分確定與否，是有關治亂興亡的大事，所以國君不可不察。

公❶問於公孫鞅曰：法令以❷當時❸立之者，明旦❹，欲使天下之吏民❺皆明知而用之，如一❻而無私，奈何？

【章　旨】此章談孝公向商鞅詢問如何使吏民奉公守法的問題。

【注　釋】❶公　指秦孝公。❷以　按照。一作「在」解。❸當時　適應時代的要求。一作「今天」解。❹明旦　明天早晨。❺吏民　官吏和人民。泛指所有的人。❻如一　這裏是一致遵從的意思。

【語　譯】秦孝公問公孫鞅說：「法令按照現在的國情制定了，我想明天早晨就使全國的官吏和人民都認識明白，並且奉行，一致遵從而沒有偏私，應該怎樣辦呢？

公孫鞅曰：為法令置官吏。樸❶足以知法令之謂❷者，以為天下正❸，則奏❹天子。天子各則主法令之❺，則主法令之❻，皆降受命，發官❼。各主法令之民❽，敢忘行主❾法令之所謂之名❿，各以其所忘之法令名罪⓫之。主法令之吏，有遷徙、物故⓬者，則輒⓭使學讀法令所謂，為之程式⓮，使日數⓯而知法令之所謂，不中程⓰，為法令以罪之。有敢剟⓱定法令，損⓲益⓳一字以上，罪死不赦⓴。

【章　旨】此章言為了推行法治，商鞅主張層層設置法官，並制定嚴厲的懲罰措施，以保證法令不被歪曲竄改。

【注　釋】❶樸　通「拊」。尋求。❷法令之謂　法令條文所說的內容。❸正　長。這裏指主管法令的官吏。❹奏　陳奏；報告。❺天子各則主法令之　高亨說：「當作『天子則各令之主法令』，言天子則分別任命他們主管法令。」❻則主法令之　「之」字下疑脫「吏」字。❼發官　遣之官，即今所謂赴任。❽民　當作「吏」，下文「主法令之吏」可證。❾敢忘行主　高亨說：「此句主字疑涉上下文而衍。」❿名　法令的條文。⓫罪　作動詞用，治罪的意思。⓬物故　死亡。《漢書．蘇武列傳》：「前以（已）降及物故，凡隨武還者九人。」王先謙《補注》引宋祁曰：「物，當從南本作歾，音沒。」⓭輒　就；立即。⓮程式　規程。⓯日數　按照期限。⓰中程　合符規程。⓱剟　削除；刪改。這裏指竄改。⓲損　刪減。⓳益　增添。⓴赦　免罪；減罪。

【語譯】公孫鞅說：為了貫徹法令就得設置官吏。要尋求通曉法令內容的人，來做各地主管法令的官吏，由下面推薦給國君。國君分別任命他們主管法令，這些官吏都走下宮殿的臺階，拜受命令，前去赴任。各個主管法令的官吏，如果膽敢忘記執行法令的條文，就分別按照他們所忘記的法令條文來治罪。主管法令的官吏若有調動或死亡的，就立即派繼任的人學習法令條文的內容，並為他定出規程，使他在一定的期限內通曉法令內容，倘若不合規程，就依法治他的罪。如果有人膽敢竄改法令，減少或增加一個字以上的，就治以死罪，決不赦免。

諸官吏及民，有問法令之所謂也於主法令之吏，皆各以其故❶所欲問之法令明告之。各為尺六寸之符❷，明書❸年、月、日、時，所問法令之名，以告吏民。主法令之吏不告，及❹之罪，而❺法令之所謂也，皆以吏民之所問法令之罪，各罪主法令之吏。即以左券予吏❻之問法令者，主法令之吏，謹藏其右券木柙❼，以室藏之，封以法令之長印❽。即後有物故，以券書從事❾。

【章旨】此章言主管法令的官吏，要認真負責地向咨詢者講解有關的法令條文，否則出了問題，就要依法懲辦。

【注釋】❶故　原來。❷符　古代的憑證，用竹、木製成，上面刻有文字或花紋，分為左、右兩片，叫做左券、右券，當事人雙方各執一片，相合為驗。❸書　寫。❹及　等到。❺而　乃；正是。❻吏　據上文，「吏」下當有「民」字。❼柙　通「匣」。❽法令之長印　主管法令長官的印章。❾從事　辦事。

【語　譯】眾官吏和人民有向主管法令的官吏詢問法令內容的情況，主管法令的官吏都要分別按照他們原來要問的法令明確地告訴他們。主管法令的官吏分別製成一個一尺六寸長的符，寫明年、月、日、時，及所問法令的條文，用來告訴詢問法令的官吏和人民。如果主管法令的官吏不肯告訴，等到詢問法令的人犯了罪，並且犯的正是他們所問的那一條，那麼就按照官吏或人民所詢問的那一條法令的規定，來懲辦主管法令的官吏。在問答的當時，主管法令的官吏就把符的左券給予詢問法令的官吏或人民，自己把符的右券謹慎地收藏在木匣中，放在室內，蓋上主管法令長官的印章封存起來。假如以後主管法令的官吏死掉了，也要憑券書上寫明的法令來辦事。

法令皆副置一副❶。天子之殿中為法令為禁室❷，有鋌鑰❸為禁而以封之，內藏法令❹。一副禁室中，封以禁印。有擅發❺禁室印，及入禁室視禁法令❻，及禁剟❼一字以上，罪皆死不赦。一歲受❽法令以禁令。

【章　旨】此章談法令副本的設置以及法令的收藏問題。

【注　釋】❶副置一副　設置一個副本。副置，即置副。設置副本的意思。一說，前一「副」字疑涉下文而衍。❷禁室　藏法令的房屋。因為它禁止非主管的人員啟動出入，所以稱為禁室。❸鋌鑰　孫詒讓說：「鋌當為鍵。《方言》：『戶鑰，自關而東陳、楚之間謂之鍵，自關而西謂之鑰。』」❹內藏法令　這裏指天子殿中的禁室內藏著法令的正本。❺擅發　擅自揭開。❻視禁法令　指偷看禁室法令。❼禁剟　孫詒讓說：「禁剟當作剟禁，謂刊削禁令之字。」❽受　通「授」。這裏是頒布的意思。

【語　譯】法令都設置一個副本。天子的宮殿中為法令設置個禁室，用門鎖鎖上並貼上封條，裏面藏著法令的正本。一個副本放在另一個禁室中，用蓋有禁印的封條封住。如果有擅自揭開禁室的封條，進入禁室偷看法令，以及竄改禁室法令一字以上的，都定為死罪，決不赦免。國家按照禁室收藏的法令條文，每年向吏民頒布一次法令。

天子置三法官：殿中置一法官，御史❶置一法官及吏❷，丞相❸置一法官。諸侯、郡、縣，皆各為置一法官及吏，皆此秦一法官❹。郡、縣、諸侯，一受寶來之法令❺，學問並❻所謂。

【章　旨】此章談各級法官的設置和中央如何集中掌握主管法令的領導權問題。

【注　釋】❶御史　秦時僅次於丞相的中央最高長官，主要職務為監察、執法，並兼管重要文書圖籍。❷吏　這裏指法官的輔助人員。❸丞相　秦時為中央的最高官職，輔佐國君，綜理全國政務。據《史記・六國年表》所載，秦武王二年，初置丞相，距商鞅之死已有三十年之久。❹皆此秦一法官　高亨說：「此句當作『此皆奉一法官』。此、皆二字傳寫誤倒，奉、秦形似而誤。奉是聽從上級管轄之意。」❺寶來之法令　高亨說：「寶疑當作賚，形似而誤。」賚來之法令，是指由朝廷送來的法令。《廣雅・釋詁》：「賚，送也。」❻並　高亨說：「疑當作其，形似而誤。」

【語　譯】天子設置三個法官：殿中設置一個法官，御史臺設置一個法官及屬吏，丞相府設置一個法官。諸侯、郡、縣都分別設置一個法官和屬吏，他們都聽命於朝廷中的一個法官。郡、縣、諸侯一接到朝廷送來的法令，就要學習它的內容。

吏民知法令者❶，皆問法官。故天下之吏民，無不知法者。吏明知民知法令也，故吏不敢以非法遇民❷，民不敢犯法以干❸法官也。遇民不修❹法，問法官，法官即以法之罪告之，民即以法官之言正告之吏。公❺知其如此，故吏不敢以非法遇民，民又不敢犯法。如此，天下之吏民，雖有賢良辯慧❻，不能開一言以枉法❼；雖有千金，不能以用一銖❽。故知詐❾賢能者，皆作而為善，皆務自治奉公。民愚則易治也，此所生於法明白易知而必行也。

【章　旨】此章強調法令條文必須明白易懂，以便家喻戶曉、上下約束，無論法官或吏民都不敢胡作非為。

【注　釋】❶吏民知法令者　高亨說：「知字上疑當有欲字，轉寫脫去。」❷遇民　對待人民。❸干　觸犯。❹修　孫詒讓認為，「修」當為「循」，依照的意思。❺公　大家。一本作「吏」，此依天一閣本、綿眇閣本、且且庵本等改，以便與下文「故吏不敢以非法遇民，民又不敢犯法」之義配合。❻賢良辯慧　指那些信守儒家道德觀念和詭辯狡詐之徒。❼枉法　曲解法令。❽銖　二十四分之一兩為一銖。❾知詐　巧詐。知，通「智」。

【語　譯】官吏和人民想要知道法令的內容，都去問法官。所以天下的官吏和人民，沒有不知道法令的。官吏明明知道人民都懂得法令，所以不敢用非法的手段對待人民，人民也不敢犯法去觸犯法官。官吏不依照法令的規定對待人民，人民就去問法官，法官就按照法令規定的罪名告訴人民，人民就拿法官的話去嚴正地警告官吏。大家都知道這種情況，所以官吏不敢用非法的手段來對待人民，人民也不敢犯法，像這樣，全國的官吏和人民，雖然有賢良辯慧的，也不能說一句曲解法令的話；雖然有千金的家產，也不能動用一銖的錢來做犯法的事。因此，智巧詐偽和所謂賢良的人，都起來做好事，都努力自治，能夠奉公守法。人民愚昧就容易統治，這正是由於法令明白易懂而且一定要遵照執行的緣故。

法令者，民之命也，為治之本也，所以備民❶也。為治而去法令，猶欲無饑而去食也，欲無寒而去衣也，欲東❷西行也，其不幾❸亦明矣！

【章　旨】此章言法令是人民的生命、治國的根本，決不能背法而治。

【注　釋】❶備民　保護人民。備，防衛；保護。❷欲東　朱師轍說：「《群書治要》卷三十六引東下有而字。」❸不幾　不近。指達不到目的。

【語　譯】法令，是人民的生命，是治國的根本，是用來保護人民的東西。治國而拋棄法令，就好比希望不挨餓而拋棄糧食，希望不受凍而拋棄衣服，希望到東方去而向西方走一樣，這樣做，達不到目的是很明顯的了！

一兔走❶，百人逐❷之，非以兔可分以為百，由名分之未定也。夫賣兔者滿市，而盜不敢取，由名分已定也。故名分未定，堯、舜、禹、湯且皆如騖❸焉而逐之。名分已定，貪盜不取❹。今法令不明，其名不定，天下之人得議之。其議，人異而無定。人主為法於上，下民議之於下，是法令不定，以下為上也，此所謂名分之不定也。夫名分不定，堯、舜猶將皆折❺而姦之，而況眾人乎？此令姦惡大起，人主奪❻威勢，亡國滅社稷❼之道也。

【章　旨】此章用比喻說明確定名分的重要性，指出能否用法令的形式來確定人們的權利範圍，直接關係到國家的治亂。

【注　釋】❶走　疾趨；跑。❷逐　追趕。❸騖　同「鶩」。急馳；奔馬。❹貪盜不取　一本「貪」作「貧」，此從《群書治要・商君子・定分》。❺折　曲；改變。❻奪　失去。❼社稷　古時代指國家。

【語　譯】一隻兔在奔跑，有一百個人追趕牠，並不是這隻兔子可以分為一百份，而是因為牠該屬於誰的名分還沒有確定。賣兔子的人布滿集市，但盜賊不敢去奪取他們的兔子，這是由於這些兔子的名分已經確定了。所以事物的名分尚未定，堯、舜、禹、湯等明君也都會像奔馬一樣去追趕它。名分已經確定，就是貪婪的盜賊也不敢去奪取。現在法令不明確，名分不確定，天下的人都能夠隨便議論。他們的議論，各說一套而沒有定論。國君在朝廷之上制定法令，而人民在下面議論紛紛，這是由於法令不確定，而由人民的議論代替國君來議定法令了，這就是所謂名分不確定。名分不確定，即使堯、舜那樣的明君都將改變操行去做壞事，又何況一般的人呢？這樣就促使姦惡之事大量發生，讓國君失去威勢，這就是亡掉國家、毀滅社稷的道路。

今先聖人為書而傳之後世，必師受❶之，乃知所謂之名；不師受之，而人以其心意議之，至死不能知其名與其意。故聖人必為法令置官也，置吏也，為天下師，所以定名分也。名分定，則大詐貞信❷，巨盜愿愨❸，而各自治也。故夫名分定，勢治之道也；名分不定，勢亂之道也。故勢治者不可亂，勢亂者不可治。夫勢亂而治之，愈亂❹；勢治而治之，則治。故聖王治治不治亂。

【章　旨】此章言聖人設置法官、法吏，旨在確定名分，達到改邪歸正、勢所必治的境界。

【注　釋】❶受　通「授」。傳授。❷貞信　正直信實。❸愿愨　謹慎忠誠。❹故勢治者不可亂四句　一本兩個「勢亂」中的「勢」字均作「世」，此依《群書治要》中《商君子・定分》改。

【語譯】 古代聖人著書，流傳後世，必須有老師的傳授，人們才能知道書中的文義；如果沒有老師的傳授，人人專憑自己的主觀臆斷，那麼到死都不會弄清楚書中的文字和意義。因此聖人必定為貫徹法令設置法官，設置法吏，作為天下人的老師，為的是把事物的名分確定下來。名分確定了，極狡詐的人都會變得正直信實，大盜賊也會變得謹慎忠誠，而且都能自己管理自己。所以名分定了，形勢就趨向治理的道路；名分不定，形勢就趨向混亂的道路。所以形勢趨向治理的國家，就不會發生動亂；形勢趨向混亂的國家，就治理不好。形勢趨向混亂再去治理，就越治越亂；形勢趨向治理再去治理，就越治越好。所以聖明的君主在趨於治理的形勢下來治國，而不在趨向混亂的形勢下來治國。

夫微妙意志之言❶，上知❷之所難也。夫不待法令繩墨❸，而無不正者，千萬之一也。故聖人以千萬治天下。故夫知者而後能知之，不可以為法，民不盡知；賢者而後知之，不可以為法，民不盡賢。故聖人為民作法，必使之明白易知，愚知遍❹能知之❺。為置法官，置主法之吏，以為天下師，令萬民無陷於險危。故聖人立❻天下而無刑死者❼，非不刑殺也，行法令，明白易知，為置法官吏為之師，以道❽之知，萬民皆知所避就❾，避禍就福，而皆以自治也。故明主因❿治而終治之，故天下大治也。

【章　旨】此章言聖人針對千萬人的情況來治理，制訂法令注意普遍性和通俗性，並設置法官、法吏，以為民師，所以大家能夠「避禍就福」。

【注　釋】❶微妙意志之言　這裏指隱晦難懂的言論。❷上知　上等智慧。知，通「智」。❸繩墨　木匠用的墨斗線。這裏指用法令作為準則來約束。❹遍　完全；都。❺故聖人為民作法三句　一本作「故人為法，必使明白易知，正名，愚知遍能知之」，此依指海本及《群書治要》改。❻立　統治；管理。❼無刑死者　沒有受刑而死的。❽道　通「導」。❾避就　躲避和追求。❿因　憑藉；依靠；在……基礎上。

【語　譯】那些隱晦難懂的言論，上等智慧的人也難於理解。那些不靠法令約束而行為正確的人，成千上萬的人中也只有一個。因此，聖人是針對千萬人的情況來治理天下的。所以只有智慧的人才能理解的東西，不可以作為標準，因為人民不都是智慧的；只有賢能的人才能理解的東西，也不可以作為標準，因為人民不都是賢能的。所以，聖人為人民制定法令，必須使法令明白易懂，使愚蠢的人和有智慧的人都能理解。同時，給人民設置法官，設置主管法令的官吏，作為天下人的老師，使萬民不致陷入危險的境地。所以聖人治理天下沒有受刑而死的人，並不是他不用刑殺人，而是推行的法令明白易懂，又為人民設置法官、法吏，作為老師，教導人民了解法令，使萬民都知道自己應該躲避什麼，追求什麼，主動避開禍害，追求幸福，能根據法令自己管理自己。所以，賢明的君主在人民自治的基礎上來完成治理的任務，所以天下就大治了。

附錄

一、戰國兩漢文集中有關商鞅的記述

（一）《荀子・議兵》

「故齊之田單、楚之莊蹻、秦之衛鞅、燕之繆蟣，是皆世俗之所謂善用兵者也；是其巧拙強弱則未有以相君也；若其道一也，未及和齊也；掎契司詐，權謀傾覆，未免盜兵也。」

（二）《韓非子・和氏》

「商君教秦孝公以連什伍，設告坐之過，燔詩書而明法令，塞私門之請，而遂公家之勞，禁游宦之民，而顯耕戰之士。孝公行之，主以尊安，國以富強，八年而薨。商君車裂于秦。楚不用吳起而削亂，秦行商君法而富強，二子之言也已當矣，然而枝解吳起而車裂商君者何也？大臣苦法而細民惡治也。」

（三）《韓非子．姦劫弒臣》

「商君說秦孝公以變法易俗而明公道，賞告姦，困末作而利本事。當此之時，秦民習故俗之有罪可以得免，無功可以得尊顯也，故輕犯新法。於是犯之者其誅重而必，告之者其賞厚而信。故姦莫不得而被刑者眾，民疾怨而眾過日聞。孝公不聽，遂行商鞅之法。民後知有罪之必誅，而告姦者眾也，故民莫犯，其刑無所加，是以國治而兵強，地廣而主尊。此其所以然者，匿罪之罰重，而告姦之賞厚也。此亦使天下必為己視聽之道也。」

（四）《韓非子．南面》

「凡人難變古者，憚易民之安也。夫不變古者，襲亂之迹；適民心者，恣姦之行也。民愚而不知亂，上懦而不能更，是治之失也。人主者明能知治，嚴必行之，故雖拂於民心，立其治。說在商君之內外，而鐵殳重盾而豫戒也。」

（五）《韓非子・內儲說上・七術》

「公孫鞅之法也重輕罪。重罪者，人之所難犯也；而小過者，人之所易去也。使人去其所易，無離其所難，此治之道。夫小過不生，大罪不至，是人無罪而亂不生也。一曰：公孫鞅曰：行刑，重其輕者，輕者不至，重者不來，是謂以刑去刑。」

（六）《韓非子・定法》

「今申不害言術，而公孫鞅為法。術者，因任而授官，循名而責實，操殺生之柄，課群臣之能者也，此人主之所執也。法者，憲令著於官府，刑罰必於民心，賞存乎慎法，而罰加乎姦令者也，此臣之所師也。君無術則弊於上，臣無法則亂於下，此不可一無，皆帝王之具也。……公孫鞅之治秦也，設告相坐而責其實，連十五而同其罰，賞厚而信，刑重而必，是以其民用力勞而不休，逐敵危而不卻，故其國富而兵強。然而無術以知姦，則以其富強也資人臣而已矣。及孝公、商君死，惠王即位，秦法未敗也，而張儀以秦殉韓、魏。惠王死，武王即位，甘茂以秦殉周。武王死，昭襄王即位，穰侯越韓、魏而東攻齊，五年而秦不益尺土之地，乃城其陶邑之封；應侯攻韓八年，成其汝南之封；自是以來，諸用秦者皆應、穰之類也。故戰勝則大臣尊，益地則私封立，主無術以知姦也。商君雖十飾其法，人臣反用其資。故乘強秦之資，數十年而不帝王者，法不勤飾於官，主無術於上之患也。……商君之法曰：『斬一首者爵一級，欲為官者為五十石之官；斬二首者爵二級，欲為官者為百石之官。』官爵之遷與斬首之功相稱也。今有法曰：『斬首者令為醫匠。』則屋不成而病不已。夫匠者，手巧也；而醫者，齊藥也；而以斬首之功為之，則不當其能。今治官者，智能也；今斬首者，勇力之所加也。以勇力之所加而治智能之官，是以斬首之功為醫匠也。故曰：二子之於法術，皆未盡善也。」

(七)《韓非子．五蠹》

「今境內之民皆言治，藏商、管之法者家有之，而國愈貧，言耕者眾，執耒者寡也。」

(八) 李斯〈諫逐客書〉

「孝公用商鞅之法，移風易俗，民以殷盛，國以富強，百姓樂用，諸侯親服，獲楚、魏之師，舉地千里，至今治強。」

（九）《呂氏春秋．長見》

「魏公叔痤疾。惠王往問之，曰：『公叔之病甚矣，將奈社稷何？』公叔對曰：『臣之御庶子鞅，願王以國聽之也；為不能聽，勿使出境。』王不應，出而謂左右曰：『豈不悲哉！以公叔之賢，而今謂寡人必以國聽鞅，悖也夫！』公叔痤死，公孫鞅西游秦，秦孝公聽之。秦果用強，魏果用弱。非公叔痤之悖也，魏王則悖也。夫悖者之患，固以不悖為悖。」

（十）《呂氏春秋．無義》

「公孫鞅之於秦，非父兄也，非有故也，以能用也。欲堙之責，非攻無以。於是為秦將而攻魏。魏使公子卬將而當之。公孫鞅之居魏也，固善公子卬，使人謂公子卬曰：『凡所為游而欲貴者，以公子之故也。今秦令鞅將，魏令公子當之，豈且忍相與戰哉！公子言之公子之主，鞅請亦言之主，而皆罷軍。』於是將歸矣，使人謂公子曰：『歸未有時相見，願與公子坐而相去別也。』公子曰：『諾。』魏吏爭之曰：『不可。』公子不聽。遂相與坐。公孫鞅因伏卒與車騎，以取公子卬。秦孝公薨，惠王立。以此疑公孫鞅之行，欲加罪焉。公孫鞅以其私屬與母歸魏，襄疵，不受，曰：『以君之反公子卬也，吾無道知君。』故士自行不可不審也。」

（十一）《戰國策·秦策一》

「衛鞅亡魏入秦。孝公以為相，封之於商，號曰商君。商君治秦，法令至行，公平無私，罰不諱強大，賞不私親近，法及太子，黥劓其傅。期年之後，道不拾遺，民不妄取，兵革大強，諸侯畏懼。然刻深寡恩，特以強服之耳。孝公行之八年，疾且不起，欲傳商君，辭不受。孝公已死，惠王代後，莅政有頃，商君告歸。人說惠王曰：『大臣太重者國危，左右太親者身危。今秦婦人嬰兒皆言商君之法，莫言大王之法，是商君反為主，大王更為臣也。且夫商君固大王仇讎也，願大王圖之。』商君歸還，惠王車裂之，而秦人不憐。」

（十二）《戰國策·秦策三》

「應侯曰：『……夫公孫鞅事孝公，極身毋二，盡公不還私，信賞罰以致治，竭智能，示情素，蒙怨咎，欺舊交，虜魏公子卬，卒為秦禽將破敵軍，攘地千里。……』蔡澤曰：『……夫商君為孝公平權衡，正度量，調輕重，決裂阡陌，教民耕戰。是以兵動而地廣，兵休而國富，故秦無敵於天下，立威諸侯，功已成，遂以車裂。』……」

（十三）《戰國策．魏策一》

「魏公叔痤病，惠王往問之，曰：『公叔病即不可諱，將奈社稷何？』公叔痤對曰：『痤有御庶子公孫鞅，願王以國事聽之也；為弗能聽，勿使出竟。』王弗應，出而謂左右曰：『豈不悲哉？以公叔之賢，而謂寡人必以國聽鞅，不亦悖乎！』公叔痤死，公孫鞅聞之已葬，西之秦。孝公受而用之，秦果日以強，魏日以削。此非公叔之悖也，惠王之悖也。悖者之患，固以不悖者為悖。」

（十四）賈誼〈過秦論〉

「秦孝公據殽、函之固，擁雍州之地，君臣固守，而窺周室，有席卷天下、包舉宇內、囊括四海之意，并吞八荒之心。當是時，商君佐之，內立法度，務耕織，修守戰之備；外連衡而鬥諸侯。於是秦人拱手而取西河之外。孝公既沒，惠王、武王蒙故業，因遺冊，南兼漢中，西舉巴、蜀，東割膏腴之地，北收要害之郡。」

（十五）《淮南子．泰族》

「五帝三王之道，天下之綱紀，治之儀表也。今商鞅之〈啟塞〉、申子之〈三符〉、韓非之〈孤憤〉、張儀蘇秦之從衡，皆掇取之權一切之術也，非治之大本、事之恆常，可博聞而世傳者也。……商鞅為秦立相坐之法，而百姓怨矣。吳起為楚減爵祿之令，而功臣畔矣。商鞅之立法也，吳起之用兵也，天下之善者也。然商鞅之法亡秦，察於刀筆之迹，而不知治亂之本也。吳起以兵弱楚，習於行陣之事，而不知廟戰之權也。」

（十六）《淮南子．要略》

「秦國之俗，貪狼強力，寡義而趨利，可威以刑，而不可化以善；可勸以賞，而不可厲以名。被險帶河，四塞以為固，地利形便，畜積殷富。孝公欲以虎狼之勢而吞諸侯，故商鞅之法生焉。」

（十七）《史記．秦本紀》

「孝公元年，河山以東，強國六，與齊威、楚宣、魏惠、燕悼、韓哀、趙成侯并。淮、泗之間，小國十餘。楚、魏與秦接界。魏築長城，自鄭濱洛以北有上郡。楚自漢中，南有巴、黔中。周室微，諸侯力政，爭相并。秦僻在雍州，不與中國諸侯之會盟。夷翟遇之。孝公於是布惠，振孤寡，招戰士，明功賞，下令國中曰：『昔我先君繆公自岐、雍之間，修德行武，東平晉亂，以河為界，西霸戎、翟，廣地千里。天子致伯，諸侯畢賀。為後世開業，甚光美。會往者厲、躁、簡公、出子之不寧，國家內憂，未遑外事。三晉奪我先君河西地。諸侯卑秦，醜莫大焉。獻公即位，鎮撫邊境，徙治櫟陽，且欲東伐，復繆公之故地，修繆公之政令。寡人思念先君之意，常痛於心。賓客群臣有能出奇計強秦者，吾且尊官，與之分土。』於是乃出兵，東圍陝城，西斬戎之獂王。衛鞅聞是令下，西入秦，因景監求見孝公。二年，天子致胙。三年，衛鞅說孝公，變法修刑，內務耕稼，外勸戰死之賞罰。孝公善之。甘龍、杜摯等弗善，相與爭之。卒用鞅法。百姓苦之。居三年，百姓便之，乃拜鞅為左庶長。其事在商君語中。七年，與魏惠王會杜平。八年，與魏戰元里，有功。十年，衛鞅為大良造，將兵圍魏安邑，降之。十二年，作為咸陽，築冀闕，秦徙都之。并諸小鄉聚，集為大縣，縣一令，三十一縣。為田開阡陌。東地渡洛。十四年，初為賦。十九年，天子致伯。二十年，諸侯畢賀。秦使公子少官率師，會諸侯逢澤，朝天子。二十一年，齊敗魏馬陵。二十二年，衛鞅擊魏，虜魏公子卬，封鞅為列侯，號商君。二十四年，與晉戰雁門，虜其將魏錯。孝公卒，子惠文君立。是歲誅衛鞅。鞅之初為秦施法，法不行。太子犯禁。鞅曰：『法之不行，自於貴戚，君必欲行法，先於太子。』太子不可黥，黥其傅師。於是法大用，秦人治。及孝公卒，太子立，宗室多怨鞅。鞅亡，因以為反，而卒車裂以徇秦國。」

（十八）《史記·商君列傳》

「商君者，衛之諸庶孽子也，名鞅，姓公孫氏，其祖本姬姓也。鞅少好刑名之學，事魏相公叔痤，為中庶子。公叔痤知其賢，未及進，會痤病，魏惠王親往問病，曰：『公叔病有如不可諱，將奈社稷何？』公叔曰：『痤之中庶子公孫鞅，年雖少，有奇才，願王舉國而聽之。』王嘿然。王且去，痤屏人言曰：『王即不聽用鞅，必殺之，無令出境。』王許諾而去。公叔痤召鞅，謝曰：『今者王問可以為相者，我言若，王色不許我。我方先君後臣，因謂王即弗用鞅，當殺之。王許我。汝可疾去矣，且見禽。』鞅曰：『彼王不能用君之言任臣，又安能用君之言殺臣乎？』卒不去。惠王既去，而謂左右曰：『公叔病甚，悲乎，欲令寡人以國聽公孫鞅也，豈不悖哉！』公叔既死，公孫鞅聞秦孝公下令國中求賢者，將修繆公之業，東復侵地，乃遂西入秦，因孝公寵臣景監以求見孝公。孝公既見鞅，語事良久，孝公時時睡，弗聽。罷而孝公怒景監曰：『子之客妄人耳，安足用邪！』景監以讓衛鞅。衛鞅曰：『吾說公以帝道，其志不開悟矣。』後五日，復求見鞅。鞅復見孝公，益愈，然而未中旨。罷而孝公復讓景監，景監亦讓鞅。鞅曰：『吾說公以王道，而未入也。請復見鞅。』鞅復見孝公，孝公善之而未用也。罷而去。孝公謂景監曰：『汝客善，可與語矣。』衛鞅復見孝公。公與語，不自知膝之前於席也。語數日不厭。景監曰：『子何以中吾君？吾君之歡甚也。』鞅曰：『吾說君以帝王之道，比三代，而君曰：久遠，吾不能待。且賢君者，各及其身顯名天下，安能邑邑待數十百年以成帝王乎！故吾以強國之術說君，君大說之耳。然亦難以比德於殷、周矣。』孝公既用衛鞅，鞅欲變法，恐天下議己。衛鞅曰：『疑行無名，疑事無功。且夫有高人之行者，固見非於世；有獨知之慮者，必見敖於民。愚者暗於成事，知者見於未萌。民不可與慮始，而可與樂成。論至德者不和於俗，成大功者不謀於眾。是以聖人苟可以強國，不法其故；苟可以利民，不循其禮。』孝公曰：『善！』甘龍曰：『不然。聖人不易民而教，知者不變法而治。因民而教，不勞而成功。緣法而治者，吏習而民安之。』衛鞅曰：『龍之所言，世俗之言也。常人安於故俗，學者溺於所聞。以此兩者居官守法可也，非所與論於法之外也。三代不同禮而王，五伯不同法而霸。智者作法，愚者制焉；賢者更禮，不肖者拘焉。』杜摯曰：『利不百，不變法；功不十，不易器。法古無過，循禮無邪。』衛鞅曰：『治世不一道，便國不法古。故湯、武不循古而王，夏、殷不易禮而亡。反古者不可非，而循禮者不足多。』孝公曰：『善！』以衛鞅為左庶長，卒定變法之令。令民為什伍，而相牧司連坐。不告姦者腰斬，告姦者與斬敵首同賞，匿姦者與降敵同罰。民有二男以上不分異者，倍其賦。有軍功者，各以率受上爵；為私鬥者，各以輕重被刑大小。僇力本業，耕織致粟帛多者復其身。事末利及怠而貧者，舉以為收孥。宗室非有軍功，論不得為屬籍。明尊卑爵秩等級，各以差次名田宅，臣妾衣服以家次。有功者顯榮，無功者雖富無所芬華。令既具，未布，恐民之不信己，乃立三丈之木於國都市南門，募民有能徙置北門者予十金。民怪之，莫敢徙。復曰：『能徙者予五十金。』有一人徙之，輒予五十金，以明不欺。卒下令。令行於民期年，秦民之國都言初令之不便者以千數。於是太子犯法。衛鞅曰：『法之不行，自上犯之。』將法太子。太子，君嗣也，不可施刑，刑其傅公子虔，黥其師公孫賈。明日，秦人皆趨令。行之十年，秦民大說。道不拾遺，山無盜賊，家給人足。民勇於公戰，怯於私鬥，鄉邑大治。秦民初言令不便者，有來言便者。衛鞅曰：『此皆亂化之民也。』盡遷之於邊城。其後，民莫敢議令。於是以鞅為大良造，將兵圍魏安邑，降之。居三年，作為築冀闕宮庭於咸陽，秦自雍徙都之。而令民父子兄弟同室內息者為禁。而集小都鄉邑聚為縣，置令、丞，凡三十一縣。為田開阡陌封疆，而賦稅平。平斗桶權衡丈尺。行之四年，公子虔復犯約，劓之。居五年，秦人富強，天子致胙於孝公，諸侯畢賀。其明年，齊敗魏兵於馬陵，虜其太子申，殺將軍龐涓。其明年，衛鞅說孝公曰：『秦之與魏，譬若人之有腹心疾，非魏併秦，秦即併魏。

何者？魏居嶺厄之西，都安邑，與秦界河，而獨擅山東之利。利則西侵秦，病則東收地。今以君之賢聖，國賴以盛。而魏往年大破於齊，諸侯畔之，可因此時伐魏。魏不支秦，必東徙。東徙，秦據河山之固，東鄉以制諸侯，此帝王之業也。』孝公以為然，使衛鞅將而伐魏。魏使公子卬將而擊之，軍既相距，衛鞅遺魏將公子卬書曰：『吾始與公子驩，今俱為兩國將，不忍相攻，可與公子面相見，盟，樂飲而罷兵，以安秦、魏。』魏公子卬以為然。會盟已飲，而衛鞅伏甲士而襲虜魏公子卬，因攻其軍，盡破之以歸秦。魏惠王兵數破於齊、秦，國內空，日已削，恐，乃使使割河西之地獻於秦以和。而魏遂去安邑，徙都大梁。梁惠王曰：『寡人恨不用公叔痤之言也。』衛鞅既破魏，還。秦封之於、商十五邑，號為商君。商君相秦十年，宗室貴戚多怨望者。趙良見商君。商君曰：『鞅之得見也，從孟蘭皐，今鞅請得交，可乎？』趙良曰：『僕弗敢願也。孔丘有言曰：推賢而戴者進，聚不肖而王者退。僕不肖，故不敢受命。僕聞之曰：非其位而居之曰貪位，非其名而有之曰貪名。僕聽君之義，則恐僕貪位貪名也。故不敢聞命。』商君曰：『子不說吾治秦歟？』趙良曰：『反聽之謂聰，內視之謂明，自勝之謂強。虞舜有言曰：自卑也尚矣。君不若道虞舜之道，無為問僕矣。』商君曰：『始秦戎、翟之教，父子無別，同室而居。今我更制其教，而為男女之別，大築冀闕，營如魯、衛矣。子觀我治秦也，孰與五羖大夫賢？』趙良曰：『千羊之皮，不如一狐之掖；千人之諾諾，不如一士之諤諤。武王諤諤以昌，殷紂墨墨以亡。君若不非武王乎，則僕請終日正言而無誅，可乎？』商君曰：『語有之矣：貌言，華也；至言，實也。苦言，藥也；甘言，疾也。夫子果肯終日正言，鞅之藥也。鞅將事子，子又何辭焉！』趙良曰：『夫五羖大夫，荊之鄙人也。聞秦繆公之賢而願望見，行而無資，自粥於秦客，被褐食牛。期年，繆公知之，舉之牛口之下，而加之百姓之上，秦國莫敢望焉。相秦六七年，而東伐鄭；三置晉國之君；一救荊國禍；發教封內，而巴人致賞；施德諸侯，而八戎來服。由余觀之，款關請見。五羖大夫之相秦也，勞不坐乘，暑不張蓋，行於國中，不從車乘，不操干戈。功名藏於府庫，德行施於後世。五羖大夫死，秦國男女流涕，童子不歌謠，舂者不相杵。此五羖大夫之德也。今君之見秦王也，因嬖人景監以為主，非所以為名也。相秦，不以百姓為事，而大築冀闕，非所以為功也。刑黥太子之師傅，殘傷民以駿刑，是積怨畜禍也。教之化民也深於命，民之效上也捷於令。今君又左建外易，非所以為教也。君又南面而稱寡人，日繩秦之貴公子。《詩》曰：相鼠有體，人而無禮；人而無禮，何不遄死！以《詩》觀之，非所以為壽。公子虔杜門不出，已八年矣。君又殺祝懽。而黥公孫賈。《詩》曰：得人者興，失人者崩。此數事者，非所以得人也。君之出也，後車十數，從車載甲，多力而駢脅者為驂乘，持矛而操闟戟者旁車而趨。此一物不具，君固不出。《書》曰：恃德者昌，恃力者亡。君之危若朝露，尚欲延年益壽乎？則何不歸十五都，灌園於鄙，勸秦王顯崖穴之士，養老存孤，敬父兄，序有功，尊有德，可以少安。君尚將貪商、於之富，寵秦國之教，畜百姓之怨，秦王一旦捐賓客而不立朝，秦國之所以收君者，豈其微哉？亡可翹足而待。』商君弗從。後五月，而秦孝公卒，太子立。公子虔之徒告商君欲反，發吏捕商君。商君亡，至關下，欲舍客舍。客人不知其是商君也，曰：『商君之法，舍人無驗者坐之。』商君喟然嘆曰：『嗟乎！為法之敝一至此哉！』去之魏，魏人怨其欺公子卬而破魏師，弗受。商君欲之他國，魏人曰：『商君，秦之賊。秦強而賊入魏，弗歸不可。』遂內秦。商君既復入秦，走商邑，與其徒屬發邑兵，北出擊鄭。秦發兵攻商君，殺之於鄭黽池。秦惠王車裂商君以徇，曰：『莫如商君反者！』遂滅商君之家。太史公曰：商君，其天資刻薄人也。迹其欲干孝公以帝王術，挾持浮說，非其質矣。且所因由嬖臣，及得用，刑公子虔，欺魏將卬，不師趙良之言，亦足發明商君之少恩也。余嘗讀商君〈開塞〉、〈耕戰〉書，與其人行事相類。卒受惡名於秦，有以也夫！」

（十九）《鹽鐵論．非鞅》

「大夫曰：『昔商君相秦也，內立法度，嚴刑罰，飭政教，姦偽無所容，外設百倍之利，收山澤之稅，國富民強，器械完飾，蓄積有餘。是以征敵伐國，攘地斥境。不賦百姓，而師以贍。故用不竭，而民不知；地盡西河，而民不苦。鹽鐵之利，所以佐百姓之急，足軍旅之費，務蓄積以備乏絕，所給甚眾，有益於國，無害於人，百姓何苦爾，而文學何憂也？』文學曰：『昔文帝之時，無鹽鐵之利而民富。今有之，而百姓困乏，未見利之所利也，而見其害也。且利不從天來，不從地出，一取之民間，謂之百倍，此計之失者也。無異於愚人反裘而負薪，愛其毛，不知其皮盡也。夫李梅實多者，來年為之衰。新穀熟者，舊穀為之虧。自天地不能兩盈，而況於人事乎？故利於彼者，必耗於此。猶陰陽之不并曜，晝夜之有長短也。商鞅峭法長利，秦人不聊生，相與哭孝公。吳起長兵攻取，楚人搔動，相與泣悼王。其後，楚日以危，秦日以弱。故利蓄而怨積，地廣而禍搆，惡在利用不竭而民不知，地盡西河而人不苦也？今商鞅之冊任於內，吳起之兵用於外，行者勤於路，居者匱於室，老母號泣，怨女嘆息。文學雖欲無憂，其可得也？』大夫曰：『秦任商鞅，國以富強。其後，卒併六國，而成帝業。及二世之時，邪臣擅斷，公道不行，諸侯叛弛，宗廟隳亡。《春秋》曰：末言爾，祭仲亡也。夫善歌者使人續其聲，善作者使人紹其功。椎車之蟬攫，負子之教也。周道之成，周公之力也。雖有裨諶之草創，無子產之潤色；有文、武之規矩，而無周、呂之鑿枘，則功業不成。今以趙高之亡秦，而非商鞅，猶以崇虎亂殷，而非伊尹也。』文學曰：『善鑿者建周而不疲，善基者致高而不蹶。伊尹以堯、舜之道為殷國基，子孫紹位，百代不絕。商鞅以重刑峭法為秦國基，故二世而奪。刑既嚴峻矣，又作為相坐之法，造誹謗，增肉刑。百姓齋栗，不知所措手足也。賦斂既煩數矣，又外禁山澤之原，內設百倍之利，民無所開說容言。崇利而簡義，高力而尚功，非不廣壤進地也。然猶人之病水益水而疾深。知其為秦開帝業，不知其為秦致亡道也。狐刺之鑿，雖公輸子不能善其枘；畚土之基，雖良匠不能成其高。譬若秋蓬，被霜遭風則零落，雖有十子產如之何？故扁鵲不能肉白骨，微、箕不能存亡國也。』

大夫曰：『言之非難，行之為難。故賢者處實而效功，亦非徒陳空文而已。昔商君明於開塞之術，假當世之權，為秦致利成業，是以戰勝攻取，併近滅遠，乘燕、趙，陵齊、楚。諸侯斂袵，西面而向風。其後，蒙恬征胡，斥地千里，逾之河北，若壞朽折腐。何者？商君之遺謀，備飾素循也。故舉而有利，動而有功。夫蓄積籌策，國家之所以強也。故弛廢而歸之民未覩，巨計而涉大道也。』文學曰：『商鞅之開塞，非不行也。蒙恬卻胡千里，非無功也。威震天下，非不強也。諸侯隨風西面，非不從也。然而皆秦之所亡也。商鞅以權數危秦國，蒙恬以得千里亡秦社稷。此二子者，知利而不知害，知進而不知退，故果身死而眾敗。此所謂戀朐之智，而愚人之計也。夫何大道之有？故曰：小人先合而後忤，初雖乘馬，卒必泣血，此之謂也。』大夫曰：『淑好之人，戚施之所妬也；賢知之士，闒茸之所惡也。是以上官大夫短屈原於頃襄，公伯寮愬子路於季孫。夫商君起布衣，自魏入秦，期年而相之，革法明教，而秦人大治。故兵動而割地，兵休而國富。孝公大說，封之於商之地方五百里，功如丘山，名傳後世。世人不能為，是以相與嫉其能而疵其功也。』文學曰：『君子進必以道，退不失義，高而勿矜，勞而不伐，位尊而行恭，功大而理順。故俗不疾其能，而世不妬其業。今商鞅棄道而用權，廢德而任力，峭法盛刑，以虐戾為俗，欺舊交以為功，刑公族以立威，無恩於百姓，無信於諸侯。人與之為怨，家與之為讎。雖以獲功見封，猶食毒肉偷飽而罹其咎也。蘇秦合縱連橫，統理六國，非業不大也。桀、紂與堯、舜并稱，至今不亡，名非不長也。然非者不足貴，故事不苟多，名不苟傳也。』大夫曰：『縞素不能自分於緇墨，聖賢不能自理於亂世。是以箕子執囚，比干被刑。伍員相闔閭以霸，夫差不道，流而殺之。樂毅信功於燕昭，而見疑於惠王。人臣盡節以徇名，遭世主之不用。大夫種輔翼越王，為之深謀，卒擒強吳，據有東夷，終賜屬鏤而死。驕主背恩德，聽流說，不計其功故也。豈身之罪哉！』文學曰：『比干剖心，子胥鴟夷，非輕犯君以危身，強諫以干名也。憯怛之忠誠心動於內，忘患之禍發於外，志在匡君救民，故身死而不怨。君子能行是，不能御非，雖在刑戮之中，非其罪也。是以比干死而殷人怨，子胥死而吳人恨。今秦怨毒商鞅之法，甚於私仇。故孝公卒之日，舉國而攻之，東西南北莫可奔走，仰天而嘆曰：嗟乎！為政之弊至於斯極也！卒車裂族夷，為天下笑。斯人自殺，非人殺之也。』

（二十）《新序・善謀》

「秦孝公欲用衛鞅之言，更為嚴刑峻法，易古三代之制度，恐大臣不從，於是召衛鞅、甘龍、杜摯三大夫御於君，慮世事之變，計正法之本、使民之道。君曰：『代立不亡社稷，君之道也。錯法務明主長，臣之行也。今吾欲更法以教民，吾恐天下之議我也。』公孫鞅曰：『臣聞疑行無名，疑事無功。君亟定變法之慮，行之無疑，殆無顧天下之議。且夫有高人之行者，固負非於世；有獨知之慮者，必見謷於民。語曰：愚者暗成事，知者見未萌。民不可與慮始，可與樂成功。郭偃之法曰：論至德者不和於俗，成大功者不謀於眾。法者所以愛民也，禮者所以便事也。是以聖人苟可以治國，不法其故；苟可以利民，不循其禮。』孝公曰：『善！』甘龍曰：『不然。臣聞聖人不易民而教，知者不變法而治。因民而教者，不勞而功成；據法而治者，吏習而民安之。今君變法不循故，更禮以教民，臣恐天下之議君，願君熟慮之。』公孫鞅曰：『子之所言者，世俗之所知也。常人安於所習，學者溺於所聞。此兩者所以居官而守法也，非所與論於典法之外也。三代不同道而王，五霸不同法而霸。知者作法，而愚者制焉；賢者更禮，不肖者拘焉。拘禮之人不足與言事，制法之人不足與論事。君無疑矣。』杜摯曰：『利不百，不變法；功不什，不易器。臣聞之：法古無過，循禮無邪。君其圖之！』公孫鞅曰：『前世不同教，何古之法！帝王不相復，何禮之循？伏羲、神農教而不誅，黃帝、堯、舜誅而不怒。及至文、武，各當其時而立法，因事而制禮。禮法兩定，制令各宜，甲兵器備，各便其用。臣故曰：治世不一道，便國不必古。故湯、武之王也，不循古；夏、殷之滅也，不易禮。然則，反古者未可非也，循禮者未足多也。君無疑矣。』孝公曰：『善！吾聞窮鄉多怪，曲學多辯。愚者之笑，知者哀焉；狂夫之樂，賢者憂焉。拘世之議，人心不疑矣。』於是孝公違龍、摯之善謀，遂從衛鞅之過言。法嚴而酷，刑深而必。守之以公，當時取強。遂封鞅為商君。及孝公死，國人怨商君，至於車裂之。其患漸流，至始皇赤衣塞路，群盜滿山，卒以亂亡。削刻無恩之所致也。三代積德而王，齊桓繼絕而霸，秦夏嚴暴而亡，漢王垂仁而帝。故仁恩，謀之本也。」

（二十一）《漢書·刑法志》

「吳有孫武，齊有孫臏，魏有吳起，秦有商鞅，皆禽敵立勝，垂著篇籍。……韓任申子，秦用商鞅，連相坐之法，造參夷之誅，增加肉刑大辟，有鑿顛抽脅鑊亨之刑。」

（二十二）《漢書・食貨志》

「秦……用商鞅之法，改帝王之制。除井田，民得賣買。富者田連仟陌，貧者亡立錐之地。又顓川澤之利，管山林之饒。荒淫越制，逾侈以相高，邑有人君之尊，里有公侯之富，小民安得不困！又加月為更卒，已復為正一歲，屯戍一歲，力役三十倍於古，田租口賦鹽鐵之利二十倍於古。或耕豪民之田，見稅什五。故貧民常衣牛馬之衣，而食犬彘之食。重以貪暴之吏刑戮妄加，民愁亡聊，亡逃山林，轉為盜賊。赭衣半道，斷獄歲以千萬數。」

（二十三）《漢書・藝文志》

「諸子、法家、《商君》二十九篇。兵家、權謀、《公孫鞅》二十七篇。」

二、校勘

《商君書》自戰國流傳至今，已達兩千餘年之久。在這段漫長的歷史進程中，或因統治者的有意竄改，或因抄刻者的工作疏忽，致使這部影響深遠的法家名著，出現了不少錯亂殘缺的現象。儘管繼明代範欽本、程榮本的粗略校勘後，清代孫星衍、孫馮翼、錢熙祚、嚴萬里、孫詒讓、俞樾、陶鴻慶以及近人朱師轍、高亨、章詩同等，又爬梳剔抉，在校勘上做了許多卓有成效的工作。但人們的認識畢竟受到時代、地域、資料、實踐等方面的制約，任何一項科研成果，都不可能十全十美，有賴於後人的深化和開拓。例如朱師轍的《商君書解詁定本》，吸取了前人（特別是嚴萬里）的部分校勘成果，又融入了自己的獨特見解；但是無庸諱言，其中仍有不少錯誤之處，另外有些問題雖然介紹了各種版本的情況和前人的校勘意見，而自己並未作出什麼判斷。所以對於《商君書》必須進一步加以校勘，力求盡量解決前人尚未徹底解決的問題。

本書的校勘，以上述朱師轍《商君書解詁定本》作為底本，以明代範欽本、馮夢楨本、吳勉學本、程榮本、秦駿生本、朱蔚然本、歸有光本、方疑本和清代錢熙祚本、嚴萬里本、崇文本、諸子文粹本作為副本，另外，還採用了《群書治要》、《通典》、

《藝文類聚》、《太平御覽》和《諸子評議》、《札迻》、《讀諸子札記》、《香草續校書》等專書，吸收了高亨《商君書注譯》、陝西《商君書新注》的精闢見解。

更法第一

【一】「錯法務民主張」

此句文義難通。查範欽本、馮夢楨本、吳勉學本、程榮本、秦駿生本、朱蔚然本、方疑本、錢熙祚本、崇文本等，均作「錯法務民主長」，而《新序・善謀》則引作「錯法務明主長」。據此，「張」與「民」應分別改為「長」與「明」。所謂「主長」，是指國君的好處；所謂「務明」，是指竭力宣揚。

【二】「固見負於世」

此句範欽本、馮夢楨本、方疑本、秦駿生本、朱蔚然本、吳勉學本、程榮本、錢熙祚本、崇文本均作「固見非於世」。從上下文的意思來看，「負」似改「非」為妥。

【三】「不修古而興」

此句範欽本、馮夢楨本、吳勉學本、程榮本、秦駿生本、方疑本、朱蔚然本、錢熙祚本、崇文本等均作「不循古而興」。《史記・商君列傳》的引文，也與此相同。若將「修」改為「循」，則與上文「不循其禮」和「不循秦國之故」的句意一致。

【四】「吾聞窮巷多恡」

「悎」是「吝」的異體字。查《太平御覽》卷一九五所引《商君書》與《新序·善謀》的引文，分別作「窮巷多怪」、「窮鄉多怪」。將「悎」改為「怪」，則文意始通。

墾令第二

【一】「無外交，則國勉農而不偷。民不賤農，則國安不殆」 此處文字似有錯脫。馮夢楨本、方疑本作「無外交，則國安而不殆。民不賤農，則勉農而不偷」。文從字順，合符邏輯，今據此改。

【二】「則辟淫游惰之民，無所於食。民無所於食則必農」 此處馮夢楨本、方疑本作「則辟淫游惰之民，無所於食。無所於食則必農」。按「民無所於食則必農」緊承上句，若有「民」字，其主語便由特指的「辟淫游惰之民」，變為泛指的民了，故刪此「民」字。

【三】「農民無所聞變、見方，則知農無從離其故事，而愚農不知，不好學問，則務疾農」 範欽本、馮夢楨本、吳勉學本、朱蔚然本、程榮本、秦駿生本、歸有光本、方疑本、錢熙祚本、崇文本在「而愚農不知，不好學問」之下，重複「愚農不知，不好學問」八字，朱氏《商君書解詁定本》因重文而誤脫。今將八字補上，文義方全。

【四】「姦民無主，則為姦不勉。農民不傷，姦民無樸」

方疑本、秦駿生本作「姦民無主，則為姦不勉。為姦不勉，則姦民無樸」，無「農民不傷」一句。按「農民不傷」句與上下文不相連貫，將此句改成「為姦不勉，則」，便使句意通暢。

農戰第三

【一】「雖有詩、書、鄉一束，家一員，獨無益於治也」

《太平御覽》卷八二二引《商君書》作「猶無益於治」。「獨」為「猶」之誤，今據此改，文義始通。

去強第四

【一】「行賞，民利且愛」

範欽本、馮夢楨本、朱蔚然本、方疑本、吳勉學本、程榮本、錢熙祚本、崇文本等，在此句之下均有「行刑重其輕者，輕其重者，輕者不生，重者不來」十八個字，與《靳令》篇末語大致相同。嚴萬里校本曾錯誤地將此刪去，當據補。然而「輕其重者」句與《靳令》「罪重刑輕，刑至事生」的觀點相左。《說民》載：「故行刑重其輕者，輕者不生，則重者無從至矣。」文義略同，卻無「輕其重者」之句。查《韓非子·飭令》也無此句。《韓非子·內儲說上》引有「公孫鞅曰：行刑重其輕者，輕者不生，重者不來，是謂以刑去刑」。足以證明「輕其重者」四字為衍文，當刪。

【二】「金生而粟死，粟死而金生」 朱師轍校，陳深本作「粟生而金死，粟死而金生」。據此改「金生而粟死」句為「粟生而金死」，以強調「粟生」之意。

【三】「粟十二石生竟內」 方疑本、錢熙祚本、嚴萬里校本在「生」字之下均有「於」字。朱師轍的《商君書解詁定本》以嚴氏校本為底本，但無「於」字，也未加以說本，疑誤脫，今補上。

說民第五

【一】「任、舉，姦之鼠也」 「舉」字，範欽本、馮夢楨本、吳勉學本、程榮本、方疑本、錢熙祚本、崇文本均作「譽」。在《韓非子・六反》中載：「活賊匿姦，當死之民也，而世尊之曰任、譽之士。」「舉」和「譽」因形似而誤，故據此而改「舉」為「譽」。

【二】「別而規者，姦也」 「規」在字書中無此字。馮夢楨本、諸子文粹本「規」作「規」。可見「規」為「規」的錯寫之字，故改。

【三】「貧者富，富者貧，國強；三官無蝨」

此處範欽本、馮夢楨本、吳勉學本、程榮本、朱蔚然本、方疑本、錢熙祚本、崇文本均作「貧者富，國強；富者貧，三官無蝨」。本來原文語義通暢，而嚴萬里校本誤認為不通，將「富者貧」移於「國強」之前，不妥，故今予以改正。

算地第六

【一】「此先生之正律也」

此句範欽本、馮夢楨本、吳勉學本、秦駿生本、朱蔚然本、方疑本、程榮本、歸有光本、錢熙祚本、崇文本、諸子文粹本等作「此先王之正律也」。若作「先生」，則文義不通，故今改「生」為「王」。

【二】「地大而不墾者，與無地同；民眾而不用者，與無民同」

此處範欽本、馮夢楨本、吳勉學本、朱蔚然本、方疑本、秦駿生本在「與無地」和「與無民」下均有「者」字。今依上文文義而據補。

【三】「而下失臣子之禮」

馮夢楨本、秦駿生本「臣子」均作「臣民」，今據此而改，使之與下文「故國有不服之民，主有不令之臣」的文義相合。

【四】「國之所以求民少」

此句範欽本、吳勉學本、朱蔚然本、方疑本均作「國之所以求民者少」。今據此而於「民」下補「者」，使之與下文「而民之所以避求者多」句相一致。

【五】「資於地則樸」

此句歸有光本作「資藏於地則樸」。今據此而於「資」下補一「藏」字，使之與上文「民資藏於地」相一致。

【六】「夫刑者所以奪禁邪也」

查馮夢楨本，此句作「夫刑者所以禁邪也」。「奪」為衍字，今刪，則文義始通。

開塞第七

【一】「凡仁者以愛為務」

此句範欽本、馮夢楨本、吳勉學本、秦駿生本、朱蔚然本、方疑本、程榮本、歸有光本、錢熙祚本、崇文本等皆作「凡仁者以愛利為務」。今據此於「愛」下補一「利」字，使句式與上文「別險為務」相應。

【二】「有法不勝其亂，與不法同」

查《藝文類聚》卷五二所引《商君書》，此處作「有法而不勝其亂，與無法同也」。今據此於「有法」後補「而」、「同」後補「也」，又將「不法」改為「無法」，使之與上句「有法」相應。

壹言第八

【一】「垂法而法治」

此句馮夢楨本、吳勉學本、朱蔚然本和方疑本均作「垂法而治」。上句說「秉權而立」，而這裏說「垂法而法治」，顯然第二個「法」字為衍文，當刪。

【二】「下修令而不時移」

此句錢熙祚本作「下修今而不時移」。按下文說「不法古，不修今」，可證「今」字為是。「令」、「今」形似而誤，故據此而改。

錯法第九

【一】「明王之所貴」

《藝文類聚》卷五一所引《商君書》作「明主之所貴」，今據此而改「王」為「主」，使之與上文「故明主者用非其有，使非其民」的說法一致。

【二】「故人君者不可不慎已也」

查嚴萬里校本作「故人君者不可不慎己也」。「已」、「己」形似而誤，今據此而改，則文義始通。

戰法第十

【一】「民習以力攻難，難故輕死」

此處範欽本、馮夢楨本、吳勉學本、朱蔚然本、程榮本、錢熙祚本、崇文本等作「民習以力攻難，故輕死」。第二個「難」字當為衍文，今刪去，文義始通。

兵守第十二

【一】「患無不盡死而邑」

查秦駿生本，此句作「患無不盡死而已」。「邑」字文義難通，今據此而改為「已」。

【二】「草水之可食者」

此句範欽本、馮夢楨本、吳勉學本、朱蔚然本、方疑本、程榮本、錢熙祚本、崇文本均作「草木之可食者」。「水」、「木」形似而誤，按文義，當據此而改。

修權第十四

【一】「故賞厚而利，刑重而威必」

查《群書治要》中的《商君子・修權》，此處作「故賞厚而信，刑重而必」。《韓非子・定法》說：「公孫鞅之治秦也……賞厚而信，刑重而必。」據此而改「利」為

「信」，併刪去「威」字，其文義便與下文「不失疏遠，不違親近」可相接。

【二】「為其不必也」

《群書治要》中的《商君子・修權》在此句之下有「故法者，國之權衡也」一句。今補上，使文義更完備。

【三】「皆不類者也」

《群書治要》中的《商君子・修權》，此句作「皆不知類者也」。據此在「不」字後補一「知」字，文意始通。

【四】「故有隙、蠹而不亡者」

《群書治要》中的《商君子・修權》，此處為「故國有隙，蠹而不亡者」。據此而在「故」後補一「國」字，則與下文「而國無隙、蠹矣」句相應。

【五】「是故明王任法去私」

《群書治要》中的《商君子・修權》，此句作「是故明主任法去私」。據此改「王」為「主」，則可與上文「故明主任法」相一致。

徠民第十五

【一】「故三世戰勝」

此句歸有光本作「故四世而勝」。上文有「今三晉不勝秦四世矣」一句，故知「三」

當據此而改為「四」，前後文義才一致。

【二】「令故秦兵」

此句歸有光本作「令故秦民事兵」。據此而在「秦」後補上「民事」二字，其句意始通。

賞刑第十七

【一】「於是合諸侯大夫於侍千宮」

在《通典》卷一六九和《太平御覽》卷六三六、六四六所引《商君書》中，此句作「於是合諸卿大夫於冀宮」。按當時晉文公尚未稱霸，作「合諸卿大夫」合於事理，故據此而改「侯」為「卿」，又「侍千宮」不詳，似作「冀宮」為宜；冀為晉國之故都，在今山西省河津縣境內。

【二】「顛頡後至，請其罪」

在《通典》卷一六九和《太平御覽》卷六三六、六四六所引《商君書》中，此處作「顛頡後至，吏請其罪」。若無「吏」字，則誤為顛頡本人伏罪，故據補。《韓非子・外儲說右上》也作「吏請其罪」，可證補「吏」為是。

【三】「況於我乎」

在《通典》卷一六九和《太平御覽》卷六三六所引《商君書》中，此句下面有「乃無犯禁者，晉國大治」九字。從上下文的意思來看，據補九字為宜。

【四】「昔者周公旦殺管叔，流霍叔，曰：『犯禁者也』」

在《通典》卷一六九所引《商君書》中，此處作「昔周公誅管叔，放蔡叔，流霍叔，曰：『犯禁者也』」。據此而在「殺管叔」之下補上「放蔡叔」三字，才與史實相符。

【五】「故天下知用刀鋸於周庭，而海內治」

在《通典》卷一六九所引《商君書》中，此處作「故外不用甲兵於天下，內不用刀鋸於周庭，而海內治」。可見有誤脫，當據此而在「故」字之下補上「外不用甲兵於」六字，又將「知」字改為「內不」，文義始通。

【六】「堅者被，銳者挫」

此處方疑本作「堅者披，銳者挫」。「披」意為「破」，若作「被」則文義難通。《管子・法法》中說：「故強者折，銳者挫，堅者破」，與此意思相同，故據改「被」為「披」。

畫策第十八

【一】「則削國之所以取爵祿者多塗人」

此句馮夢楨本、秦駿生本和嚴萬里校本於「塗」字之後無「人」字。從文意來看，據此刪去「人」字為宜。

【二】「麗麗巨巨，日走千里」 「麗麗巨巨」義不詳。秦駿生本、朱蔚然本、方疑本、程榮本、吳勉學本、錢熙祚本、崇文本均作「騏驎、騄駬」。今據此而改。

境內第十九

【一】「者著，死者削」 此處崇文本作「生者著，死者削」。按照文意，當據補「生」。

【二】「能得爵首一者」 此句範欽本、馮夢楨本、朱蔚然本、吳勉學本、方疑本、秦駿生本均作「能得甲首一者」。按照文意，據此改「爵」為「甲」。

【三】「國司空訾莫城之廣厚之數」 此處範欽本、吳勉學本、朱蔚然本、方疑本均作「國司空訾其城之廣厚之數」。「莫」與「其」因形似而誤，據此改之，則文義始通。

【四】「與國正監，與正御史，參望之」 此處範欽本、馮夢楨本、吳勉學本和方疑本，均作「與國正監，與王御史，參望之」。按秦代官職，有「御史」、「監御史」，而無「正御史」之稱。所謂「王御史」，是指秦王派去督戰的御史。據此第二個「正」字宜改為「王」。

外內第二十二

【一】「其農貧而商富，故其食賤者錢重，食賤則農貧，錢重則商富，末事不禁，則技巧之人利」

此處範欽本、方疑本、朱蔚然本、吳勉學本、秦駿生本、程榮本、錢熙祚本、崇文本均作「其農貧而商富，技巧之人利」，而無「故其食賤者錢重，食賤則農貧，錢重則商富，末事不禁，則」等二十二字。範欽本等在篇末附注說，「商富」下一本（指馮夢楨本）有二十二字。按從文意來看，上列二十二字實因注文而衍入，宜刪。

君臣第二十三

【一】「明王之治天下也」

此句範欽本、馮夢楨本、吳勉學本，朱蔚然本、程榮本均作「明主之治天下也」。據此將「王」改為「主」，則可與下文「故明主慎法制」的用詞相一致。

【二】「背公而以譽」

此句範欽本、馮夢楨本、吳勉學本、朱蔚然本、方疑本、程榮本、崇文本和嚴萬里校本均作「背功而以譽」，獨朱師轍《商君書解詁定本》作「公」，又未加以說明。

上文說：「士有斬首捕虜之功，必其爵足榮也。」可證據此改「公」為「功」方是。

禁使第二十四

【一】「人主執虛以應」

此句範欽本、馮夢楨本、吳勉學本、秦駿生本、朱蔚然本、程榮本、方疑本、錢熙祚本、崇文本和嚴萬里校本均作「人主執虛後以應」，獨朱師轍《商君書解詁定本》無「後」字，也未予以說明。疑有誤脫，故據此而補。

【二】「夫同體一也，同體一者相不可」

此處文義難通。秦駿生本作「同體一也。夫同體一者，同利相為也」。據此將「夫」下移至「同體一者」之前，又將「相不可」改為「同利相為也」，文義始通。

【三】「先王所以為倸也」

此處文義難通。查範欽本、馮夢楨本、吳勉學本、朱蔚然本、秦駿生本、方疑本均作「先王所以為保也」。「保」是一種連坐告姦的制度。「倸」與「保」因形似而誤。據此而改，文義便通。

【四】「若使馬馬能焉」

此處文義難通。範欽本、馮夢楨本、吳勉學本、秦駿生本、朱蔚然本、方疑本、錢熙祚本、崇文本均作「若使馬焉能言」。「焉」、「馬」形似而誤，「焉」、「言」同音而誤，今據此更改。

慎法第二十五

【一】「而散領其國者」

「散領」文義難通。據朱師轍所校，秦駿生本作「而能領其國者」，今依此改「散」為「能」，文義可通。

定分第二十六

【一】「吏知其如此」

此句範欽本、馮夢楨本、吳勉學本、朱蔚然本、程榮本、方疑本、錢熙祚本、崇文本均作「公知其如此」。「公」包括吏與民而言，據此改「吏」為「公」，則可與下文「故吏不敢以非法遇民，民又不敢犯法」之義相吻合。

【二】「貧盜不取」

此句《群書治要》所引《商君書・定分》作「貪盜不取」。「貧」、「貪」因形近而誤。據此改之，文義始合。

【三】「名分定，則大詐貞信，民皆愿愨」

此句《群書治要》所引《商君書・定分》作「大詐貞信，巨盜愿愨」。「巨盜」正與上文「大詐」相對成文。據此將「民皆」改「巨盜」，與文義更合。

【四】「故勢治者不可亂，世亂者不可治。夫世亂而治之，愈亂」 此處《群書治要》所引《商君書・定分》作「故勢治者不可亂，勢亂者不可治。夫勢亂而治之，愈亂」。「世」、「勢」因同音誤。上文說：「故夫名分定，勢治之道也；名分不定，勢亂之道也。」下文又說：「勢治而治之，則治。」可證據此改「世」為「勢」方宜。

【五】「故聖人為法，必使明白易知，正名，愚知遍能知之」 查錢熙祚本，此處作「故聖人為民作法，必使之明白易知，正名，愚知遍能知之」。《群書治要》所引《商君書・定分》此處無「正名」二字。今據此於「為」下補「民作」、「使」下補「之」，又刪去「正名」二字，使之文義完備。

後記

我第一次見到「商鞅」和「臺灣」這兩個令人難忘的名稱，是在中小學時代的課本上。記得當年戰火橫飛、哀鴻遍野，無數的同胞正在日本軍國主義的鐵蹄下輾轉呻吟，所以有次貝氏族學一位女老師給我們講完「臺灣糖，甜津津，甜在嘴裏痛在心」這篇韻文時，自己泣不成聲，而在下的同學也扼腕切齒、義憤填膺，一種強烈的民族屈辱感在幼小的心靈上油然而生。後來我先後進入了瀏陽三中和湘潭市一中，又在歷史課本上略知商鞅其人其事。我對他那種銳意變革、旨在富強的精神極為欽佩，而對他成功之後橫遭讒毀、「車裂以徇」的結局無限哀惋。眼見祖國滿目瘡痍，亟待匡救，而像商鞅那樣的「千古風流人物」竟與世沉淪，思想感情的潮水就洶湧澎湃、汩湀漂疾。

「日月忽其不淹兮，春與秋其代序。」真是連做夢我都沒有想到，斗轉星移，時過境遷，在距離上述情況長達四十餘年之後，我雖頭童齒豁、年近花甲，卻仍然有幸把商鞅一派的遺著作為聯繫海峽兩岸的紐帶，在楓葉流丹、湘水飄黛的嶽麓山下，與不遠千里而來的臺灣三民書局編輯部同仁，開誠布公，援筆鋪紙，一起簽訂了撰寫《新譯商君書》的合同。

眾所周知，《商君書》是一部已經流傳兩千多年的法家名著。在漫長的歲月中，或因蓄意篡改，或因傳抄之誤，或因翻刻疏忽，致使此書的原文，間有衍、脫、訛、倒以及錯簡的現象。如不校釋、訂正，則字句扞格不入，文意上下難通。故筆者不揣淺陋，鉤玄拾遺，旁搜遠紹。既借鑒了明、清兩代諸如馮夢楨、吳勉學、嚴萬里、陶鴻慶等人的研究成果，也採納了近人朱師轍、高亨等人某些校勘的意見，此外，還從海內外名流的一些專著中吸取了不少的營養。希望集思廣益，能使書中那些長期存在的疑難之處和扞格之文，怡然理順，渙然冰釋。在此特加說明，並且謹致謝意。

柳子厚〈與友人論為文書〉說：「嗟乎！道之顯晦，幸不幸繫焉；談之辯訥，升降繫焉；鑒之頗正，好惡繫焉；交之廣狹，屈伸繫焉。則彼卓然自得以奮其間者，合乎否乎，是未可知也。」我學識淺薄，自然無「卓然自得」之感；從未做官，自然無「升降」寵辱可言。只是自一九六一年從北京師大分配到湖南師大以後，一直過著兩隻粉筆、一杯清茶的教書生涯。所謂「放情湘水麓山外，得意唐詩宋詞間」，就是這段生活的真實寫照。我想如果能以《新譯商君書》為契機，在有生之年還可與從事元明清文學研究的女兒貝京一道，為海峽兩岸攜手弘揚民族文化的事業起到涓滴的作用；如果我在校勘注譯，匡謬釋疑的過程中，能引導更多的年輕讀者刓精竭慮、含英咀華，在浩如烟海的古代文學遺產中「得其高朗，探其深賾」，我將感到心滿意足、幸運之至。視名利如淡水，置得失於度外，這是我立身處世的座右銘。又何必把「幸與不幸」的問題時時記在心中，甚至發出「屈伸」之嘆呢？此書此論，合乎否乎？實難自料。清代鄭板橋詩中有云：「頑石亂木根，憑君施巨斧。」對於拙作的不妥之處，我懇切地期待專家和讀者振之以臂、施之以斧。

貝遠辰

一九九六年九月於長沙

古籍今注新譯叢書書目

中國人的第一次——
絕無僅有的知識豐收、視覺享受
集兩岸學者智慧菁華
推陳出新　字字珠璣　案頭最佳讀物

【哲學類】

書名	注譯	校閱
新譯尹文子	徐忠良	黃俊郎
新譯淮南子	熊禮匯	侯迺慧
新譯潛夫論	彭丙成	

書名	注譯	校閱
新譯鄧析子	徐忠良	
新譯韓非子	賴炎元 傅武光	
新譯尸子讀本	水渭松	陳滿銘

書名	注譯	校閱
新譯四書讀本	謝冰瑩	
	邱燮友	
	李　鍌	
	劉正浩	
	賴炎元	
	陳滿銘	
新譯申鑒讀本	林家驪	周鳳五
	周明初	
新譯老子讀本	余培林	
新譯列子讀本	莊萬壽	
新譯孝經讀本	賴炎元	
	黃俊郎	
新譯易經讀本	郭建勳	黃俊郎
新譯荀子讀本	王忠林	
新譯莊子讀本	黃錦鋐	
新譯新書讀本	饒東原	黃沛榮

書名	注譯	校閱
新譯新語讀本	王　毅	黃俊郎
新譯管子讀本	湯孝純	李振興
新譯墨子讀本	李生龍	李振興
新譯論衡讀本	蔡鎮楚	周鳳五
新譯禮記讀本	姜義華	黃俊郎
新譯孔子家語	羊春秋	周鳳五
新譯公孫龍子	丁成泉	黃志民
新譯老子解義	吳　怡	
新譯呂氏春秋	朱永嘉	黃志民
	蕭　木	
新譯晏子春秋	陶梅生	傅武光
新譯明夷待訪錄	李廣柏	李振興

文學類

書名	注譯	校閱
新譯千家詩	邱燮友	
	劉正浩	
新譯花間集	朱恒夫	
新譯幽夢影	馮保善	
新譯菜根譚	吳家駒	
新譯搜神記	黃　鈞	陳滿銘
新譯薑齋集	平慧善	周鳳五
新譯詩品讀本	程章燦	
新譯詩經讀本	滕志賢	
新譯楚辭讀本	傅錫壬	
新譯漢賦讀本	簡宗梧	
新譯人間詞話	馬自毅	高桂惠
新譯文心雕龍	羅立乾	李振興
新譯世說新語	邱燮友	
	劉正浩	

書名	注譯	校閱
新譯古文觀止	陳滿銘	
	許錟輝	
	黃俊郎	
	謝冰瑩	
	邱燮友	
	林明波	
	左松超	
	應裕康	
	黃俊郎	
	傅武光	
	黃志民	
新譯江文通集	羅立乾	
	劉良明	
新譯阮步兵集	林家驪	
新譯明散文選	周明初	
新譯明傳奇選	張宏生	

書名	注譯	校閱
新譯昭明文選	崔富章、朱宏達、周啟成、張金泉、水渭松、伍方南	劉正浩、陳滿銘、沈秋雄、黃俊郎、黃志民、周鳳五、高桂惠
新譯唐傳奇選	束忱、張宏生	侯迺慧
新譯曹子建集	曹海東	
新譯陸士衡集	王雲路	
新譯陶淵明集	溫洪隆	
新譯陶庵夢憶	李廣柏	
新譯揚子雲集	葉幼明	周鳳五
新譯嵇中散集	崔富章	
新譯賈長沙集	林家驪	陳滿銘

書名	注譯	校閱
新譯橫渠文存	張金泉	
新譯顧亭林集	劉九洲	
新譯元曲三百首	賴橋本、林玫儀	
新譯宋元傳奇選	姚松	
新譯宋詞三百首	汪中	
新譯唐人絕句選	卞孝萱、朱崇才	
新譯唐詩三百首	邱燮友	
新譯諸葛丞相集	盧烈紅	
新譯駱賓王文集	黃清泉	
新譯昌黎先生文集	周啟成、周維德	
新譯范文正公文集	王興華、沈松勤	

歷史類

書名	注譯	校閱
新譯公羊傳	雪　克	
新譯列女傳	黃清泉	陳滿銘
新譯越絕書	劉建國	黃俊郎
新譯燕丹子	曹海東	李振興
新譯戰國策	溫洪隆	陳滿銘
新譯左傳讀本	郁賢皓	
新譯尚書讀本	吳　璵	
新譯尚書讀本	張持平	
新譯國語讀本	易中天	侯迺慧
新譯新序讀本	葉幼明	黃沛榮
新譯說苑讀本	左松超	
新譯說苑讀本	羅少卿	周鳳五
新譯西京雜記	曹海東	李振興
新譯吳越春秋	黃仁生	李振興
新譯東萊博議	李振興	
	簡宗梧	

宗教類

書名	注釋	校閱
新譯山海經	楊錫彭	
新譯列仙傳	張金嶺	陳滿銘
新譯抱朴子	李中華	黃志民
新譯金剛經	徐興無	侯迺慧
新譯神仙傳	徐志嘯	
新譯高僧傳	趙　益	
新譯六祖壇經	李中華	
新譯老子想爾注	顧寶田	傅武光
	張忠利	
新譯周易參同契	劉國樑	
新譯黃帝陰符經	劉連朋	
新譯道門觀心經	王　卡	
新譯養性延命錄	曾召南	劉正浩
新譯冲虛至德真經	張松輝	周鳳五

教育類

書名	注釋	校閱
新譯三字經	黃沛榮	
新譯幼學瓊林	馬自毅	陳滿銘
新譯顏氏家訓	李振興 黃沛榮 賴明德	

地志類

書名	注譯	校閱
新譯水經注	鞏本棟 王一涓	
新譯大唐西域記	陳　飛 凡　評	黃俊郎
新譯洛陽伽藍記	劉九洲	侯迺慧
新譯徐霞客遊記	黃　珅	

軍事類

書名	注譯	校閱
新譯司馬法	王雲路	
新譯尉繚子	張金泉	
新譯三略讀本	傅　傑	
新譯六韜讀本	鄔錫非	
新譯吳子讀本	王雲路	
新譯孫子讀本	吳仁傑	
新譯李衛公問對	鄔錫非	

政事類

書名	注譯	校閱
新譯唐六典	朱永嘉	
新譯商君書	貝遠辰	陳滿銘
新譯鹽鐵論	盧烈紅	黃志民
新譯貞觀政要	許道勳	陳滿銘